日本先史考古学史の基礎研究 新装版

山内清男の学問とその周辺の人々

Yutaka Omura 大村 裕

六一書房

序

　この本に収録した諸論文は，著者の考古学関係論文のうち，学史・研究史に関わるものである。主に，山内清男博士の学問と，同博士に深く関わりを持った人たちの研究の評価を行なっている。他の分野の論文は，機会があれば他日一冊にまとめたいと思っている。

　日本の「考古学史」は，一般に，発見・調査のトピックを年代順に叙述するものが多い。そうした類書に比べると，この論文集は「考古学史」を標題に掲げながら，山内清男博士（縄紋文化研究の基盤を構築した先史学者）に関わるものがほとんどを占めており，奇異な感じを受ける人もおられると思われる。それは，著者の学史関係論文の多くが，眼前にある研究課題を解決するため，山内博士の業績を検討するうちに導きだされた成果をまとめたものだからである。「日本考古学史」や「日本人類学史」の通史的な概説書を希望される読者は，斎藤忠博士の多数にわたる著作や寺田和夫氏のすぐれた著作があるので，それらを参照されたい。

　山内博士は寡作で，しかも獲得した成果を簡潔に記すのみであり，思考の過程や基礎データの提示を省略した場合が多い。また，「モノ」を扱う考古学論文なのに，図の提示も最小限度に抑えられている。このため，通り一遍の読解では，博士の真意をつかみとることが困難な傾向がある。また，博士は，遺伝学に深い関心を持ち，東京帝国大学理学部人類学選科生時代は，「生体計測」や解剖学を学んだ理系研究者（八幡一郎氏の証言）であり，その研究目標も先史時代の「絶対年代の確定」及び「日本人の起源」の解明にあったため，「歴史学としての考古学」を標榜する日本考古学の主流からはかなり外れた存在といわざるを得ない。そのせいか，博士の理論や重要な研究成果が見逃されたり誤解されたりしている部分が少なくないのである。本書が，そうした部分をすこしでも是正する役割を果たすことが出来るなら望外の喜びである。

もとより本書には,「山内先史考古学」のすべてが網羅されているわけではない。「氷山の一角」を撫ぜただけのもので,恥じ入るところ大であるが,山内博士の論文をどのように読めばいいのか,その手がかりは提示できたと自負している。あとは若い人たちが,著者と同じように山内博士の著作の読解に取組み,未だ日本考古学に十分に定着しているとは言いがたい山内博士の理論と方法論を,批判的に継承・発展させて,斯学の基礎をより強固にしてくれることを願っている。

2008年4月8日

　　　　　　　　　　　　　　　　　　　　　　　　　　　大村　裕

日本先史考古学史の基礎研究
―山内清男の学問とその周辺の人々―

―目　次―

序

Ⅰ．鳥居龍蔵と山内清男……………………………………………………………1

Ⅱ．稲生典太郎先生が山内清男と出会った頃………………………………24
　　―1930年代の日本先史考古学界の一断面―

Ⅲ．ある学史の一断面―『日本先史土器の縄紋』の刊行と塚田光―…………65

Ⅳ．縄紋と縄文―山内清男はなぜ「縄紋」にこだわったのか？―……………96

Ⅴ．山内考古学の一側面―「山内考古学の見直し」に寄せて―………………109

Ⅵ．阿玉台式土器の成立の指標を何に求めるか？……………………………126
　　―西村正衛氏による阿玉台式土器の研究に学ぶ―

Ⅶ．「山内・加曾利E式細別」の実体について………………………………152
　　―千葉県中峠遺跡第3次調査地点出土の加曾利E式（古）土器の検討から―

Ⅷ．山内清男の大木諸型式（特に大木7b～8b式）について………………178
　　―関東地方の土器編年との関わりから―

あとがき

人名索引

I. 鳥居龍蔵と山内清男

1

　世界的人類学者にして考古学者の鳥居龍蔵が亡くなったのは，1953（昭和28）年1月14日のことであった。その直後，彼の弟子・山内清男は鳥居への追悼文（山内 1953→1969）と鳥居の業績目録（山内 1954）をいち早く公表している。あまり追悼文などの類を書かなかった山内にしては，極めて異例のことと言えよう。後者は德廣伊禰子の協力があったとはいえ，膨大な文献目録のカード化，整理に相当な労力を割いたことであろう。その後も「零細な記事も紙誌名，頁欄等を記して増補したい」との希望を持っており，代わって仕事を引き受けてくれる人には，「ひと通り集まって居る文献もそのままお貸ししてもよい」とまで訴えている（山内 1953→1969: 287 頁）。更に山内が亡くなる直前にも鳥居にまつわる学史関連原稿を公表しており（山内 1970→1972），その敬愛ぶりの程を推察することが出来る。

　江上波夫は，鳥居と山内はエゴが強すぎ，「性格があわなかった」（江上・江坂 1996: 67 頁）と証言し，江坂輝弥も同意しているが，それは一面的評価と言わざるを得ない。戦中北京に滞在し，燕京大学の鳥居に親しく接していた稲生典太郎（日本近代外交史／考古学では山内に師事）によれば，鳥居は「東大人類学選科出身の山内・八幡・甲野の三先生をとりわけ可愛がっていて，『僕の教え子は山・甲・八の三君のみ』と言われていた」という。そして，「三氏を語るとき，博士は本当に懐かしそうであった」とも述べている（2003 年 8 月 8 日，筆者聞取り）。一方，山内も「鳥居先生を非常に尊敬されていた」とのことであり，上記に紹介した鳥居没後の山内の行動をも斟酌すれば，縄紋土器の型式分類について意見の相違はあっても，極めて濃密な師弟関係を終始保っていたということが出来よう。

　ちなみに稲生によれば，山内は松本彦七郎（東北帝国大学理学部）の業績も極

めて高く評価しており，周囲の後輩たちに博士の諸論文の一読を勧めていたとのことである。松本彦七郎と山内との研究上の関係は，層位学的発掘の手法や，縄紋土器型式の細別及び文様帯系統論の批判的継承（大村1999：116〜118頁）など具体的にたどることが出来るが，鳥居からは何を学び，どのような面で強い影響を受けていたのであろうか。このことについてはまだ具体的に解明されていると言えない。

そこで，現在活字に残されている種々の証言や諸論文を参照しながらこの問題について，若干の検討を試みてみたい。

2

まず，エッセイや日記等から，山内と鳥居の交流について調べてみる。

1918（大正7）年9月，山内は鳥居の主宰する「武蔵野会」による「高麗村地方」への見学会に参加し，大場磐雄と出会う（大場1975：13頁）。主宰者の鳥居とも当然，ここで面識が出来たことであろう。大場は，これがきっかけとなって山内も「武蔵野会」のメンバーとなったと証言している（大場1970：2頁）。山内，16歳の頃のことであった。

同年10月26日，大場は「清水窪」付近に採集に行き，地元の農民から「巨人伝説」を聞いてくる。大場の日記（『楽石雑筆』雄山閣 1975年）に日付は記されていないが，後日その話を鳥居に報告したようである。これを受けて鳥居は，種々の興味深い話をここで大場に聞かせている（大場1975：16〜17頁）。例によって千島アイヌやギリヤーク，エスキモーなどの民族例をふんだんに援用した，「巨人伝説」や考古遺物の解釈に関する話である。特に注目すべきは，後年山内が「ミネルヴァ論争」（東北地方の縄紋文化の終末を歴史時代まで繰り下げて考えようとする古代史家・喜田貞吉と，縄紋文化は各地共さほど大差なく終了すると主張する山内との『ミネルヴァ』誌上での論争）で展開した意見の先駆ともいうべき見解を語っているくだりである。すなわち，

「陸奥北海道付近の遺跡を新しくいう人あり。されどそんなに新しき由なし。三代実録などに既に石器埋れ，それが出づるも何者ともわからざりしを見れば，その古きや明らか也」

と述べ,「ミネルヴァ論争」における喜田貞吉の所論を,同じ土俵(文献史学)の上に立って真っ向から否定するような所見を述べているのである。さらに鳥居は言う。

「又関東の遺跡に奥州式[1]を混ぜるを見れば,その頃奥州にも遺跡ありて,それより中間の媒によって関東に奥州式の遺物伝わりしにて,そういへばこちら関東より東北にすすみしという説たたず。奥州も古きことをしるべし。」

大場の記述が回りくどいので判読しづらいが,分かりやすく表現すれば,

〈「奥州式」が関東の石器時代遺跡にも混在し(即ち少量),中間地帯にも存在することから,関東から東北に「奥州式」が伝わったのではなく,東北から関東の方に伝わってきたことが確認出来る。従って,奥州の石器時代は関東のそれと同じ古さに位置づけられる。〉

ということであろう。これは「ミネルヴァ論争」に於ける山内の主張の原型ともいうべきものである。以下に山内論文から関係箇所を参考までに抜粋する。

「関東地方には安行式と云う土器があり」「これに混って僅かの亀ヶ岡式土器が認められるのである。」「何故安行式中に亀ヶ岡式が混ずるか,或いはその混入を伴なって安行式が存在するか。」「東北の亀ヶ岡式の文化圏と並存して居り,その間に文化的交渉があった。そのため東北地方の精巧な亀ヶ岡式土器が関東に移入され,又は模倣して製作され安行式後半に伴存するものと考えられるのである」(山内1936a→1967:147~148頁)。

「奥州式」(「出奥式」)を「亀ヶ岡式」に置き換えれば,言っていることはほぼ同じと見て良いであろう。

ところで,大場が鳥居から上記の話を聞いたとき,山内は同席していたのであろうか。残念ながら大場はそのことについて何も記録していない。仮にこの時同席していなかったにしろ,他日同じような話を聞く機会はあったであろう。このことを証明する手掛かりはないが,いずれにしてもこの5年後,くだんの所見は活字化され(鳥居1923→1975:134~147頁),山内等に強い刺激を与えたことを山内自身認めているのである[2](山内1966→1969:19頁)。

鳥居の学説が青年時代の山内の脳中に深く刷り込まれていたことは確実であり，彼の土器研究の基盤に，鳥居の存在が想像以上に大きく影響していたと評価できるのである。

　同年12月8日夜，山内は大場・藤枝両氏とともに鳥居邸を訪問する。この時は，沖積地上に形成された中里貝塚の話やシベリアの石器，弥生式の有孔磨製石鏃，厚手式の関東への進入ルート，石器時代土器の区分（厚手式，「常陸式」，亀岡式，弥生式の同時併存），「信州弥生式」，「蒙古眼」などが話題に上っている。これらの話の中，「シベリアの石器」については，山内の晩年の研究の中において，極めて重要な意味を持って来ることになるので，後で詳述する。

　なおこの歓談中，山内自身は，志村に「奇人」がいて，穴居（恐らく「竪穴に居住」の意[3]）のまねをしている者がいることを鳥居に報告している（大場1975:37～38頁）。現存する竪穴の民俗事例は，かつて鳥居も手がけたことがあった（大野・鳥居1894）ので，これを意識した話題提供であったかも知れない[4]。

　『楽石雑筆』で確認出来る山内の鳥居邸訪問はこれだけであるが，山内への追悼文の中で大場は，鳥居邸に「（山内と）よく一緒にお邪魔した」と書いている（大場1970:2頁。傍点および括弧中の語句は引用者）。訪問する度に上記のような内外の最新情報を鳥居から惜しげもなく教示され，知見を広げていったことであろう。こうした交流の中で，山内は鳥居に深く傾倒し，父親の反対を押し切って東京帝国大学理学部人類学教室に選科生として進むことになるのである（佐原1984:234頁）。

　山内は学問上の面だけでなく，その思考様式・行動までも鳥居に強く影響を受けていたようである。試みに，両者が主宰する研究会の運営方式を比較し，このことを検証してみよう。まず，鳥居の武蔵野会に於ける運営方式について井下清は次のように証言している。

　「しかし何としても武蔵野会の近郊探訪は歓ばしい行楽であった。寺の広間などを借りて談話会を催したときには極端なほど平等主義を発揮して席順などは定めないので職工さんが床柱を背にして気焔をあげておると重

役さんが末席に小さくなっており，一流の新聞記者がお茶の配給をしてくださるようなわけで，筆者などは何時でも乱雑に脱ぎ捨ててある履物の整理をするような役まわりになるのであった。」(井下 1970:39頁)

一方，山内も晩年まで自宅で研究会を開いていたのであるが，その運営方式や青少年に対する接し方は鳥居のそれと酷似しているのである。

山内の高弟の佐藤達夫は，この会の様子を同僚の石井進（日本中世史）にこう語っている。

「今の大学なんて教育・研究の場では全くない。自分にとって大学とはアルバイト先のようなものだ。本当の研究の場とは，夜，師匠（引用者註：山内）の家で開かれる研究会しかない。この研究会のメンバーには中学生や様々な人がいるが，研究の場ではだれでもみんな対等だ。」(石井 1994。傍点は引用者)

当時高校生であった山村貴輝も，この会に席順などなかったので，自由に好きな席を確保できたと証言している（山村 2007:4頁)。

少年時代の「武蔵野会」での体験が，晩年の研究会運営に反映されたのであろう。中学・高校生に対しても丁寧に接し，自分が得た所見を惜しげもなく提示する点もそっくりである。山村貴輝は毎日のように山内のところに押しかけていたというが，山内は怒るでもなく，種々の質問に答え，課題なども与えて考古学の手ほどきをしていたのである（山村，同上）。先の大場・山内らに対する鳥居の応対を彷彿とさせるものがあるであろう。

山内の思考様式・行動に，今ひとつ鳥居の影響（「類似」かもしれない）を見るとすれば，「師」の学説に盲従せず，かつまた遠慮もしない，という点であろう。鳥居は，千島アイヌの調査を踏まえ，物心共に大恩のある坪井正五郎の学説（縄紋人＝コロボックル説）に「弓」を引き，「縄紋人＝アイヌ説」を唱え，坪井の論敵の小金井良精に与したのであった。鳥居は，

「這は学問と先生は別と云ふ見方からでありました。併し当時私にしてコロボックル賛成論者であったならば物質上の位置を得て，今や相当の位置に居ったか知れませんが，これをなさざりしは私の個人史として最も誇る所であります。」(鳥居 1927→1974:142頁)

と当時の心境を語っている。山内もまた，師の学説に全く遠慮はしなかったのであった。

例えば山内は，東京帝国大学理学部人類学選科に入学した (1919年) 早々，師の学説を根底から覆す新進の諸博士の学説に，熱烈な関心を持ち始めているのである。

以下は人類学教室助手の小松真一と山内の会話を山内自身が採録したものである。

「『この頃東北大学で面白い土器の分類をやりましたね。』と僕がきく。『松本(彦七郎)さんですか？』『あれはどうでしょうか？』『面白いです，新しくて面白いでしゃう』と，長谷部(言人)さんのも面白ければ浜田(耕作)さんのも面白い。すべて皆色々な面白さに分類され想だ。」(山内1919→大場1970: 2～3頁。傍点及び括弧中の語句は引用者)

この文章(「見たこと聞いたこと」)は，大場を中心とした仲間内の個人雑誌に書かれたもの(原典未見)である。気楽な媒体への投稿の故か文章が練れておらず，判読が難しいが，戦後縄紋土器研究の大家となってから公表した以下の記述を参照すれば，17歳の山内が言いたかったことが一層明確となる。

「この時代，大正五，六年頃は，日本の人類学，考古学界に於ける転換期に当っていて，大学の増設，講座の充実も行われ，多くの新進学徒が各地に頭角を現しつつあった。京大考古学教室を中心とする浜田博士は，着実な考古学的調査を進められ，京大医学部の清野博士，仙台東北大の長谷部博士，松本博士等も石器時代の研究に着手されつつあった。かくて，旧来のアイヌ説は批判を受け，又縄紋式以来住民の血も文化も後代に続いていると云う新しい考説が現れるに至った。」(山内1953→1969: 286頁)

そして山内は，断然上記諸博士の学説を支持し，これらの仮説(「縄紋式以来住民の血も文化も後代に続いている」)と方法論(層位学的手法)に従って，選科修了後(1922年)，縄紋土器編年の構築に邁進して行くことになるのである。当然，縄紋土器の型式差を部族差と信じる鳥居には，我慢のならない所業であったろう。樋口清之の國學院大學在学中の講義では，

「遺跡の研究者は植物学における分類学みたいに，リンネの時代に逆戻りしているとか，物の分類に熱中して生活や文化の系統を観ようとはしない，というように学生達にも明かに土器分類を批判して居られると受けとれる話が多く出たし，一方ではそれで先生自身新時代から取り残されるとあせって居られるのか，とにかく博引傍証，英独仏からロシヤの文献まで引用した早口の講義をされつつ，若い研究者の批評をされた。」(樋口 1977: 172 頁)

というから，相当腹に据えかねていたのであろう。尤も山内にしてみれば，日頃の師の言行（「這は学問と先生は別と云ふ見方」）を倣ったに過ぎなかったのである。

しかし，こうした2人の学問的姿勢（師の学説に対してさえ遠慮なく批判する学問一途な姿勢）は，種々の場面で他者との軋轢を生まずにはいられない。彼らが類まれな実力を持ちながら，学者としては平坦な道を歩めなかった所以である。

1924（大正13）年6月2日，鳥居は同僚である松村瞭（当時講師）の学位請求論文の審査をめぐるトラブルが原因で，東京帝国大学を退職する。鳥居が一旦却下した松村の学位請求論文を，部外者の小金井良精（医学部）等が審査を始め，審査結果に同意するよう求めてきたことに鳥居が激怒し，大学当局に辞表を提出したのである（鳥居 1953: 207~208 頁）。鳥居の自伝及び小金井の日記（星 2004）を対比すると双方に言い分があり，局外者としてはどちらに軍配を上げることも出来ないが，鳥居門下の山内は当然猛反発をしたことであろう[5]。同年8月に，山内も東京を離れ，東北帝国大学医学部に副手として赴任してしまうのである。これは「父君のすすめ」による（中村 1996: 7 頁）というが，東京を離れる決心をしたのは鳥居の東大辞職が契機となっていると筆者は考えている。甲野勇宛の書簡（1929年10月9日付。東京・国立郷土文化館にて公開）の末尾に人類学教室と絶縁状態であることを記し，これに続けてかなり激越な一文を付け加えているのが何よりの証拠である。

また『地学雑誌』掲載の鳥居の絶筆（鳥居 1954）に感想を寄せた八幡に対し，「何回か乗換えたが，始めに乗った車（引用者註：鳥居のこと）は今更思

い出の種と云う訳であろう。」(山内 1953→1969：287 頁)と皮肉を書いている。このくだりは，山内が自覚的に「車」の乗り換えを拒否し，東京を後にしたことを示唆していると思われるのである。

ちなみに鳥居も，

「尚ほ私の在職中選科で教授し卒業した人々に小松，八幡，宮坂，中谷，河野(引用者註：「甲野」の誤り)，山内等の諸氏があります。これ等の諸氏は小松，山内両氏を除いて今松村氏の忠僕となって仕事をして居られます。」(鳥居 1927→1974：136 頁。傍点は引用者)

とかつての弟子たち(小松・山内を除く)に同じような皮肉を浴びせているのは興味深い。八幡は鳥居退職後も松村瞭のもとに最後まで残り，甲野は自らを「鳥居博士の弟子ではない。寧ろ小金井博士の弟子だと云ってよい」(山内 1953→1969：287 頁)と位置づけていた中で，山内だけが心情的にも鳥居に最も近い位置にあったと評価出来よう。

以上，山内と鳥居の出会いから，相携えるようにして東京帝国大学人類学教室と決別した時点までを簡単ながら跡付けてみた。筆者が参照したのは，公開された資料(日記，書簡，エッセイ，新聞記事，論文など)と若干の取材結果だけであるが，それでも山内が鳥居を深く敬愛し，学問は言うに及ばず物の考え方まで影響を受けていたことを確認出来た。次に，もう少し詳細に学術上の両者の関係をトレースし，山内が鳥居の学問にどのような影響を受け，どの部分を高く評価していたのかを探ってみたい。

3

山内清男が公表した諸論文を参照し，鳥居の指導の実際及び鳥居の業績への評価・引用の状況を調べてみる。

山内は，東京帝国大学人類学選科で，鳥居のもとで人類学を学ぶが，そこでは土器の研究よりもむしろ「解剖学や生体計測を学んだ」(八幡ほか 1988：116 頁)という。その延長線上の仕事であろうか。選科修了後(1924 年 4 月〜5 月)，平沼大三郎とともに長野県諏訪郡において「壮丁の身体計測」を行い，大部の報告書を公表している(山内・平沼 1923)。その冒頭に，

「尚，私共にとって忘れ難いことがある。それは恩師鳥居博士に我々が如何に多くを負うて居るかである。著者の一人山内は同博士の特別の好意によって，朝鮮人男女三千有余名の測定用紙及び写真（博士の未発表の材料）を常に拝見して居った。それがために，私共今回の調査も色々な点で博士の調査方法に従って居る場合が多い。測定の種類の選定，写真の形式等に於いては殊にこの感が深い。この他私共は先生の御教示に感謝しなければならないことが多い。測定経過の章を終るに当って筆者は同博士に謹んで敬意を表する。」

と記述している。生体計測の分野でも鳥居の指導が極めて強く山内に加わっていたことを確認出来る。ちなみに鳥居自身は生体計測の方法を足立文太郎から学んだという[6]（鳥居 1927→1974：141 頁）。

山内等の諏訪郡に於ける生体計測は，徴兵検査に便乗して行なわれたものであり，測定数は 1106 人に及ぶ。調査の目的は，「諏訪郡には住民の体質上性質より見て，どう云う地方別があるかを描き出す事」であったが，この論文をみると，鳥居が松村の学位請求論文を却下した際に出された注文が，ある程度生かされていることに気付く。すなわち，松村の身体計測は，鳥居によれば，

「東京在学の男女」を対象にしたもので，「測定場所は二三の学校に行って単に『貴下は何国人なりや』と聞き，それを何国人とただ記し，これを以て，集めて資料としたのである。凡そ人類学上の測定においては，その測定せらるる人は，単にその測定数字のみが必要なばかりでなく，その父母から知れるだけ溯って調べなければならない。松村氏はこれを忘れて単に混雑した学生の測定をしただけである。」（鳥居 1953：207〜208 頁）

という。

また，前後するが，鎌倉時代以来支配階級は各地に移動が激しく，明治になってからは交通が便利になって更に各県人混雑し，「地方人」といっても土着人とは認めがたい。従って，各地の体質上の特徴をまとめようとするならば，交通往来の稀な，永く土着した人のみを対象にすべきだ，と注意を与えてもいる[7]。

山内らは，鳥居のこのような問題意識を受け継ぎ，この地の「体質上」の特徴を抽出するにあたり，父母出生地等を考慮して156人を分析対象から除外する配慮をしている。関係するのは，
① 父母双方又は片方の生地不明なる人
② 父母共に諏訪郡以外で生まれた人
③ 諏訪郡生まれの父と信州甲州以外生まれの母とを持った人
④ 諏訪生まれの母と諏訪郡以外で生まれた父を持った人
　などの人々である（山内・平沼1923：8頁）。
要するに外部からの流入者の血を引くもの，及びその可能性のあるものは分析対象から除外し，「永く」諏訪に土着している人々（といっても父母の代までの確認）のみに絞り込んだのであった。理科と文科を融合した（あるいは未分化のままの），鳥居の学問的影響をここに見ることが出来よう。尤も，検査会場で「貴下の出身の村はどこか？」と聞いただけでデータを処理し，分析を進めることなど，鳥居直系の門弟に許されるはずもなかったのである。
山内はこの研究成果を携え，東北帝国大学医学部解剖学教室の副手として仙台に赴く。職の安定を得て，山内個人としては「諏訪で試みた人体形質の地域的特色と各地域の先史・歴史時代の動向との関係」を更に究明することを考えていたが，ここの主任教授の長谷部言人はそれを許さず，「先史時代の資料の研究を要望したため」（中村1996：20頁），「体質人類学」の継続は中断せざるを得なくなり，先史土器の研究に専念することになる。長谷部の先史時代人骨の研究には，人骨の年代の決め手となる土器研究が不可欠だったから，それの完成を強く要求したのである。我々先史考古学徒にとってはまことに幸運なことではあったが，こうして山内による「体質人類学」上の研究の途は閉ざされることになったのであった。
次に，山内のライフ・ワークとなった先史考古学の分野で，鳥居の業績から何を学んだのか（あるいは影響を受けているのか）を概観してみたい。試みに，山内が発表したすべての考古学関係論文を検索し，鳥居の業績の引用事例をまとめた結果を第1表に掲げる。
鳥居の業績に触れた箇所は27であり，鳥居を主題とした学史関係論文2

第1表　山内清男による鳥居論文の引用状況及び鳥居を主題とした論文

該当頁	分野など	引用された内容（原典の抜粋あるいは要約）	初出文献
<旧集>			
7	縄紋土器	薄手式　厚手式	山内　1939
38	朝鮮考古学	朝鮮石器時代研究（鳥居が二系統の土器型式抽出）	〃
50	縄紋土器	薄手式　厚手式	山内　1929
97	縄紋土器	鳥居主宰の大正十年堀之内貝塚発掘資料	山内　1928
114	縄紋土器	出奥式	山内　1930
124	亀ヶ岡式の事例引用	「鳥居博士，八幡氏の著『諏訪史第一巻』及び『先史及び原史時代の上伊那』」	山内　1930
145	縄紋土器	陸平式（鳥居博士の厚手式）　大森式（薄手式）	山内　1931
169	石器	擦り切り手法伝来に関する鳥居博士の説	山内　1932
229	縄紋土器	曲線文，渦巻文を縄紋式の特徴として数える	山内　1958
245	民族事例	北千島アイヌの竪穴住居平面図の転載（「第2図」）	山内　1942
246	民族事例	「第2図は鳥居博士の千島アイヌの仏文報告から取った図」	〃
284～287	学史	「鳥居博士と日本石器時代研究」	山内　1953
301	著作紹介	鳥居の「諏訪郡上伊那郡報告」に於ける先史時代記述の執筆者は八幡	山内　1935
6～10　16	縄紋土器	大正十年鳥居博士一行（自分も参加）発掘資料（堀之内式）	山内　1940
<新集>			
13	縄紋土器	厚手式	山内　1966
14	縄紋土器	亀ヶ岡式の文物が関東地方にも影響していると言及	〃
17	縄紋土器	中期厚手式を山手部族，後期薄手式を海岸部族と考定	〃
19	縄紋文化	鳥居，1923の引用	〃
27	縄紋土器	中期厚手式を山手部族，後期薄手式を海岸部族の所産として一応の分布を明らかにする	山内　1968
27～28	民族学	鳥居の同時代異部族説は，北方民族チュクチが海岸部族と馴鹿部族に分かれていることに暗示されたもの	〃
28	貝塚	後期の貝塚が頗る多数であることを指摘	〃
43	縄紋土器	薄手式	山内　1967
47	貝塚	海岸部族	〃
114	石器	シベリア方面の擦截り石斧と日本のものとの関係を考えた	山内　1964a
146	縄紋土器	厚手式　薄手式	山内　1964b
174	引用	「琉球に於ける石器時代遺跡」	〃
215～219	学史	「鳥居博士と明治考古学秘史」	山内　1970
<その他>			
4	縄紋土器	厚手式　薄手式	山内　1969
5	縄紋原体	織物の圧痕として布紋と称する	山内　1979

※表中，「旧集」「新集」は『山内清男・先史考古学論文集』の旧集・新集を指す。ゴシック文字は引用ではなく，鳥居を主題とした論文のタイトル。

編を加えると，29となる。内訳は縄紋土器関係17，海外の考古学関係3（土器1，石器2），民族事例3，学史関係2，その他4である。長谷部の業績の引用42箇所，八幡の78箇所，甲野の57箇所に比べるとかなり少ない。このことについて以前から疑問に思っていた筆者は，かつて稲生典太郎にその理由を尋ねてみたことがある。その時は，「山内先生の学問と鳥居博士の学問との接点が少なかったから。今更厚手式・薄手式でもあるまい」ということであった。あるいはそうかも知れない。鳥居は海外，特に辺境の困難な探検調査にその精力を費やした学者であって，国内の研究の記録は案外少なく（樋口1975：608頁），国外に一度も足を延ばしたことのない山内と対極をなしているからである。しかし，先にも触れたように，鳥居に身近に接していれば，ふんだんに海外の民族事例を聞いたはずである。それらのなかには縄紋文化の理解に有益な情報も数多くあったはずであるが，そうした引用も意外に少ない。わずかに北方民族の事例を二つ（引用回数は3）引用しているに過ぎないのである。山内は自身の学問を「人類学」と強調していたというし，甲野や八幡に対しても，「人類学」を修めた点で他の考古学者とは違うものを持っていると高く評価していたという（岡田1996：100頁）。鳥居の学問が山内等の先史考古学の基盤を構成していたのは間違いないのであるが，それにも拘らず，民族学（文化人類学）分野の引用が少ないのは，そうした知識は発想の段階に止めておくという配慮が働いていたからではなかろうか[8]。山内自身もこう述べている。

「古文献と同様，学術文献も，濫に引証すべきでなく，立論起草の精神と共に吟味すべきものと愚考する」（山内1936b→1967：158～159頁。傍点引用者）

決して鳥居の学問をおろそかにしていた訳ではなく，民族事例を安易に参照することを拒んでいたのである[9]。

さて，鳥居の業績のなかで，山内が度々引用するのが，「厚手式」「薄手式」「出奥式」についてである。引用の27例中実に11例に上っている。縄

紋土器を本格的に型式分類した嚆矢として高く評価していたのであろう。山内等の縄紋土器型式分類はここから出発しているのであり（「厚手」・「薄手」・「出奥」各式を中期・後期・晩期に再編成し，それらを各々細分），自身の研究成果を語るときには常に引用せざるを得ない重要な業績だったのである。

　明治時代，既に八木奘三郎・下村三四吉によって縄紋土器は大森式と陸平式に区分され，両者に年代差があることまで指摘されていた（八木・下村 1894：280～282 頁）が，この貴重な型式分類はなぜか「明治 31 年を期して行方不明」となってしまったという（山内 1970→1972：218 頁）。山内はその原因として，八木・下村に対し，（坪井による）「弾圧が行なわれたのではなかろうか。」と推測している（山内，同上）。真偽のほどはあきらかではないが，鳥居は，その結果明治後半期に「伏流となった」八木・下村の型式分類を蘇えらせ，更に一応の分布状況も明示して「海岸部族」「山手部族」の所産という文化内容を付加し，縄紋土器型式分類を学界や世間に普及させたのであった（鳥居 1920→1975；1925→1975）。当時としては画期的な業績というべきだろう。試みに，明治～大正年間にわたって名著の評判が高かった八木奘三郎著（坪井正五郎校閲）『日本考古学』（明治 32 年刊。大正 3 年改訂増補版再刊）をひもとき，縄紋土器の記述を確認してみると，単に各器種を列挙し，それらの簡単な説明を施しているのみであり（八木 1914：104～124 頁），土器によって文化や社会を復元しようという意図は微塵も感じられない（坪井正五郎の「校閲」があったことは考慮しなければならないが）。この著作は，「明治年間の多くの学者の業績の上に積み上げられた総括的なもの」（斎藤 1974：199 頁）であり，当時の学界の最高水準を示したものであるといえる。これと対比すれば，鳥居の研究がいかに傑出したものであったのかということを知ることが出来るのである。もし鳥居の業績がなかったら，山内等の縄紋土器型式の細分もありえなかった。山内が直接継承した研究成果であったが故に律儀に晩年まで引用し続けたのである。

　次に，石器の「擦切り手法」におけるシベリアと東北地方・北海道との関連について鳥居が指摘したことを，山内が高く評価している点について考えてみたい。山内はこの問題について二度触れている（山内 1932→1967：169 頁。

1964a→1969：114頁）。いずれも引用文献の提示のない不親切なものである（先にも少し触れたが，山内は16歳の時，鳥居邸で「シベリアの石器」の話を聞いている。あるいは山内の引用の典拠は，この時の談話であったかも知れない）が，鳥居龍蔵「東部シベリアの有史以前」『人類学雑誌』35巻2号（1920年）（『黒龍江と北樺太』1943年に再録）がそれであると思われる（鳥居 1943→1976）。ここで鳥居は，

「石斧は扁平のものもあれば，厚いものも出て来る。而して玉の原料は段々少なくなって来るけれども，どうもネフライト―緑石を使いたい気味があると見えて，時々見えます。而してこれは必ず両面の擦り切りがある。日本の東北地方・北海道にもこの分布があります。これら何らか関係があるように思われる」（鳥居 1920→1976：306頁。傍点は引用者）

と述べている。

これを受けて山内は，この擦切り手法は「北海道でも東北でも比較的縄紋式の古い方に伴う様である」（山内 1932→1967：169頁）とし，「これに関しては擦切り手法伝来に関する鳥居博士の説，近くは八幡氏の暗示を想起してもよい」（山内，同）とするのであるが，「尚反省すべき諸点がある」（山内，同上。傍点は引用者）として，単純に鳥居等の主張に同意しないのである。まだ縄紋土器の「底」も見えず（山内 1939→1967：10頁），全国的な編年体系も整備出来ていない頃のことであった。ところが，その32年後の1964年になると，「石器製作における擦截りの手法はシベリアではキトイ期（B.C. 2,500-1,700年）にはじまるが，日本では早期（B.C. 2,500年前後）に出現する。（中略）昔鳥居博士がシベリア方面の擦截り石斧と日本のものとの関係を考えられたのは卓見であった。」（山内 1964a→1969：114頁）

と，自信を持って再評価することになるのである。

山内は自らの先史考古学の最終目標として日本の先史時代に絶対年代を与えることを考えていたが，縄紋土器型式の編年体系が整備され，最古の縄紋土器が見えはじめてきたとき，ようやく鳥居の海外情報が，貴重な手がかりの一つとなって引用出来るようになったのである。すなわち，

「この技法が現れはじめる時期はいままでのところ縄文式を6期に分け

たうちの早期で，撚型紋土器の時期です。シベリアでは B. C. 2,500 年から第二千年紀のはじめといわれるキトイ期（Kitoi）に盛んに作られています。また中国の彩色土器にも伴っています。これもほぼ同じくらいの年代と見られます。そうしますと日本の縄文式の擦截石斧の年代もだいたいこれらと並行することになります。」（木越・山内ほか 1964：30 頁）
として縄紋早期の「実年代」を B. C. 2,500 年頃に置いたのであった。

鳥居の業績（海外の情報と言い換えてもよい）を引用するときの山内の姿勢を，ここに確認することが出来よう。都合のよい情報だけつまみ食いするのではなく，日本列島に於ける土器型式編年大綱をまず整備し，各文物の年代的な位置づけを確定した後，各々の時期の文物に対応する海外の文物との組織的な比較を指向していたのである（稲生によれば，山内は常々こうしたことを話していたとのことである）。鳥居を無視していた訳ではなく，鳥居の業績を活かすためにも，本邦先史考古学の年代的秩序の確立を急いでいたのであった（同時にかの地に於ける年代的秩序の確立も期待したであろう[10]）。晩年の山内にしてみれば，鳥居の業績にたどりつくのは，「日暮れて道遠し」の感があったと思われる。

4

鳥居龍蔵の学問の最終目標は，日本人の由来を知ることにあったと言われている[11]（中薗 1995：419 頁）。そして山内もまた，自ら明言はしていないが，日本人の由来（起源）を土器の研究から解明しようとしていたのであった。
以下に関連する記述を列挙してみる（文中の傍点はすべて引用者）。
・「縄紋土器は結局我々が想定して居るように一系統の土器だと認められるであろう。」（山内 1939→1967：1 頁）
・「土器に於いても，一型式から他型式の間は連続であって，途中で外からの影響を受けた様子がない。」（山内，同上：6 頁）
・「縄紋式以来住民の血も文化も後代に続いているという考説」は「学界の主流となって今日に」及んでいる（山内 1953→1969：286 頁）。
・「縄紋土器の由来を知るには，先ず最も古い縄紋土器を決定することが

必要である。」(山内 1939→1967:6頁)
・「日本内地の主要文化は大陸からの渡来を契機として生じた，したがってその初現に当っては渡来文物が認められるというのは私の長い間の信念であった。(中略)縄紋文化には大陸との文化的交渉を示す文物は至って尠なく，長期間孤立して発達したように見えるが，少なくともその最初の段階には土器・石鏃等を持った大陸文化の伝来があったと考えた」(山内 1969:16頁)
・「土器・石鏃等は世界通有のものであるが，それと共に何か特殊形態の土器・石器が発見され，その大陸における年代および地方が確定するならば，縄紋文化の原郷土，その年代を判定し得るだろう」(山内，同上)

以上，山内が書き残した文章の断片を要約すると，
① 縄紋文化が連続・一系のものであることの確認
② 縄紋人と後代の日本人の血はつながっているという仮説設定(「血も文化も後代に続いている」)
③ 最古の縄紋土器の決定
④ 縄紋文化「初現」期における「渡来文物」[12]の確認
⑤ 縄紋文化の原郷土の確定
というように整理出来るであろう。
　すなわち，〈縄紋土器使用者＝日本人の祖先〉と仮定した上で(その人類学的裏づけは長谷部言人によるものが大きいと思われる[13])，最古の縄紋土器を追及し，それに伴う文物の伝来のルートを探り，「日本人の由来」(起源)を見極めようという戦略を立てていたことが理解出来るのである。
　一方，鳥居は小金井良精の〈縄紋人＝アイヌ〉説を踏まえて，「アイヌ派土器」の類例を極東全域に亘って調査し，その渡来ルートを明らかにしようとした。また，弥生式石器時代人＝固有日本人(「日本民族の主要部を形どって居るもの」で，「土着の古い日本人」)と定義し，自らの手で「朝鮮・満州・蒙古等の石器時代の遺跡を研究した結果」，かの地の土器が「弥生式土器派のものである」ことを確認し(鳥居 1925→1975:387頁)，「固有日本人」の原郷土

をアジア「東北方」地域に求めたのであった[14]（鳥居 1925→1975：386〜390頁）。

　両者共に，形質人類学の裏づけを取りながら土器の使用者を限定し，「日本人」の由来（起源）を明らかにしようとしていたのである。

　鳥居は，坪井正五郎没（1913年）後，人類学教室の実質上の責任者となったため，長期にわたる海外調査に出かけることができなくなっていた。鳥居の日本人起源論は，彼が比較的長くとどまって国内調査に力をいれていたこの時期に発表されたものである（坂野 2005：110頁）。そして丁度その時山内は正式に鳥居の門下生となり（1919年），親しく薫陶を受けたのであった。我々は，ともすると山内の土器研究ばかりに目を奪われてしまうが，上記に掲げた抜粋文を参照すれば，鳥居同様，土器を通して「ヒト」の動態を解明しようとしていたことが理解出来るであろう。その意味で，山内清男は，自ら認める通り，鳥居直系の「人類学者」（岡田 1996：100頁）なのであった。山内が，土器の背後に常に「ヒト」の存在を見据えていたことを理解しておかないと，彼の学問を見誤ることになる（「人間不在の編年学」というように）。その発想・先史社会のイメージの基盤となったのが，「鳥居人類学」であったのである。

註

1) 「出奥式」の誤り。大場の記憶違いと思われる。
2) プライオリティにうるさい山内がミネルヴァ論争時になぜ鳥居論文を引用しなかったのか，その理由は不明である。鳥居の発言が土器型式の相違を年代の相違として考えていなかったことが原因かもしれない。
3) 当時，「穴居」という用語は，「竪穴住居に居住」というのが一般的であったようである。例えば鳥居は，『日本書紀』景行天皇四十年夏の条にある「冬則宿穴」（冬は穴に宿り）を，「竪穴の冬の小舎」と解釈している（鳥居 1935→1975：393頁）。
4) 山内は現存する竪穴に興味があったようで，1919年正月に安行貝塚の発掘から帰ってきた折にも，「前野宿というところに（中略）部落あり，冬期穴居して

その中にて器具をつくる」と大場に目撃談を語っている（大場 1975：42 頁）。この竪穴は鳥居等が報告したものと同類のものと思われる（大野・鳥居の報告にある「前宿」は正しくは「前野宿」）。鳥居等の報告によれば，〈冬の寒さを避けるために母屋の脇に竪穴を構築し，竹皮細工の作業場にしている〉とあり（大野・鳥居 1894→1975：399～401 頁），山内の談話の内容と符号する。

5) 山内の最晩年の文章の中に，「官僚学閥は権力を持った心算で，如何なる無理も通そうとする。その間を泳ぎきれなかった鳥居博士は東大をやめ，この勢力に対決，善戦した。そして中国に亡命した。学界の悪の本態を知るべきである」（山内 1953→1969：287 頁）という文言がある。亡くなる直前になっても怒りは収まっていないのである。この文は山内の論文集に収められたものであり，学術論文集の文章としては異例の激しさと言うべきであるが，「官学者」（鳥居 1953：174 頁）との種々のトラブルに苦しんだ鳥居への同情の思いに溢れた一文でもある。実力と業績は群を抜いていながら，学者としては決して恵まれていなかった自分の一生を重ね合わせ，哀惜の念一入であったことであろう。山内の生き方は，鳥居の生き方そのもののように筆者には見える。

6) 解剖学の方は「大沢（岳太郎）」，「田口（和美）」，「小金井（良精）」の諸博士に学び（鳥居 1953：76 頁。括弧中の名は筆者が補塡），人体解剖実習も学生に混じってやったという（寺田 1981：78 頁）。しかし専攻学生のような本格的な学習ではなく，「人体解剖の大体のみを知った位」だった（鳥居，同上：77 頁）というから，山内等を相手に解剖学も指導出来たかどうかは不明である。

7) 筆者には松村論文の価値を評価する力はないが，小金井良精の日記（1923 年 1 月 24 日付）には，「松村氏来室。邦人頭示数と身長に関する論文（英文にして大なるもの）を鳥居氏に見せたところ，大不機嫌。その言うところ，まったく無法…。」（星 2004：413 頁）とある。理系の研究者には一読してその価値が理解出来たものと思われ，理系の研究対象に歴史学的視点を強制する鳥居の注文は「無法」と退けられたのであった。しかし，21 世紀の今日，「理科」と「文科」を統合した鳥居・山内のような先史学が再び求められている。現在の日本先史学が今ひとつ飛躍を見ないのは，考古学の講座が文学部に置かれているため，自然科学的分野の教育を充分に施すことが出来ないのが原因となっているように思われる。

8) 尤も戦後はかなり民族事例を引き合いに出しながら解説をするようになる。しかしそれらは，商業出版による一般向けの刊行物が主体であることに注意すべきである。

9) 山内が鳥居没後まとめた「故鳥居先生著作目録」には，合計452の論文・著書が記載されている。これらは，山内の身近にあった文献を急遽整理したものである。それらの大部分が海外の民族調査や考古学的調査の成果であり，当然山内はそれらの多くに目を通していたと思われる。

10) 山内自身，「現在では縄紋土器文化を詳細に体系付けて，大陸側の調査の進行を待って居る他ない。」(山内1939→1967：6頁) と述べている。

11) これを裏付けるように，鳥居は，最晩年の1952年に「日本人の祖先」というエッセイを執筆している (鳥居1952)。また，八幡一郎は，「先生の研究が大陸研究にのみ終始したのではないことは勿論である。日本民族を取巻く諸民族に亘って，その歴史的，現実的研究を続ける傍ら，その造詣を以て日本民族の位置づけをしようと心掛けられた。」と鳥居の学問を評価している (八幡1953：311頁)。

12) 戦前，縄紋式以前の日本列島は無人の地と考えられていたから，最古の土器の渡来は，交易によるものではなく，それらを携えた「ヒト」の渡来でなければならない。山内が岩宿遺跡発掘当初，激しく抵抗したのは，そうした人類史を見据えたパラダイムの重大な転換に直面したからであると思われる。

13) 長谷部は，「石器時代と聞いたら，アイノやその他を連想する前，先づ日本人，その種々な体形を有する祖先達を連想するが順当である」(長谷部1919→1927：185～186頁) と，大正時代以来〈縄紋人＝日本人の祖先〉という考えを主張していたのである。

14) ただし，鳥居は，「固有日本人」(弥生式石器時代人) のあるものに，「インドネジアン」や「インドシナ民族」，更には「漢民族」の一部やツングース族等が「交雑して雑種」となり，今日の日本民族が形成されたとする (鳥居1925→1975：388～389頁)。一方，山内は縄紋式以後大陸の文物の伝来が顕著であることを認めつつも，ヒトの「交雑」について示唆する文言を残していない。弥生式文化の「母体は縄紋式にある」(山内1939→1967：41頁) としているので，日本民族の母体は縄紋人と考えていたことは間違いないと思われ，この点に於いては鳥居と認識を大きく異にしている。

引用・参考文献

石井　進　1994「出会いの風景　佐藤達夫さん」『朝日新聞』(1994年10月12日付夕刊)

井下　清　1970「鳥居龍蔵先生と東京の郷土研究」『鳥居記念博物館紀要 ―鳥居博士生誕百周年記念特集―』4号　徳島県立鳥居記念博物館

江上波夫・江坂輝弥　1996「私の考古学研究史の登場人物たち ―山内先生のことその他―」『画竜点睛』　山内先生没後25年記念論集刊行会　所載

大野延太郎・鳥居龍蔵　1894「竪穴ニ類スル小舎東京近郊ニ現存ス」『東京人類学会雑誌』95号→1975『鳥居龍蔵全集』第二巻　朝日新聞社

大場磐雄　1970「山内君の思い出 ―中学生の頃―」『考古学ジャーナル』49号

大場磐雄　1975『楽石雑筆』上（大場磐雄著作集第6巻）　雄山閣

大村　裕　1999「山内考古学の一側面 ―「山内考古学の見直し」に寄せて―」『考古学研究』46巻2号

岡田淳子　1996「山内清男と先史考古学」『画竜点睛』　山内先生没後25年記念論集刊行会　所載

小熊英二　1995『単一民族神話の起源　〈日本人〉の自画像の系譜』新曜社

木越邦彦・山内清男ほか「縄文土器にまつわる疑問　C-14による年代測定法を中心に」『科学読売』1964年1月号

斎藤　忠　1974『日本考古学史』　吉川弘文館

坂野　徹　2005『帝国日本と人類学者　1884-1952年』　勁草書房

佐原　眞　1984「山内清男論」『縄文文化の研究　10 ―縄文時代研究史』　雄山閣

寺田和夫　1981『日本の人類学』角川書店

鳥居龍蔵　1920「武蔵野の有史以前」『武蔵野』3巻3号→1975『鳥居龍蔵全集』第二巻　朝日新聞社

鳥居龍蔵　1923「石器時代に於ける関東と奥羽の関係」『人類学雑誌』38巻5号→1975『鳥居龍蔵全集』第二巻　朝日新聞社

鳥居龍蔵　1925『有史以前の日本』磯部甲陽堂→1975『鳥居龍蔵全集』第一巻　朝日新聞社

鳥居龍蔵　1927「日本人類学の発達」『科学画報』9巻6号→1974『日本考古学選集　6鳥居龍蔵集　上巻』築地書館

鳥居龍蔵　1935「武蔵野先住民の竪穴に就て」『武蔵野』22巻1号→1975『鳥居龍蔵全集』第二巻　朝日新聞社

鳥居龍蔵　1943「黒龍江と北樺太」生活文化研究会→1976『鳥居龍蔵全集』第八巻

鳥居龍蔵　1952「日本人の祖先」『朝日新聞』1月14日付

鳥居龍蔵　1953『ある老学徒の手記 ―考古学とともに六十年』　朝日新聞社

鳥居龍蔵 1954「考古学の回顧」『地学雑誌』63巻3号
中薗英助 1995『鳥居龍蔵伝　アジアを走破した人類学者』　岩波書店
中村五郎 1996「わが国先史考古学の体系確立に捧げた一生」『画竜点睛』山内先生没後25年記念論集刊行会　所載
中村五郎 1996「山内清男先生伝記資料」『画竜点睛』山内先生没後25年記念論集刊行会　所載
長谷部言人 1919「石器時代住民と現代日本人」『歴史と地理』3巻2号→1927『先史学研究』大岡山書店
林　謙作 1984「鳥居龍蔵論—"土器型式部族説"成立をめぐって—」『縄文文化の研究　10 縄文時代研究史』　雄山閣
樋口清之 1975「解題」『鳥居龍蔵全集　第二巻』　朝日新聞社
樋口清之 1977「鳥居博士のある原稿」『考古学研究』24巻3・4号
星　新一 2004『祖父・小金井良精の記（上）』　河出書房新社
八木奘三郎（坪井正五郎校閲）1914『日本考古学』　嵩山房
八木奘三郎・下村三四吉 1894「下総国香取郡阿玉台貝塚探求報告」『東京人類学会雑誌』97号
山内清男 1919「見たこと聞いたこと」『上つ代研究』1号→大場磐雄 1970「山内君の思い出—中学生の頃—」『考古学ジャーナル』49号
山内清男 1928「下総上本郷貝塚」『人類学雑誌』43巻10号→『山内清男・先史考古学論文集・第二冊』　先史考古学会
山内清男 1929「関東北に於ける繊維土器」『史前学雑誌』1巻2号→1967『山内清男・先史考古学論文集・第二冊』　先史考古学会
山内清男 1930「所謂亀ヶ岡式土器の分布と縄紋式土器の終末」『考古学』1巻3号→1967『山内清男・先史考古学論文集・第三冊』　先史考古学会
山内清男 1932「磨製片刃石斧の意義」『人類学雑誌』47巻7号→『山内清男・先史考古学論文集・第四冊』　先史考古学会
山内清男 1935「八幡一郎　北佐久郡の考古学的調査」『人類学雑誌』50巻2号→『山内清男・先史考古学論文集・旧第十一集』　先史考古学会
山内清男 1936a「日本考古学の秩序」『ミネルヴァ』1巻4号→『山内清男・先史考古学論文集・第三冊』　先史考古学会
山内清男 1936b「日本考古学の正道」『ミネルヴァ』1巻6-7号→『山内清男・先史考古学論文集・第三冊』　先史考古学会

山内清男 1939『日本遠古之文化　補註付・新版』→1967『山内清男・先史考古学論文集・第一冊』　先史考古学会

山内清男 1940『日本先史土器図譜　第一部・関東地方・第Ⅵ輯　堀之内式』先史考古学会→1967『山内清男・先史考古学論文集・第六～十冊　再版・合冊刊行』　先史考古学会

山内清男 1942「石器時代の犬小屋」『民族文化』3巻8号→1967『山内清男・先史考古学論文集・第五冊』　先史考古学会

山内清男 1953「鳥居博士と日本石器時代」『学鐙』50巻2号　丸善→1969『山内清男・先史考古学論文集・旧第十一集』　先史考古学会

山内清男 1954「故鳥居龍蔵先生著作目録」『人類学雑誌』63巻3号

山内清男 1958「縄紋土器の技法」『世界陶器全集』1巻　河出書房→『山内清男・先史考古学論文集・第五冊』　先史考古学会

山内清男 1964a「日本先史時代概説」『日本原始美術　1』講談社→1969『山内清男・先史考古学論文集・新第三集』　先史考古学会

山内清男 1964b「縄文式土器・総論」『日本原始美術　1』講談社→1972『山内清男・先史考古学論文集・新第四集』　先史考古学会

山内清男 1966「縄紋式研究史における茨城県遺跡の役割」『茨城県史研究』4号→1969『山内清男・先史考古学論文集・新第一集』　先史考古学会

山内清男 1967「洞穴遺跡の年代」『日本の洞穴遺跡』平凡社→1969『山内清男・先史考古学論文集・新第一集』　先史考古学会

山内清男 1968「縄紋土器の改訂年代と海進の時期について」『古代』48号→1969『山内清男・先史考古学論文集・新第一集』　先史考古学会

山内清男 1969「縄紋草創期の諸問題」『MUSEUM』第224号

山内清男 1970「鳥居博士と明治考古学秘史」『鳥居記念博物館紀要 ―鳥居博士生誕百周年記念特集―』4号→1972『山内清男・先史考古学論文集・新第五集』先史考古学会

山内清男 1979『日本先史土器の縄紋』　先史考古学会

山内清男・平沼大三郎 1923「大正11年度　諏訪郡壮丁の人類学的研究（諏訪郡住民の人類学　1）」『信濃教育』440号

山村貴輝 2007「考古学者の書棚　『考古学研究法（浜田耕作訳）』オスカー・モンテリウス／萩原星文館　『考古学の方法（近藤義郎訳）』ゴードン・チャイルド／河出書房新社」『アルカ通信』No.48

八幡一郎 1953「故鳥居龍蔵博士と民族学 ―《追悼と評伝》―」『民族学研究』17巻3-4号
八幡一郎ほか 1988「八幡一郎先生を囲んで ―先生の思い出と考古学研究史―」『長野県考古学会誌』57号

II. 稲生典太郎先生が山内清男と出会った頃
―1930年代の日本先史考古学界の一断面―

はじめに

　日本近代外交史の研究において多大な業績を残された稲生典太郎先生（以下先生と略す）は，若かりし頃，「縄紋学の父」・山内清男に可愛がられ，彼の指導・助言のもとに「北方考古学」にいち早く編年的手法を導入した新進の考古学研究者であった。そしてその研究成果は，かの古典的名著『日本遠古之文化』補註付・新版（1939年）において山内から高く評価されていたのである。先生があのまま考古学に専心されていれば，この方面でも有数の大家になられたであろうことを筆者は信じて疑わない。

　さて，先生が初めて山内に出会った1930年代初頭は，日本先史考古学界にとってどのような時代であったのであろうか。筆者は1999年に，山内の土器型式理論が生物分類学の素養のもとに構築されたものであり，それまでの日本考古学の伝統と大きくかけ離れたものであることを論証したことがあった（大村1999）。その内容を略記すると，

　　〈彼の縄紋土器型式の抽出と体系化は，「縄紋人の血と文化が一系のものである」，という仮説（長谷部言人・浜田耕作等の仮説）のもとになりたっており，それら（「縄紋人一系説という仮説」・「縄紋土器の分類」・「編年体系の構築」）は三位一体のものとして評価しなければならない。その目標とするところは，「日本人の起源の解明」と「絶対年代の確立」であった。その結論が妥当であったかどうかはひとまず措き，山内にとって「縄紋土器型式の体系化」は，単に多数抽出された土器型式を整理した結果ではなく，当初からの目標として存在したのである。科学の目標が，「何らかの仮説にもとづいて体系を構築することにある」（池田1992：194頁）とするなら，山内の縄紋土器型式の研究は，まさにそうした定義に従ったものであった

のである。従って，「仮説」（縄紋人一系説）・「分類」（縄紋土器型式の抽出）・「体系化」（編年体系の構築）のうち，いずれか一つを取上げてその「欠点」をあげつらうのは，妥当ではなく，その科学的精神をこそ学ぶべきである。〉

というものであった。

この論文を書き終わってつくづく思ったのは，山内が活躍した1930年代（先生が山内と出会った頃）において，当時の他の研究者が彼の理論を果たして理解できたであろうか，ということである。かくいう筆者も近年続々と出版されている生物分類学のテキスト類を学習する過程で，生物分類学と山内の学問との具体的類似点にようやく気付き，かの拙論を仕上げた次第であった。では，彼の理論が十分に理解されぬまま，なぜ日本考古学界にその研究成果だけが急速に受け容れられていったのであろうか。そこに今日の日本考古学がかかえる体質を垣間見ることが出来るのである。このことを明らかにするために，筆者は先生に直接お会いし，1930年代当時，山内の学問が若い研究者にどのように受け止められていたのかを探ろうとしたのであった。取材は先生がなくなる3ヶ月前の2003年8月8日，午後1時から午後8時過ぎにまで及んだ。先生と幽明境を異にする今，この時の取材結果を生のまま使うことは出来ない（校閲をお願いできないので）が，先生から教えていただいた種々の事実を念頭に置きながら，この時代の先史考古学界（特に縄紋式関係）を粗描してみたい。

1 大正から昭和初期の先史考古学界（特に縄紋式）

まず，本論に入る前に，稲生先生が山内と出会った前後の本邦先史考古学・人類学界の情勢を簡単に振り返ってみる。しかし，すでに自明とされているこの時期の研究状況を叙述するのは，読者を退屈させるだけであるから，以下に箇条書きにして要約することにする〔寺田和夫著『日本の人類学』（角川文庫 1981年）を抜粋。不足部分は山内清男著『日本遠古之文化』（新刷版 1967年）で補った〕。

① 坪井正五郎の死により，「縄紋人＝コロボックル説」は瓦解した。
② これにかわって台頭したのは「縄紋人＝アイヌ人，弥生人＝固有日本人」説（鳥居龍蔵）であった。
③ 縄紋式土器の相違を部族の違いと結び付け，「薄手式」「厚手式」「出奥式」とし，三者を同時並存の土器と捉える学説（鳥居龍蔵）が流行した。
④ 大正中頃になると，新たに「日本人一系説」が登場する。長谷部言人は石器時代人を現代日本人の祖先と考えようとした。また浜田耕作は考古学的考察から，縄紋人と弥生人の間に人種的な断絶がない，と主張した。一方，清野謙次は，「日本原人」が進化し，これが南北における隣接異人種と混血して，アイヌ人や現代日本人が形成された，と説いた。
⑤ 鳥居の辞職後，東京帝国大学人類学教室の主宰者となった松村瞭は，精緻な「体質計測」に基づく研究を内外に推進し，同教室が自然人類学的研究機関に脱皮する基礎をつくった。
⑥ 松本彦七郎は土器型式の違いを部族の差ではなく年代的な差であることを層位的発掘によって実証した。
⑦ 厚手式・薄手式・出奥式に加えて，「諸磯式」が注目を集め，厚手式より古式であるという説（榊原政職），薄手式以降のものである，という説（甲野勇），諸磯式・厚手式・薄手式並存説（大場磐雄）が鼎立していた。
⑧ ④・⑥の学説に影響を受けて（④の影響については大村 1999 による），山内清男を中心とした「層位編年学派」が，大正後半期に盛んに各地を発掘し，層位的根拠に基づいて，「厚手式→薄手式」の序列を確定し，さらに既存の各土器型式（大別型式）を数多くの細別型式に分けた。
⑨ 山内清男は，胎土中に繊維が含まれる一群に注目。「広義の諸磯式」は，繊維あるもの（「蓮田式」）と，ないもの（「狭義の諸磯式」）に分かれ，共に「厚手式以前」であることを，層位的事例を踏まえて確定した。さらにこの繊維土器は，「旧諸磯式の範囲内のもの」と「旧諸

磯式の範囲外の条痕あるもの」に分かたれることを突き止め，後者を「より古いものと想定」した。次に彼は，後者が出土する「陸前の一貝塚の下層から，繊維混入のない」より古い土器群の存在を確認した。この新発見の「尖底」を持つ土器群の細別は，各地の地元研究者と連携しながら精力的に行われた。一方，東北地方の「亀ヶ岡式」の精緻な細分を独自に完成させ，縄紋式の下限問題に新たな視点を導きだした。

⑩ 公爵・大山柏は史前学研究所を創設。関東各地の貝塚を組織的に調査し，動物遺体の精密な調査を推進。出土貝類の淡鹹度を調べることにより，貝塚出土の遺物の新旧決定（「谷奥の純鹹貝塚は現在の海岸線に近い部分にある淡水貝塚よりも古い」）をする独自の方法論を実践した。

⑪ 山内清男は，従来の大別（前・中・後期の3期区分）を踏まえ，型式数のあまりに多い「前期」を，「尖底を有する本格的に古い土器群」（早期）と「広義の諸磯式とその並行型式」（前期）に分かち，「後期」を「所謂薄手式の範囲」（後期）と「亀ヶ岡式及びその並行型式」（晩期）に分けた。これらの大別に従い，日本全国の土器型式編年が1937年に確立した。

⑫ 縄紋人＝アイヌ説にもとづき，縄紋式文化の担い手は著しく後代まで東北の山間地域に残存する，という説（喜田貞吉）と，「縄紋式文化の終末は日本全土においてそれほど年代的隔たりを持たずに終了する」という説（山内清男）が雑誌『ミネルヴァ』誌上で激しくたたかわされ（ミネルヴァ論争：1936年），結局縄紋土器型式の組織的研究の上に立った山内の勝利に終わる。

概略以上のようになるであろう（ただし，本稿に直接関わらない分野は大幅に省略した）。

上記を見て分かるように，本稿で取上げる山内清男は，大正後半に学界登場後，1930年代には日本先史考古学界をリードし，既成の学説を覆して新しい「パラダイム」（ある一時代の人々のものの見方・考え方を根本的に規定して

いる概念的枠組み）を構築していたということである。酒詰仲男によれば，当時，「それ以外の先史考古学者は山内の慅膏を甞めてようやく余喘を保っているといってもよい程の存在になってしまった」（酒詰 1967：117 頁）という。

縄紋土器の細別がますます精緻になり，その基盤を山内の研究業績に求めるものが大勢を占めている今日，酒詰の認識は現在の縄紋考古学研究者の多くが認める現実であろう。しかし，そこに何か誤解はないだろうか。この文章は，1960 年代の酒詰が当時を回想して書いているのであって，戦後山内が東大人類学教室の実力者として君臨し，彼の研究室が土器の鑑定を求める地方研究者で門前市をなすような状況（稲生 1996：88 頁）を目の前にした印象が反映していると思えるのである。1930 年代前半（すなわち先生が山内に「初見参」した頃）の山内は，雑誌『ドルメン』誌上において日本の先史時代概説と型式理論の概要を解説し終わっていた（「日本遠古之文化」連載）とはいえ，東北帝大解剖学教室を辞任し，定職もなく，ご尊父の教科書執筆の印税の一部を割いてもらってやっと生活をしていた状況（先生談）だったのである。しかも，彼の学歴は「東京帝大理学部人類学科選科」である。これは現在でいえば，「聴講生扱い」（鷲田 2004：20 頁）であって，旧制高校→帝大と進んできた人たちとは，はっきり一線を画される立場なのである。特に旧制高校は，「学閥の原因」と見做され（秦 2003：246 頁），戦後廃止の対象となるほど卒業生の連帯感が強い存在であるが，彼はここを敢えて通らず（彼の学力なら，その気になれば，当然最も社会的評価を受ける学歴を，獲得していたことであろう），一足飛びに選科の道を選んだのであった。従って，「学閥」の庇護もほとんど受けることの出来ない，宿命を抱えていたといえよう。このように，当時の山内は，学界においても社会的にも全く取るに足らない存在であったのである。そして肝心の学問的成果についても，遠くの京都帝大関係者からこのように見られていたのである。

「当時（引用者註：1930 年），山内さんといっても，多くの論文をものしていたわけではないし，出されたものとしては，きわめて難解な「関東北の繊維土器」というのがまとまった唯一のもので，そのほかは，人類学雑誌の彙報欄に調査の結果を図一つ入れるでなしに発表されたにすぎないか

ら，すごい男だとのうわさは，一部の人たちに流されていただけで，その
一に記した「東大人類三羽烏」（引用者注：筆者の三森定男は，「東大人類三羽
烏」とは，「八幡・甲野の両氏に中谷だった」と記している）ほどの知名度はな
かったといってよい。」（三森 1971b：91 頁。傍点は引用者）

これが実情に近かったのであろう[1]。

たしかに山内の論文は，図がほとんどなく，関東や東北の縄紋土器になじ
みのある者以外には，認識を共有することが難しい。しかも自分の獲得した
成果を丁寧に解説することもしていないのである。例えば，上記の三森の
エッセイに紹介されている「関東北の繊維土器について」の「追加1」にお
いて，いきなり「大木1・2・3・4・5・6・7・8・9・10…」という東北地方
縄紋土器の細別型式が紹介されている（山内 1929b：271 頁）が，図はおろか
型式設定の由来や型式内容の解説は一切ない。翌年公表された「斜行縄紋に
関する二三の考察」（山内，1930：190〜191 頁）でも同様である。これでは，
関西在住の在野研究者に，

「今や関東北の縄紋式土器名称は主唱者の複雑化によって，同一土器に
対して異名称を附せられたり，又，主唱者自身の体認によるのみにして他
者の首肯し難い場合も無とは云へない。」（島本 1934：206 頁。傍点は引用者）

と批判されても仕方がないであろう。山内が指示する型式名がいかなる土
器群なのか，彼から直接教示を受けたものでなければ，検証・批判も引用す
らも出来ないのである。試みに，上記山内論文が収載された『史前学雑誌』
のバックナンバーをひもとき，縄紋土器型式細別に対する学界の反応を検討
してみよう。なお，検索は一応7巻で区切ることにする。7巻が発行された
1935 年は，商業雑誌『ドルメン』（4巻6号）で「日本石器時代」特輯号が組
まれ，各研究者の土器型式区分の対照表や各細別型式の写真と解説が施され
た記事が掲載されるなど，全国的規模で縄紋土器型式編年の理解が加速化し
た画期と捉えたからである。甲野勇が，豊富な図版と層位的データを駆使し
て関東の縄紋土器編年の研究成果を提示し（甲野 1935），学界に衝撃を与え
たのもこの年であった。まずこの時点で区切って，山内等の縄紋土器型式細
別が当初どのように学界から迎えられていたかを検証してみることにする。

山内等が抽出・設定している細別型式を積極的に採用している人々（「諸磯式」・「勝坂式」は広義（大別型式）に用いる場合があるので，これらのみが使用されている論文・報文執筆者は除外してある）は以下の通りである。職業等[2]は論文・報文発表当時。

山内清男（1902年生まれ。東北帝大副手。宮城在住）

甲野　勇（1901年生まれ。史前学研究所員。東京在住）

伊東信雄（1908年生まれ。学生。宮城在住）

赤星直忠（1902年生まれ。小学校教員。神奈川在住）

杉原荘介（1913年生まれ。自営業手伝い・学生。東京在住）

土岐仲雄（1902年生まれ。元中学校教員。東京在住）

齋藤房太郎（生年・職業不明。東京在住）

池田建夫（生年・職業不明。東京在住）

佐藤陽之助（生年・職業・居住地不明）

藤森栄一（1911年生まれ。自営業手伝い。長野在住）

宮崎　糺（1914年生まれ。学生。東京在住）

稲生典太郎（1915年生まれ。学生。東京在住）

岡　栄一（生年不明。医師。神奈川在住）

久保常晴（1907年生まれ。大学副手。東京在住）

この時代の日本考古学界であるから，ほとんどが在野であることは当然といえるが（考古学の講座が存在し，学生を受け入れていたのは京都帝大唯一つ），世代的には1901年以降の生まれであることが注意を引く。次に，山内・伊東・藤森を除き，東京及びその近郊居住者であることも共通している。伊東・赤星・宮崎・稲生は山内から直接指導を受け，土岐（酒詰）仲雄は史前学研究所の甲野勇や竹下次作から土器鑑定の指導を受けている（土岐1934：210頁）。藤森は長野県踊場遺跡出土土器の研究にあたり，八幡一郎の「直接・間接の」「助言」を受けていたことを明記している（藤森1934→1986：252頁）。彼らは最新の研究成果を取り入れる上で，もっとも恵まれた立場にいたといえよう。杉原は飛ノ台貝塚報告で学界デビューした1933年前後（当時20歳）に山内の指導を受けた記録は確認されないが，おそらく山内や赤星

の業績の読解から茅山式の同定を行ったのであろう。岡は生年が不明であるが，川崎で開業していた医師だそうである（江坂 1978：145 頁）。大山史前学研究所によく出入りし，酒詰とも交流があったことが確認されている（酒詰 1967：37 頁）。

　これらの事実から，先入観を持たない新しい世代（山内と同世代か更に若い世代）や，編年学派との接触が直接あったり，彼らの情報が間接的に早く伝わる地域に居住したりしている人々，及び異分野の人々（やはり先入観を持たない）がいち早く新しい研究成果を積極的に受け容れていった，とまとめることが出来るであろう。

　これに対して伝統的な諸磯式（広義の）・厚手式（「陸平式」ないしは広義の勝坂式）・薄手式（「大森式」）・「出奥式」（亀ヶ岡式）・「円筒土器」などといった，「大別」としての土器型式を用いる研究者はどのような人々であったろうか。以下に列挙しよう。

　大山　柏（1889 年生まれ。予備役軍人・公爵。東京在住）
　浜田耕作（1881 年生まれ。京都帝大教授。京都在住）
　両角守一（1897 年生まれ。銀行員。長野在住）
　宮坂光次（生年不明。八幡一郎と東京帝大理学部選科で同期。諏訪中の先輩。早稲田をやめて選科に入りなおしたというから八幡より数年年長か。大山史前学研究所員。戦後は書店経営をしていたという[3]。東京在住）
　横山将三郎（生年不明。人類学雑誌 52 巻 3 号（1937 年）の「大会記事」に，所属が「京城帝大予科」とある。東大の倫理学専攻で，後地理学者に転身したという[4]。京城在住）
　杉山寿栄男（1884 年生まれ。図案家。東京在住）
　大場磐雄（1899 年生まれ。内務省神社局・國學院大學講師。東京在住）
　中川徳治（1910 年生まれ。学生。東京在住）
　樋口清之（1909 年生まれ。学生・助手。東京在住）
　池上啓介（1905 年生まれ。大山史前学研究所員。東京在住）
　服部清五郎（1904 年生まれ。学生。東京在住）
　田沢金吾（1892 年生まれ。東京帝大嘱託。東京在住）

松下胤信（生年不明。1909 年生まれの桑山龍進の大学友人という[5]）。会社員。神奈川・大阪在住）

米村喜男衛（1892 年生まれ。理容師。北海道在住）

堀野良之助（生年・職業不明。東京在住）

中根君郎（同上。東京在住）

小西宗吉（同上。秋田在住）

武藤鉄城（1896 年生まれ。小学校教員。秋田在住）

小原一夫（生年不明。『考古学』3 巻 2 号（1932 年）の「学界消息」に，この春「早大卒業」とある。滝口宏の先輩という[6]）。中学校教員。東京・鹿児島・静岡在住）

石野　瑛（1889 年生まれ。中学校教員。神奈川在住）

高島徳三郎（生年・職業不明。東京在住）

島本　一（1903 年生まれ。小学校教員。奈良在住）

鈴木　尚（1912 年生まれ。学生。東京在住）

湊　晨（生年・職業不明。東京在住）

関口　齊（生年・職業不明。東京在住）

　細別を使わない研究者が 1935 年以前は多数派であることがこれで知れよう。世代的には 1800 年代生まれが 9 人もいる。これらの人々のうち，大場磐雄（1899 年生まれ）は最も若い。山内等と縄紋式文化に対する認識が大きく異なる（記紀の記述に基づくところが多い）が，山内とは少年時代からの友人で同世代でもあり，縄紋土器編年について少しずつその重要性に気付いていったようだ。1932 年には早くも「それらの薄手式は安行式又は加曾利 B 式等と呼ばるるもの」（大場 1932：3 頁）と新しい学界動向に目配りしている状況が見て取れる。しかし，1935 年に國學院大學の講師となり，初講義をしたときには，まだ縄紋土器編年の成果に全く触れなかったという（先生談）。杉山寿栄男（1884 年生まれ）は，東京在住のベテラン在野研究者である。山内には縄紋施紋手法だけでなく層位に基づく編年学にも終始批判的だったようだ。先生の筆者宛の葉書にこのことの一端が触れられている。

　「大きな完形土器の口頸部が「A 層」に，底部が「B 層」にあったら，（この土器は）どちら（の層の所属）になる？と（杉山が山内等に）反論して大

笑いになった」(2003年7月20日消印)

　というのである(括弧内の語句は引用者補塡)。経験豊富なベテランだけに,層位に基づく型式区分に対し,実地を踏まえた疑問が色々あったことであろう。次に,関東の土器編年の情報をダイレクトに受け取ることの出来ない,外地・東北・近畿・東海・九州・北海道などの居住者が7人もいることが興味深い。東北地方は山内のフィールドとはいえ,図の提示のない論文を前にしては,山内との接触がないかぎり,縄紋土器の細別の原理を理解することは困難であったことであろう。

　宮坂・池上といった史前学研究所に所属する若い研究者は微妙な立場にあったと考えられる。心情的には山内等に共感する部分が多かったであろうが,大山柏所長(1889年生まれ)は,主観の入りやすい文様の分析に主眼が置かれている「土器型式編年」に批判的な立場であった(阿部2004:131頁)から,大山が用いる土器型式名(「勝坂式」・「大森式」などはいずれも厚手式及び薄手式と同義で,「大別型式」ともいうべきもの。「前期」の土器には「指扇式」「蓮田式」のやや粗い細別を設定)は用いるが,山内らの細別型式の使用は極力避けられているのである。さすがの甲野(史前学研究所々員)も,当初,「薄手・中厚手」などという呼称を用いているのである(甲野1928:62頁・1929:53頁)。また,大山との連名になる「千葉県良文村貝塚調査概報」(大山・杉山・宮坂・甲野1929)でも,「勝坂式」(加曾利E式も含む「大山・勝坂式」)「阿玉台式なる称呼」「薄手式」というような表記に終始している。こうした締め付け(?)は,奔放不羈な性格の甲野には耐えられないことであったろう。翌年の個人論文からは,「堀之内式」「勝坂式」「真福寺式」などの細別表記を用い始めているが,大山は面白くなかったであろう。なにしろ研究所のフィールドで,無給所員の酒詰が貝塚を発見しすぎたという理由だけで出入りを差し止めするほどなのだから(酒詰1967:45頁)。甲野の代表的論文(「関東地方に於ける縄紋式石器時代文化の変遷」『史前学雑誌』7巻3号　1935年)の「序言」末尾に,「思考の自由と共に言説の自由も寛容されたる大山所長に衷心より感謝の意を表する」とわざわざ書いた背景には,大山との間に少なからぬ確執があったことを示唆している。甲野が退所したのがこの翌年である

事実は，このことと全く無関係ではないだろう。ちなみに江坂輝彌は，「大山の編年と甲野とで型式分類の仕方が異なってしまった」ため，「仲間外れ」となり，研究所にいづらくなってしまった（江坂・日暮ほか 1998 : 129 頁），と証言している。池上啓介は 1935 年に至り，細別表記を用い始めているが，「厚手退化型と称せらるる加曾利貝塚 E 地点出土の土器に類似するもの」「堀ノ内貝塚出土の土器と同型式のものが多い」（池上 1935 : 298～299 頁）とかなり歯切れが悪い。大山が用いる以外の土器型式名を使うのは，彼の書生として公私にわたって世話を受けた池上（阿部 2004 : 57 頁）には様々な遠慮があったのではなかろうか。余談ながら，長谷部言人（1882 年生まれ）も縄紋土器編年に批判的で，人類学雑誌の原稿に教室員の和島たちが「〇〇式」と書くと，きまって「所謂」と頭に加筆されたとされている（和島 1967 : 239 頁。ただし，何らかの心理的圧力を感じたことは事実と思われるが，「加筆」云々は和島の思い違いである。人類学雑誌のバックナンバーをひもとくと，酒詰や和島の論文・報告中の細別型式名に「所謂」とかかれた箇所は皆無なのである）。鳥居龍蔵（1870 年生まれ）も編年学には批判的で，國學院大學の講義において，「遺跡の研究者は植物学における分類学みたいに，リンネの時代に逆戻りしているとか，物の分類ばかりに熱中して生活や文化の系統を観ようとはしない」と批判していたという（樋口 1977 : 172 頁）。この影響からか，國學院大學学生であった樋口清之も，縄紋土器の細別型式には当初触れず，「関東縄紋土器の所謂薄手派のあるものに近い」（樋口 1931 : 45 頁）というような表現を用いている。ちなみに樋口とほぼ同世代の鈴木尚（1912 年生まれ）も「厚手式」「薄手式」などの表記を使っている（鈴木 1935）が，これは長谷部等に遠慮したものではなく，「はまぐり」の形態変化が年代の指標になりうるかどうかを検討する研究であったため，細かい尺度（細別型式）を使えなかったのであろう。『人類学雑誌』誌上の報文（鈴木 1933）では「堀之内式」「加曾利 B 式」「安行式」などの細別型式を用いている。

以上をまとめると，
① 旧世代の研究者たち
② 遠隔地に居住している地方考古学研究者たち

③ 学問的に旧世代の「大家」の直接影響下にある人たち

等々が細別を無視したり，踏み込めずに躊躇していたものと推測されるのである。

それでは，こうした多数派を占める「抵抗勢力」に対し，山内等はどのような戦略で自分たちの新しい考えを普及させていったのであろうか。次にそのことについて考えてみよう。

2　「編年学派・三羽烏」，それぞれの活動

山内と八幡・甲野・長谷部は公私にわたって，小さなトラブルが絶えなかったようである（尤も，批判するのは大体山内であり，他はなだめに回ることが多かったらしい）。まず山内による八幡への批判は，『山内清男・日本先史考古学論文集』38 頁・39 頁・232 頁・268 頁・303 頁などに散見される。「そこまで言わなくても」と思われるような手厳しさである。また，甲野に対しても，同論文集 293 頁で，人格批判とも受け取られかねないエピソードを書き残している。故人への批判を卑怯な行為と指弾する潔癖さを持つ山内（中村 1996 : 10 頁）にしては珍しいことである（甲野はこの 2 年前に永眠している）。名指しは避けてはいるものの，長谷部に対しても「(長谷部に) 仙台の懲治監に一人とじこめられた」（山内 1969a : 266 頁。括弧中の語句は引用者。以下同様），「(長谷部の) 理不尽な干渉は無駄だったと知るべきである」（山内，同上），等々と学術論文集としては異例なコメントを残しているのである（この時，恩師たる長谷部はまだ存命していた）。しかし，批判・反抗を受けた当人たちは，終生山内の才能と業績を深く理解・支援し，庇い続けたのであった。窮迫する山内を 1946 年に東大講師として招いたのは，長谷部であった（先生談）し，山内が東大を定年退職したとき，成城大学文化史コースに推薦したのは八幡一郎であった（今井 1996 : 125 頁）。一方，先生によれば，山内による長谷部に関する悪口めいた話は，私的には聞いたことがなく，「山・甲・八の三先生は鳥居博士同門として通底は仲が良かった」いうのである。このように山内は，兄弟・親子のような親しい間柄の人々に対し，公の場では厳しい批判を浴びせる（中村 1996 : 7 頁）という，余人にはおよそ理解ができない性癖の

持ち主であった。このことが，三巨匠（甲野・八幡・長谷部）と山内先史考古学との関わりを，正しく評価しにくくしているのである。

以下，「通底は仲が良かった」という前提に立って，甲野・八幡の活動が，山内の研究とどのように絡み合い，「編年学派」の研究を先史考古学研究の主流に育てていったのかを具体的に論じてみたい（長谷部については次章で詳述）。

(1) 甲野勇の活動

甲野は1901年に生まれ，1922年に東大人類学科選科に入学した。年齢は山内より一つ上だが，入学年次は3年後ということになる。家庭環境に恵まれていたせいか，若い頃から膨大な洋書を購入し，「タイラー・ハッドン・バルフォアー・ラボックに親炙して英国流の学問を体得した」（八幡1967）という。巨匠としては寡作ではあるが，「未開人の身体装飾」（『史前学会パンフレット一三』1929年→江坂編1971），『縄文土器のはなし』（世界社 1953年），「生活用具」（『日本考古学講座 3』河出書房 1956年 所載）等など，民族誌の知識を駆使したユニークな労作が多数ある。縄文式の分野において，土器研究以外の考古学的研究が低迷している今日，改めて注目しなければならない先学の一人といえよう。ここで確認しなければならないことは，

「クロノロジーは研究のスタートであって決してゴールと考へて居る訳ではないのです。」（甲野1937→江坂編1971：82頁）

という彼の縄紋土器型式編年に対するスタンスである。その目的とするところは，あくまで「当時の社会生活の変遷」の「追究」（甲野，同上）ということなのであり，縄紋土器への関心は山内ほど熱烈なものではなかった。従って，1935年の「関東地方に於ける縄紋石器時代文化の変遷」の完成により，自分なりの編年大綱が出来てからは，縄紋土器の型式学的研究論文はほとんど執筆していないのである（『甲野勇先生の歩み』同刊行会 1968年所載「著作目録」参照）。「縄紋土器の研究はあくまで手段」という態度が徹底していたといえよう。甲野にとって，上述の1935年論文がまとまった縄紋土器研究の唯一のものであるが，この影響は実に絶大なものがあったと思われる。当時中学4年生であった江坂輝弥は，この論考を精読したくて大山史前学研

究所に訪問した（江坂 1989：325 頁）というし，考古学に入門したばかりの酒詰仲男は，印刷前のこの論文原稿を「池上啓介から借りて読み，あまりにも重要な論文」なので「これが印刷になる日をとうてい待っていることができず，家に持ち帰って一晩で写しとった」（酒詰 1967：25 頁）と証言している。初学者たちになぜこの論文が熱狂的に支持されたのであろうか。それは，「縄紋前期」から「後期」までの土器群の，鮮明で豊富な土器写真が提示され，それまで意味の分からない「記号」のような縄紋土器細別型式の内容を，初めて系統的に理解することが出来たからであると思われる。なにしろ，大山史前学研究所の所員でさえ，酒詰が持参した東京都道灌山遺跡出土の諸磯式土器を，瞬時に同定出来たのは竹下次作だけであった（酒詰 1967：23 頁）時代なのである。山内は後述するような戦略から，細別型式の図を出すのは後回しにしていた。このため，先に紹介した，島本のような反発を買うことになったのであるが，甲野の仕事はこうした独学者の渇を充分に癒すものとなったのである。

　この論文は，また，諸磯式と厚手式及び薄手式の差異が部族差を示すものではなく，年代差を示すものであることを豊富なデータの提示によって初めて示したものであった。すなわち，埼玉県花積貝塚において，「繊維土器」（「第二群土器」：花積下層式）が貝層下部に出土し，上部貝層に厚手式（「第六群土器」：阿玉台式・勝坂式）が出土していることが土器破片の写真で明快に示され（下総考古学研究会が提唱している「三上方式」[7]の先駆），千葉県中野台貝塚では，「第五群（諸磯式）近似の土器」（現在の浮島式）が貝層下土層より出土し，「第六群土器」（勝坂式・阿玉台式）が貝層中から出土している状況が土器破片の写真で示されているのである。この他，図の提示はないものの，千葉県加曾利貝塚で厚手式（第六群土器）が下部土層から出土し，薄手式（第七群土器：堀之内式）が貝層中より出土していること，神奈川県萬田貝塚では上部火山灰質土層から第六・七群が出土し，この層の下の砂礫の間層を置いて存在する貝層中より第四群土器（黒浜式土器）が出土したことが記載されている。さらに細かい年代的序列の層位的確定（各土器群の共存関係の検討による細別）もなされているが，この部分はやや概念的に過ぎ，にわかに承認を

得られたとは思えない。それはともかく，こうした丁寧な資料提示がより多くの人たちに，

　　　繊維土器・「諸磯式」（前期）→厚手式（中期）→薄手式（後期）

という序列が動かしがたいものであることを認めさせることになったのであろう。

　甲野が解説した細別型式群については，山内がすでに1928年において「下総上本郷貝塚」の短報で紹介してはいる。これはいくつかの関東の遺跡における層位的所見と，東北地方の大木貝塚の層位的所見を踏まえて，

繊維を含む土器型式→繊維を含まない諸磯式→勝坂又は阿玉台→加曾利E→堀之内→加曾利B→安行

という関東地方の縄紋式における年代的序列を示したものであるが，上述の三森のエッセイにあるように，この短報は，「図一つ入れるでなしに発表されたにすぎない」から，当初まったく反応がなかったのである。実際，1929年から始まった『史前学雑誌』において，上記の細別を用いる研究者はごく限られた範囲のものなのである。関東各地を組織的に発掘したデータを駆使し，視覚的に細別型式の実際を提示したこの論文が出て，初めて各地・各世代に追随者が増えたといえよう。試みに8巻（1936年）以降の『史前学雑誌』を11巻（1939年）までたどってみると，縄紋土器について触れた論文・報文36点中，細別型式について言及したものが24点（67%）にのぼるのである。これは1935年以前の124点中28点（23%）の約3倍の比率となる。関東各地の研究者が採集した資料の位置づけが，甲野論文の公表により，初めて可能となった結果であることはほぼ疑いがないであろう。と同時に，甲野の研究により，山内の論文の意味が多くの人々に初めて理解できたのではなかろうか（充分でないにせよ）。念のため，「編年学派」の拠点の一つ，『人類学雑誌』における同時期の状況も点検してみる。

　1929年（『史前学雑誌』創刊の年）から1935年までは，縄紋土器について触れた文献が36点で，細別型式名を用いた文献は13点（36%）であった。こ

の時期の『史前学雑誌』より使用比率が高いが，松本彦七郎（6点）や八幡一郎（6点）の投稿率が高い（二人で縄紋関係論文が33％を占めている）ことが原因となっている。一方，甲野論文（1935年）以降の1936年〜1939年には12点中11点である（92％）。今まで細別型式名はおろか，大別についても触れることがなかった林魁一（1874年生まれ。岐阜在住）さえ，1939年には「加曾利E式とも云ふ可き物」（林1939：165頁）という表現で細別型式に触れ始めているのである（ただし，彼の場合，八幡一郎の影響がより大きい。このことは後述）。全体に同誌では，精度が増す一方の自然人類学関係の論文が多くなって行くなかで，細別型式に触れない考古学関係論文・報文は，査読を通らなくなっているように思われるのである。

以上，『人類学雑誌』の検索は，『史前学雑誌』に合わせて1929年から1930年代末に区切ったが，甲野論文の公表以前と以後とでは，劇的に細別型式使用頻度が高まっていることが分かるであろう。まさに，

「異論をふくみ持つ人は常にあったが，この勢を阻むことができなかった。大別の内にある細別こそは真の年代区分を示すものであり，この理想に向かってトコトンまで行く方針も，いつしか学界の主流となった。『余り分けすぎる』というブレーキは落伍者の車についていた」（山内1969b：4頁）

状況となったのである。

しかし，このような細別編年の急速な浸透は，山内の功績のみに帰すべきものではないことは上述の通りである。むしろ山内の理論などほとんどの研究者が理解出来ないうちに，甲野の見事な研究報告がモデルとなって，雪崩を打つように流行していったのであった（尤も，図がほとんどなく，片言隻語に満ちた山内の当時の文章を理解しろ，というのが無理な話である。山内考古学の理解が真に深まったのは，系統的に彼の諸論文を読むことが可能となった1967年以降のことなのである。『山内清男・先史考古学論文集』が簡単に手に入った状況下に学生時代をすごした筆者等の世代に，「山内信奉者」が多いのはこうした背景による）。このことが実は，意外な結果を生むことになる。戦前においては，真の情報発信者の山内の考えが学習の対象とならず，「広報者」としての甲野等の情報

が学習の対象となってしまったのである。「良い悪い」の判断は抜きにして，自然科学の教養（山内は遺伝学を基盤として自然人類学に進むつもりであった[8]）の上に立って構築された山内土器型式学が，文化人類学者ともいうべき甲野によって文科系的に「翻訳」されて日本先史考古学界に根を張ることになったのである。動物学者モースによって開かれた日本の近代考古学が，甲野の師ともいうべき（八幡1967）坪井正五郎によって形を変えて広められていったのと，同じ状況が再現されたといえよう。文科系的理解が必ずしも悪い訳ではないが，「土器型式の理解」という点では，こうした齟齬が多少の混乱を生んだかもしれない。

　例えば，提示された土器群の写真（第1図参照）を見ると[9]，「Fig. 2」の3・4・5（本稿第1図1〜3）は，ティピカルな「花積下層式」ではなく現在「二ツ木式」と呼ばれているものである（戦前はこの型式の存在が知られていなかったので仕方ないが，他の掲載資料も，花積下層式の中でも極新しいものが殆どである）。「Fig. 4」の左側の土器（本稿第1図4）は，甲野のいう「蓮田式」（関山式）ではなく，黒浜式期の土器である。「Fig. 6」の4・5（本稿第1図5〜6）は，「黒浜式」とは異なる土器である（谷藤保彦によれば，本稿第1図5は信州の有尾式の可能性があるという）。「Fig. 10」の16（本稿第1図7）は，関山式に近似したもので，「諸磯式」の範疇には入らないものである（関根慎二によれば，繊維が入っていない場合は「神ノ木式」の可能性もあるという）。「Fig. 13」の右の土器（本稿第1図8）は「勝坂式」ということになっているが，正しくは曽利式系の「籠目紋土器」である。また，「Fig. 14」の「加曾利E式」は異系統の「連弧文系土器」である（原典の写真が不鮮明のため転載は割愛）。「Fig. 17」の6・7（本稿第1図9・10）は「安行式又は真福寺式（安行式の異称）」ではなく，加曾利B3式(9)・同2式(10)と思われる。

　以上，当時としては，全体的に判断が難しい土器群ではあるが，山内の型式認定と比較すると，やや粗さを持つことは否めない。この論文が細別型式の概念の普及において決定的な意義を持ち，そしておそらく型式認定の典拠になったため，同じ型式名を指しても，型式設定者の山内のそれとは異なる土器が一般研究者にイメージされ，土器型式研究を混乱させる一因となった

II. 稲生典太郎先生が山内清男と出会った頃　41

第1図　甲野 (1935) で提示された資料で問題となる土器
1:「Fig. 2」の3, 2:「Fig. 2」の4, 3:「Fig. 2」の5, 4:「Fig. 4」の左,
5:「Fig. 6」の4, 6:「Fig. 6」の5, 7:「Fig. 10」の16, 8:「Fig. 13」の右,
9:「Fig. 17」の6, 10:「Fig. 17」の7

のである。

(2) 八幡一郎の活動

八幡一郎は 1902 年長野県生まれ。生来体が弱く，高校→大学という長い学生生活を送ることは断念しており，父親も村役場に勤めることを強く勧めていたが，諏訪中学校校長等の支援により，1921（大正 10）年，東京帝大人類学科選科に進学出来たという（八幡ほか 1988：115 頁）。

在学中は鳥居龍蔵の上伊那地方の考古学的調査に従う。1924（大正 13）年同選科修了と同時に東京帝大理学部の副手となる。1931（昭和 6）年，同学部助手。1939（昭和 14）年，同学部講師。戦中は海外調査に赴き，安東にて終戦を迎える。1948（昭和 23）年東京大学文学部講師。1951（昭和 26）年東京国立博物館学芸部考古課長。翌年同館辞職。1953（昭和 28）年，東大文学部専任講師。1962（昭和 37）年東京教育大学文学部教授。同大定年退職後は上智大学・同短大教授などを歴任。1961（昭和 36）年〜1969（昭和 44）年には日本考古学協会委員長もつとめる（以上，『長野県考古学会誌』57 号 1988 年 所載の「八幡一郎先生略年譜」による）。

詳細に彼の略歴を記したのは，山内・甲野が浪人時代を度々経験し，学者としては必ずしも恵まれていなかったのに対し，八幡はかなり恵まれた道を歩き，社会的にも大きな影響力を持つ立場に長くいたことを示したかったからである。これはひとえに彼の温厚・謙虚な人柄と，慎重で着実な学風によるものと思われる。彼は山内から学問的（上述）にも人事上の面（山内 1953→1969：287 頁の追記部分）でも厳しく批判を受け続けていたが，結局これを許し，様々な面から支援を惜しまなかった。彼が常に学界の中枢におり，山内等の業績を擁護し続けたこと〔山内没後も八幡は，炭素 14 による年代測定の信憑性について，山内の学説を擁護するような発言をしている（八幡ほか 1971：55〜56 頁）〕が，山内の学問にどれほどの利益を与えたことか，計り知れないものがあるのである。

さて，八幡の土器研究を考える上で重要な事実は，自身が「土器はわからないんだ」と率直に認めていることである。

「土器がわからないという意味はね，…大づかみにはできますよ。しか

しこまかく観察することはかなわん，文様がこうなって，ああなって，そしてこうだ，などということは，とてもじゃないけれどもわからない。」
(八幡ほか 1988：128 頁)

というのである。「土器型式の細別及び年代的編成に最も理解に乏しかった八幡一郎氏」という山内の評価（山内 1940→1967：25 頁）は，こうした事実に基づくものかもしれない。八幡の土器型式認識の具体的問題点については，筆者等もやや詳しく論述したことがあるのでここでは繰り返さない。結論だけ紹介すると，縄紋中期中葉の「勝坂式土器」の解説・記載において，阿玉台式の一部の土器や加曾利E式土器，曽利式系の「籠目紋」土器，果ては越後の「火焔土器」までも当該型式に含めてしまっている（高橋・江森・大村 1985：10～17 頁）のである。土器型式の認定の粗さは否めないであろう。

しかし，縄紋土器の細別型式の一般的理解を引き出す上で，八幡は山内以上に大きな力となっていたのである。彼の武器は二つあると筆者は考えている。第一は，「東京帝国大学」という，我が国のアカデミーの最高峰に長く所属し続けていた，ということである。ここを拠点にした彼の発言の重みは相当なものであったろう。山内も「八幡氏の如き責任あるべき学者」（山内 1935→1969：303 頁）というように彼の学問的影響力の大きさを認めているところである。しかも最高学府の研究者故に商業出版の執筆依頼が絶えず，いくつもの啓発書や自身の論文集を出し，広い世界に縄紋土器編年学の成果を発信しているのである。特に重要と思われる著作を以下に列挙する。

① 『土器　石器』（古今書院）（1930 年）
② 『下総姥山ニ於ケル石器時代遺跡　貝塚ト其ノ貝層下発見ノ住居址』
　（東京帝国大学）（1932 年）
③ 『北佐久郡の考古学的調査』（信濃教育会北佐久教育部会）（1934 年）
④ 「石器時代文化」『日本民族』（岩波書店）（1935 年→1979 年）

1930 年代に限れば，このような著作が特に重要であろう。①については，「厚手式」が「薄手式」より古いことを層位的に証明した千葉県加曾利貝塚発掘の報文（八幡 1924）が収録されている。ここで注目されるのは，この報文の末尾にわざわざ，「詳しくは山内清男氏が人類学雑誌第 43 巻第 10 号に

寄せた下総国上本郷貝塚の略報を参照されたい。」(31頁) という「付記」を挿入し、「図一ついれるでなしに発表された」(三森 1971b)、一般から見たらインパクトの弱い山内論文の重要性を喚起していることである。こうしたまとまった論文集で山内の研究の重要性が強調されていなければ、山内の業績は忘れ去られるところであったろう。ちなみに、筆者が稲生先生のお宅に参上し、取材の趣旨を説明したとき、「八幡先生の『土器　石器』は読んだかね」というお言葉が返ってきた。当時は極めてポピュラーな著作であったようである。②は東京帝国大学がモース以来久々に本格的な貝塚調査を行い、本邦において初めて竪穴住居址を検出し（八幡ほか 1988: 116頁）、これらの重複の検討から出土土器の新旧の認定を行った画期的報告書であった。一度に5人の人々が横死したと考えられた人骨が出土したのもこの調査であった。先生はこの報告書に記載されていた「堀之内式」という文字を見たとき（先生は堀之内貝塚を何度も訪れているので、特にこの「堀之内」の文字がいち早く目に入ったらしい）、「ああ、これからはこうした用語を使わなければならないのだな」と強く意識されたという。型式鑑定のミスは随所に散見されるものの（高橋・江森・大村 1985: 14頁参照）、縄紋土器の細別型式の概念は、「東京帝国大学理学部人類学教室研究報告」という、本邦で最高の権威に裏付けられて（しかも共著者は松村瞭と小金井良精である）、学界と世間に広まっていったのではなかろうか。③は信濃教育会北佐久教育部会の要請に基づき、1928（昭和3）年から 1932（昭和7）年にかけて、八幡が「郷土研究会委員諸氏」と「郡内各学校職員」などの援助を受けて実施した調査結果をまとめたもので、図版43葉・本文232頁の堂々たる学術報告である[10]。この中で、a「茅山式」b「繊維土器」c「諸磯式」d「阿玉台式」e「加曽利B式」f「安行式」などの関東の型式（型式群）名を紹介しているが、a・b・c 及び晩期の「亀ヶ岡式」の細分について、山内の業績を丁寧に紹介していることが注目される。④は図こそないものの、北は北海道から西は九州地方まで全国各地の縄紋式土器を俯瞰したものである。主に関東地方の縄紋土器各型式を基準にして全国各地の縄紋土器の位置づけを行おうとしているのが特徴である。この論文が、読書人の信頼を得ている「岩波書店」という高踏的出版社の学術書に

収載されたことにより,全国各地の郷土考古学研究者ばかりでなく,一般教養人たちにも大きな影響を与えることになったであろう[11]。この図書の出版年が奇しくも1935年であったことは,甲野の関東地方での仕事を全国に押し広める役割を持ったと評価出来よう。

「第一の武器」について解説が長くなってしまった。「第二の武器」について話を進めよう。八幡のもう一つの「武器」は,その円満な人柄による人脈の広さと太さである。「東京帝国大学」の看板はそれらをより強固なものにしたことは想像に難くない。彼の直接的影響力は関東・中部から北陸方面まで広がっている。例えば,彼が創立に関わった「中部考古学会」には,東京・山梨・長野・新潟・静岡・愛知・三重・岐阜・富山・石川・京都などで活躍する研究者が加わっている。この学会は,共同調査や講演会及び各地における遺物収蔵家のコレクションの見学会を実施し,会報として『中部考古学会彙報』まで刊行しているが,八幡はこの学会の「大会」(議事の協議・講演・見学会がセットになっている)に積極的に参加し,「彙報」にも原稿を毎回のように寄せているのである。特に三日にわたる「大会」は,八幡による地方考古学研究者への「教育」の場となったであろう。

同誌「第一年第二報」(1936年)に,八幡も参加した創立大会の記録が掲載されているが,これを読み込むと,興味深い事実を引き出すことが出来る。まず,大会座長として「長老」の林魁一が推挙されたことが伝えられている。彼は岐阜をフィールドにして各地の石器時代の遺物紹介を古くから行っているベテラン研究者である(当時62歳)。彼の研究は石器に関心が集中し,土器に対しては「厚手式」「薄手式」の区別にさえ言及していなかった(例えば林1930a・1930b・1932・1933・1935・1936)。この林が,1936年8月の上記創立大会の3日目(8月3日),会場所在地の岐阜県高山町及び丹生川村内の各種遺物・遺跡見学会にも参加しているのである(林はこの折,高山の「飛騨民芸展」で「硬玉製有孔石器」を購入し参会者を羨ましがらせている)。丹生川村では遺跡踏査のほか遺物収集家の家や小学校に収蔵されている採集品をつぶさに見学した。当然,会の中の「最高権威者」である八幡は,目の前の遺物の解説を求められたことであろう。そして,彼の実物を前にした説明を受けて,

文章では目にしていた細別型式の実際が多くの参会者に初めて理解されたことだろう。実にこの翌年に，林の論文において「コペルニクス的転換」がおとずれるのである。すなわち，土器の記載において，何故か頑なに時期について言及することを避けていた林（1936年6月まで）が，「厚手式」「薄手式」を飛び越え，「薄手は堀内式に類するものがあり，厚手には加曾利E式に類似するものがあり，或は勝坂式に類似するものがある」（林1937：346頁）というように，細別に踏み込んだ内容に激変しているのである。1939年の『人類学雑誌』誌上でも，「加曾利E式とも云ふ可き物」（林1939：165頁）という表現で細別型式に触れていることは既に記した。中部考古学会創立大会における八幡との交流が，何らかの変化を与えたのはまず間違いないであろう。

八幡と地方研究者との連携が強い事例をもう一つ挙げる。1937年，八幡は，「越後に於ける繊維土器」（『人類学雑誌』52巻1号）を発表するのであるが，この論文で紹介された諸磯式並行の「坪穴式」という土器型式の「註」に，「之等新型式名は北陸地方の縄紋式土器に適用するのであって，新潟県郷土博物館長斎藤秀平氏と合議命名したものである」とわざわざ断っているのである。地元研究者との強い結びつきをこの一文から窺うことが出来ると共に，地方研究者を大切にする八幡の温かさを感じるのである。ちなみに，斎藤は中部考古学会の創立時からの会員である。

以上，八幡は持ち前の謙虚・円満な人柄により多くの地方研究者を味方にして，理解しにくい縄紋土器型式細別の原理と実際を各地に浸透させていったのであった（信州の藤森栄一もその一人であったことは上述。「北佐久郡の考古学的調査」において「臨地指導」を受けた「郡内の各学校職員」も多くの刺激を受けたことであろう）。そしてその折々，律儀に山内の創見を人々に伝え，山内の学問を護っていたのである。その点で，八幡は縄紋土器細別型式普及においての「教育者」としての役割を果たしたといえるのである。

(3) 山内清男の活動 (抄)

山内清男の関心はもともと「優生学」や「解剖とか生体計測」であって，「彼の学問センスは自然科学的といっては語弊があるけれども，非常に厳密

さ」があった,と八幡は回想している(八幡ほか1988:116頁)。八幡の「自然科学的」という表現に,「語弊」などない。山内はもともと理系の研究者なのである。考古学研究者の目にほとんどとまらないが,平沼大三郎と共著で発表した「大正11年度　諏訪郡壮丁の人類学的研究(諏訪郡住民の人類学1)」(『信濃教育』440号　1923年)は,長野県の徴兵検査対象青年男子(1106人)の身体各部位を詳細に計測した結果をまとめた,60数頁にわたる本格的な自然人類学の論文である(筆頭執筆者は山内)。9日間にわたるその計測作業は諏訪郡教育会地理委員の応援を仰いでいるが,頭部と顴骨弓最大幅の測定は,山内自身が「Martin氏のTasterzirkel」を使用して自ら取り組んでいる(4頁)。この論文は,医学博士・三宅宗悦執筆の「日本人の生体計測学」(『人類学先史学講座』7巻　雄山閣　1938年所載)にも引用されているので,それなりのレベルを持ったものであることは確実である。ちなみに,身体特徴の形態観察調査において,山内は「実際そのまま記述しようと」したために,「観察的性質の分析が困難となったり,観察の整理が困難になって」しまったと失敗を告白している(36頁)。後年,縄紋土器を分析するに当たり,複雑さに目を奪われず,「離散的存在」(中間がなく境界にはっきりと線が引けるもの)に注目したのは,こうした経験が生かされたのであろうか。また,「考古学上に示された諸住民—地域的時間的に広がりを持った—の分布(引用者註:「型式」?)と現今住民の(体質上の)地方別とは何等関係ないものであらうか?」(44頁;括弧内の語句は引用者が補塡)という,「考古学者・山内清男」を想わせるような問題意識を披瀝している。さて,この論文は,当然表やグラフを駆使した内容となっているが,これ以後,彼の論文でグラフなどを使用するのは稀となる。生体計測の結果を読み取る訓練を積む過程で,人文科学系論文において数字を操作することのこわさを熟知していたのであろう。中谷治宇二郎の「注口土器ノ分類ト其ノ地理的分布」(中谷1927)に対する書評の中で,資料の統計的処理の不手際に注意をあたえている(山内1929c→1969:304頁)のは,こうした背景があったからであると思われる。山内はまた,分類学(生物学の一分野)に対しても並々ならぬ教養を有していた。もちろん考古学上の論文にそうした知識をストレートに適用する愚は避けて

いるが，言葉の端々に分類学の発想を読み取ることが出来るのである。例えば，生物学者の青木重幸の次の一文と山内のそれを比較してみよう（下線は引用者）。

青木は分類学者について次のように述べている。

「分類学者とはどのような人種であろうか。(1)<u>種分け</u>，(2)生物の<u>系統関係の推定</u>，(3)生物の<u>カタログの作成</u>。この三つが彼らの仕事である。」（青木 1984：18頁）

一方，山内は先史考古学者の仕事と自己を定義してこう述べているのである。

① 「先史考古学には色々な方面がある。1. 単に遺跡遺物を発掘し記載するのはその初歩といえよう。2. 次に多数の研究資料を<u>分類</u>する。比較考究して<u>系統論に達する</u>」（山内 1964a：1頁）
② 「私（山内）は単なる <u>Catalog-maker</u> ですよ」（岡田淳子の証言）（岡田 1996：100頁。括弧中の語句は引用者補填）

偶然とは言え，文章の書き方まで酷似していることに読者はびっくりされたことであろう。山内のやっていることは先史考古学だが，頭の中は生物分類学者のそれに酷似しているのである（詳細は大村 1999 参照）。山内が発掘と資料収集及び土器型式の抽出に邁進した（「遺跡遺物を発掘し記載する」「次に多数の研究資料を分類する」）のは大正末年から 1939（昭和14）年までで，以降発掘調査は単発的になってゆく。そして全国的な土器型式編年の構築がなった（1937年）後，1939年から1941年にかけて第一次の「カタログ作り」（『日本先史土器図譜』）が推進されるのである。この仕事は，十五年戦争の激化と終戦後の混乱のなかで一時中断したが（そして何よりも 1949 年における「無土器文化」の発見に伴い，「日本人の起源」に関わる所期の構想に，大幅な見直しを余儀なくされたことが大きいと筆者は推測している[12]），晩年の 1964 年に「文様帯系統論」を執筆し（山内 1964b：157〜158頁），ついに「比較考究して系統論に

達」したのであった。この論文を収載した『日本原始美術 1』(講談社刊)は，多数の若手研究者を動員した全国的な縄紋土器の「カタログ作り」の完成版でもあった。限られた人生の中で，あれもこれも出来るものではない。一般への縄紋土器の細別型式に関する説明はこの「カタログ」を以って換えることとし，山内はひたすら資料の集成と体系構築に力を注いでいたのである。この間，甲野・八幡は山内との交流の中で，それぞれの持ち味を出しながら，自分なりの細別型式抽出と編年を心がけ，学界への資料提供と一般への普及に貢献したのであった。そして，そうした仕事の中で，寡筆で社会的にも恵まれなかった山内の学問を，蔭に陽に護っていたのである。

3 「ミネルヴァ論争」，陰の勝利者

「ミネルヴァ論争」は，雑誌『ミネルヴァ』誌上において，縄紋文化の下限を歴史時代にまで引き下げ，石器時代住民と歴史時代の日本人との同時期並存を主張する喜田貞吉と，縄紋文化の下限は全国で大差なく終了する，と主張する新進考古学者の山内清男との間でたたかわされた論争である。1936年のことであった。この論争はあまりにも有名で，芹沢長介 (1970)・工藤雅樹 (1974)・高橋龍三郎 (1980) などがこの論争の意義に関して詳細な検討を行っており，「日本における『先史』の概念を確立した重要な論争として世界考古学史の上でも注目」されている (穴沢 1991) という。人類学者の寺田和夫もこの論争の経過と意義を的確かつ平易にまとめている (寺田 1981)。もはや筆者が割って入る余地もなさそうであるが，これらの労作を読んでひとつだけ引っかかるのが，この論争を終結に向かわせた長谷部言人の役割について触れた研究者がだれ一人いないことである。当時，工藤や高橋が指摘するように，山内清男の主張はほとんど理解されておらず，喜田の所論は「最もポピュラーなもので，この時代を代表する学説の一つであった」(高橋 1981: 142 頁) のである。喜田の所論のベースとなっている，「縄紋人＝アイヌ」・「弥生人＝固有日本人」同時共存説 (鳥居龍蔵の所論) はこの当時，「記紀」の記載との整合性と相まって，日本人の「常識」となっていたのである。しかも彼は国史学界の「大御所」であり，社会や学界に大きな影響力を持っ

ていた。一方，先にも確認したように，当時の山内の学問は多くの支持者を獲得するには到っておらず，その影響力は社会的にも学問的にも決して絶大なものではなかった。喜田等の学説を打ち破ることが，一考古学研究者にとって，いかに大変なことか，想像を超えたものがあるのである。例えば，土器型式の相違の捉え方について，故・家根祥多（西日本の縄紋考古学研究者）が海外で体験したカルチャーショックを，坪井清足が次のように証言している。

「家根君の今一つの思い出は，彼の独逸留学後，彼の話が彼の地で会った外国人学生に通じないというカルチャーショックの話であった。ヨーロッパ大陸では度々はげしい民族大移動がみられる。したがって民族が変われば土器を含む生活様式の変化は当然と考えて，家根君のいう土器型式が同一民族の中で変化するという考えが受け入られなかったということで，大変困惑しているようであった。」（坪井 2002：8～9頁）

山内は，家根が現代のドイツ人学生を説得するように，旧パラダイムにとどまっている1930年代の日本人を相手にして，土器型式の相違が民族・部族差ではなく，「同一民族における年代の差」（地域差ももちろんあるが）であることを説得しなければならなかったのである。いかに懇切に説明し，データを提示したとしても，小中学校以来頭に刷り込まれてきた記紀に基づく記述（「天孫民族」たる日本人，日本武尊などによる「蝦夷征伐」の記事[13]）と，東京帝国大学の権威を背景にした鳥居龍蔵の学説（縄紋人＝蝦夷＝アイヌ説。弥生人＝固有日本人説）に染まった人々を納得させるのは至難の業と言わなければならないであろう。当の論争相手の喜田は，「1937年後半」頃山内の家に押しかけ，酒を酌み交わしながら「談論風発」の後，「どうも，最近，若い諸君の話をきいて行くと，私の方が分がわるいようだ。この辺で君と仲なおりしようではないか」と言い出したとのことであるが（穴沢，同上），感情的には山内との「仲直り」が済んだとしても，信念は一向に変わっていないのである。『中部考古学会彙報』（第3年第5報　1938年）に収載された「第2回大会」（1938年9月）における喜田の講演記録（「越人と石器時代」）によれば，「アイヌとエゾとは歴史的には全く同一のものである。」「我国の石器時代は，

西の方から早くやめになって，東の方に久しく残った。」(123頁)等とあり，従来の説を全く修正していないのである。一般の反応も同様であったろう。

　最終的に山内の主張（クロノロジーの成果を踏まえた縄紋式の下限問題）が受け容れられるには，「縄紋人＝アイヌ」説，「弥生人＝固有日本人」説が否定され，「縄紋人→弥生人→古墳時代人→歴史時代人→現代日本人」説，すなわち，「日本人一系説」（「日本民族」の起源問題）が学界にも国民の間にも浸透しなければならなかったのである。ここにおいて大きな役割を果たしたのが，東北帝国大学医学部教授→東京帝国大学理学部人類学科教授にして人類学界の「大御所」たる長谷部言人その人であったのである（！）。

　もはや与えられた紙幅が尽きようとしているので，長谷部の履歴の紹介はやめる。寺田の『日本の人類学』を参照されたい。長谷部は，現代列島各地の身体測定調査の結果から，蝦夷などを異民族とする従来の記紀解釈を排除し，「石器時代人と聞いたらアイヌその他を連想する前，先づ日本人（中略）を連想するが順当である」，と主張するのである（長谷部 1919→1927: 185～186頁）。長谷部の論拠となった，列島各地の身体調査のデータを，後年諏訪郡で補完したのが山内である，という事実は極めて興味深い。ほぼ同じ立場の清野謙次が統計を駆使した極めて難解な論文を量産していたのに対し，長谷部は門外漢にもわかりやすい文体で，専門雑誌に研究成果を紹介すると同時に，ラジオ放送でも自身の見解を披瀝し，国民への理解を深めようとしているのである。彼は言う。「日本人が大陸から或は南方から移住して来たといふ説」は「何等の根拠がありません。夢の如き話であります。私は人類初発の後ち間もなく日本人はこの日本の地に占居したので，初発の地を除くならば日本以外に日本人の郷土はないと思ひます。斯様に考へれば，石器時代人が日本人になることは寧ろ当然過ぎるのであります」（長谷部 1940: 33～34頁。傍点は引用者）。この講演の「最後の辺」は後難をおそれてか，ラジオ放送しなかったというが，『人類学雑誌』55巻1号には，割愛部分も掲載をしている。つまり一般研究者や教養人には，この考えは広く伝わっていたのである。大胆に記紀の記述を全面否定するようなこの所論に，なぜ当局の弾圧がなかったのか[14]読者は不思議に思われることだろう。「『日本遠古之文化』の熟

読玩味は皇国史観による神武紀元や神話の否定につながる。それだけに」「執筆にあたり，字句の表現に心した」（佐原 1984：239 頁）山内と大変な差ではないか。これは一体どうしたことか。長谷部の学界での地位や社会的地位だけでは到底説明が出来ない。実はこの所説は，15 年戦争の泥沼にはまり込んだ大日本帝国の動向と強く結びついているのである。この方面の理解は，社会学者の小熊英二の卓見による（小熊 1995：263～270 頁）。重要な所見であるので，小熊に導かれながら原典（大久保ほか 1991：32～39 頁）を確認してみよう。

長谷部は 1942 年 4 月 10 日，企画院[15]次長宛に「大東亜建設ニ関シ人類学研究者トシテノ意見」を提出している。そこには驚くべきことが書かれているのである。列島の「石器時代人ハ即チ日本人」（34 頁）であり，その文化は当時から「極メテ特殊ナルモノ」で，「近代ノアイヌ或ハボルネオノダイヤク等」とくらべて「優越」していたと主張し（33 頁），民族性においても「日本人ハ生レナガラニシテ大東亜ノ貴要タル特殊性ヲ有」する（34 頁），というのである。そして，「朝鮮人トノ混血ノ増加ガ種々ノ意味ニ於テ凡質増加ノ比率ヲ大ナラシムルコトナキヤ，危惧ニ堪エザルモノアリトス。朝鮮人トノ混血ニ対処スル方針ヲ慎重攻究スルハ大東亜建設ノ発達ニ於ケル一重要問題ナリト云フベシ」（35 頁）と続けている（引用文中のゴシック文字は原文のまま）。「大東亜建設」をするためには，石器時代以来日本に居住し続けてきた，優秀なる日本人の純粋性を守るのが急務であるというのである。まさに優生学の立場に立った，ナチス・ドイツ張りの主張といえよう（この文書には㊙の印が押されている）。かくて，「大東亜建設」に名を借り，「科学的立場から」日本人一系説を国家の中枢にまで一気に認めさせてしまったのである[16]。そして，この学説（日本人一系説）は，国家中枢や一部の知識人だけでなく，考古学者後藤守一によって戦時中，ただちに少年少女向けの読み物（『先史時代の考古学』）を通じて一般大衆に伝えられることになる。

「そして若し（ヒトが）住んでゐたとすれば，とても大昔のことになります。七八十万年以上も昔のことになるでせう。その子孫が私ども日本人であり，今前にお話した稲荷台式文化の時代の人々であると言へるかもしれ

ない」(後藤 1943: 25 頁。傍点及び括弧内の語句は引用者)。

「日本人の先祖は，どこから来たのでもない，日本の土地で何十万年と長い時間をすごしたのだ，と考へる方がよいのかもしれません。」(同上: 26 頁)

「とにかく縄文式文化の人々は，先住民ではない。そのままその土地に住んで居り，古墳文化の中に加はり，そして私ども日本人となったことが明かであります。」(同上: 326 頁)

云々と。

これが「右翼考古学者の団体『古代文化学会』」(山内 1969b: 5 頁) の委員長・後藤の文章である。今の多くの考古学研究者は，戦前・戦中の学史に触れる際，「記紀神話に彩られた古代史」，という図式的な記述をしているが，実は戦争の激化に伴い，記紀を無視したような学説が少年少女にまで語られ始めていたのである。この説明のルーツが長谷部の学説にあることは明らかであろう。そして彼の真意は，先に述べた通りである。戦後，マルクス主義者[17]らによって記紀神話を否定した長谷部らの業績は称揚された (小熊 1995: 269~270 頁) が，その真意に関して専門的立場から批判するものは皆無であった。それは，長谷部・後藤らが人類学や日本考古学の重鎮として戦後も健在であったことが要因であったろう。それはともかく，こうした基盤の上に立って，大戦末期から戦後において，山内の学説が何の違和感ももたれずに国民の間に浸透していったのである。

まとめ

山内は表面的には長谷部と仲が悪かったとされている (江上ほか 1996: 70~71 頁)。従って山内と長谷部の学問の関係を探ろうと試みる研究者は少なかった。しかし，筆者は稲生先生のご教示を踏まえて，長谷部と山内は，実は精神的には親子のような関係ではなかったか，という観点で彼らの著作や行動を洗い直してみた。結果は上述の通りである。八幡の回想を信じれば，山内は優生学にも手を染めていたという。そして先にも記したように，山内

らの生体計測は，長谷部の仕事の延長線上にあった。山内の学問は，極めて長谷部と通じるものがあったのである[18]。そして，長谷部の「優生学」的立場からの「大東亜建設」への提言が，皮肉にも「記紀」に基づく古色蒼然とした古代史像を吹き飛ばし，山内の学説の浸透の扉を開いたのであった。

最後に先生がしばしば語っておられた鳥居龍蔵の言葉を引用しよう。

「私の弟子は山・甲・八の三君のみ」

先生は戦前北京で教職についていたとき，山内と鳥居博士との連絡役となっていた[19]。これは先生に同博士が常々語っておられた言葉であるという。甲野・八幡と山内は，鳥居門下の同窓生として，外部の人々からは窺い知ることの出来ない強い絆で結ばれていたのである。古いパラダイムの払拭と新しいパラダイムの構築は，はからずも「理論」（山内）・「権威」（長谷部）・「広報・教育」（甲野・八幡）という「トライアングル」状に結ばれた人間関係と役割分担によって進められていたと評価できよう。

後年，上記と相似のネットワークのなかに「捏造者」が入り込んできたとき，「虚構」が「真実」として大手を振って歩きはじめることになるのである[20]。

謝辞

本稿が成るにあたって，以下の方々・機関にご教示・ご指導・文献供与・ご協力を頂いた。記して感謝申し上げます（敬称略・五十音順）。

阿部芳郎・池上　悟・石井　寛・江坂輝彌・大内千年・大塚達朗・合田芳正・関根慎二・建石徹・谷藤保彦・(財)千葉県文化財センター図書室・山田俊弘

また，本稿の起草の契機・結論の一部は小熊（1995・2002）に負っていることを明記し，同氏に深甚の感謝と敬意の念を表したい。前者（1995年の著書）からは，長谷部の一面を知ることができただけでなく，折々の政治・社会の動向に学説もまた大きく左右されているということを改めて知ることが

出来, 有益であった。また後者 (2002 年の著書) は, 「戦争体験」が, 世代により居住地域により大きく異なっているという視点から, 従来の図式的戦後思想史把握とは全く違う見解が示されている。この視点は, 「山内考古学」に対する 1930 年代当時の研究者の受け取り方を, 世代別・職業別・地域別に整理したら, どのような傾向が見て取れるか, という発想につなげてくれた。そして何よりも, 学史というものは, 一定の時間を置いた新しい世代の方が, 本質を見抜けるものであることを学んだことが大きかった。

追記

　実を言うと, 私は中央大学考古学研究会を学部 2 年生のときに退会してしまっており, 正式には OB とはいえない。それは, 昭和 46 (1971) 年秋のことであった。従って, サークル活動を通じて稲生先生と親しくお話をする機会はほとんどなかったといってよい。学部 1 年生の時, 発掘現場に来られた先生を遠くから憧れを以って眺め続けてはいたが, 先輩諸氏の陰に隠れ, 先生のお側に近づくことさえなかったと記憶する。4 年生の時, 先生の「日本近代史」を受講したのが唯一の「師弟関係」といえるだろう。極めて面白い講義であった (杉田玄白の『後見草』を引きながらヒトの脳ミソを食べる方法を, 身振りをまじえながら説明されていた場面が, 30 余年後の今も脳裡に浮かぶ) が, 文献史学の学習に極めて不熱心であった私は, 年度始めの開講時の授業を受けて以降, ほとんど出席することもせずに, とうとう学年末試験を迎えたのであった (当時は竹内理三先生や森克己先生など, 錚々たる先生方の講義があったのに, 私はこれらのありがたい講義もほとんど欠席し, 遺跡を求めて野山を歩いたり, 各地の発掘調査に出没したりしていたのである)。試験直前に, 試験範囲を聞くため稲生先生の講義に出てみると, 「講義をずっと欠席していた人は, これからいくら勉強しても及第点はとれないよ」との仰せで, 私は青くなった (この科目を落としては教員免許が取れないのである)。案の定, 試験の出来は惨憺たるものであったが, なぜか成績表には「可」という評価を頂いていた。「4 年生は就職や進学があるから勘弁してやろう」, という「親心」であった

ろうか。全く、「不肖の弟子」ということさえ憚られるような教え子であったのである。その私のもとに、数年前、先生から御高著『北方文化の考古土俗学』(岩田書院 1997年)が送られてきたのであった。送り状の末尾に「貴君は臼井に住んでいるようですが、臼井の貝塚（筆者註：曲輪内貝塚のこと。先生は後藤守一博士が1936年に実施された調査に参加されておられる）の近くですか？」という添書きがあった。おそらく合田芳正先輩の助言で私が考古学を続けていることを知り、送る気になられたものと思われる。恐縮してお礼状に添えて山内清男博士関係の拙論抜刷を3点（大村1993・1994・1995）お送りしたところ、とても喜んでくださり、懇切な礼状が届いた。その葉書両面にわたる文章の末尾に「いつかゆっくりおめにかかりたく存じます」とあり、このお言葉に甘えて今度の取材となったのである。当日は折悪しくご家族はご不在で、先生お一人で応対してくださった。ひとわたり挨拶が終わったあと、「今回のお話をテープに録音してよろしいでしょうか？」とお聞きすると、言下に「それはやめてください。その代わり今日は君に何でも話します」ということであった。話はよどみなく、延々7時間を超えるものであった。それだけでもう、戦前の考古学史の論文が書けるような分量であったが、私のメモ能力が低いため、多くの内容を書き漏らしてしまったことは、極めて残念であった。中大の出身者ということからか、先生はとても親近感を持って私に対してくださり、他では絶対に話さないようなエピソードも聞くことができた。私も先生に父親のような親しさを感じた。夕闇が迫るころ、先生の疲労を考えて辞去しようとする私を引きとめ、寿司を注文されて一緒に夕飯を食べ、さらに話が続いたのであった。食後のひと時であったろうか。傍らの読み止しの本を取上げ、私に示された。それは『漢魏叢書』というもので、中国から取り寄せた本である、ということであった。「これを読んで行けば、日本で出土している銘入りの刀剣や鏡の由来が分かるかも知れないと思ってね」ということであった。白文で書かれてあるそれには、所々傍線が引かれてあった。先生は近代史がご専門のはずなのに、依然として考古学に関心を持たれていることを嬉しく思うとともに、先生の学問の幅と奥深さに舌を巻いたのであった。別れ際、先生は表情を改めて私に訓戒をくださっ

た。それは，「学史は公開された論文から組み立てるのが正道です。研究者の談話などは，裏をとれないことも多く，記憶違いや誤りもあります。私の話も参考程度とするように」というものであった。私は，「肝に銘じます」と申し上げて，先生が呼んでくださった，タクシーに乗った。ほとんど余所者のような私に，このような破格の応接をしていただき，無上の喜びに浸った一日であった。私が中大出身者ということだけではなく，山内博士の学問を必死に理解しようとしている姿勢に好感を抱かれたのがその理由だったかも知れない。ここに，先生が敬愛してやまなかった，山内博士に関わる論文を献呈することで，冥界に憩う先生がすこしでも喜んでくださったら幸甚であります。

註
1) マルクス主義歴史学者の渡部義通が治安維持法違反で投獄されたとき，原始古代史研究を志し，出所後千葉の図書館から考古学関係の文献を借り出して学習しているが，鳥居・坪井・小金井・清野・浜田・長谷部・喜田の著書などが挙がっているだけで，山内の文献は一つも挙がっていない（渡部ほか，1974：132頁）。一般教養人への知名度はかなり低かったと推測される。
2) 生年・職業などの調査は，主に斎藤2000・2001に拠った。また，居住地域は『史前学雑誌』所載の会員名簿に拠った。
3) 八幡ほか，1988：116頁による。
4) 寺田，1981：188頁参照。
5) 関，1996：132頁による。
6) 滝口，1980：726頁による。
7) 下総考古学研究会会員の三上嘉徳が開発した手法で，報告書の記載に基づき出土遺物の図を遺構概念図に並べ，出土遺物の新旧関係を明瞭に把握しようとするものである。
8) 大場（1971：102頁）及び佐原（1984：236頁）参照。
9) 甲野論文掲載土器の検討については，各時期の専門研究者のご指導を仰いだ。前期前半は谷藤保彦，後半は関根慎二，後晩期は大内千年の各氏である。
10) こうした純粋な学術書を「幾多の苦心を重ね，多額な費用を費やし」て刊行

に漕ぎつけた，当時の長野県教育界のレベルの高さに衷心より敬意を捧げるものである。

11) マルクス主義歴史学の戦前における「金字塔」と称揚される，『日本歴史教程1』（渡部・三澤ほか1936）において，八幡のこの論文が参考文献に掲げられている。考古学の専門家ではない〔三澤／和島は後に考古学の大家となるが，このころは学習を始めたばかりであった。なにしろ同書41頁の図中 (3) の安行式前半の土器を「中期」の土器として紹介しているぐらいである〕教養人たちの目に入っていたことを示す資料として貴重である。

12) 小林達雄は，山内が岩宿遺跡発掘の成果をなかなか受け容れなかったのは，感情的問題が背景にあると指摘している（小林2002；43頁）が，「ミネルヴァ論争」（工藤1974）同様，「日本民族の起源問題」も背景にあったと見るべきであろう。彼の問題意識・方法論は戦前・戦後にかけて一貫しているからである。

13) 戦前の初中等学校用教科書は，国立国会図書館にもあまり多く保存されていない。今回参照したのは，中等学校用の国史教科書（有賀1902）で，他の教科書に比べて，考古資料が多数提示されているものである。この部分は坪井正五郎の指導があったことが明記されている。ただし，教科書の冒頭は例によって，「天壌無窮の神勅」「天照大神」「三種の神器」…「天孫降臨」から始まっている。

14) 渡部義通が原始古代史に関心を持ったのは，自分たちが投獄される原因となった，「国体」の成立過程を「科学的に」解き明かし，「圧制者たちの鼻をあかしてやれ」，というところにあったのである（渡部ほか1974：125頁）。

15) 戦争遂行のための物資動員計画・統制経済確立を推進した内閣直属の国策企画機関。

16) 企画院は強大な権力を持っていたが，その構成メンバーは，少壮の「革新官僚／新官僚」で占められていた。驚いたことに戦後，彼らの「多くは日本社会党の一翼を形成した」という（国史大辞典編集委員会1986：789頁）。1938（昭和13）年秋には，利潤統制実施問題などをめぐって経済界との対立が深まり，「アカの巣窟」であるとの非難を受けていた（国史大辞典編集委員会1983：28頁）。こうした彼らにとって，古色蒼然とした記紀に基づく議論より，長谷部らの主張の方が，馴染みやすいものであったと思われる。

17) 本稿ではマルクス主義者たちの戦前における動向についてほとんど触れなかった。山内がマルクス主義者（特に渡部義通）の影響を受けていたのではないか，と考える研究者もいる（春成1996：11頁）が，今のところ検証できていな

い。渡部義通自身の以下の回想を参照すると，彼らの仕事が厳密な先史考古学研究者である山内の関心を引いたとはどうしても思われないのである。

「『日本原始社会史』では，資料がまだたいへん狭い範囲のものだったし，その咀嚼さえよくできていなかった。『思想』論文のときと同様，"鍬型石器"を金石併用期に実用されていた耕具と見立てて重要な立論をしたような，赤面せざるをえない誤りなども所々で犯した。(中略) 考古資料ではすべてが一知半解で，そうした単純な誤りすら気づかなかったのである。」(渡部ほか 1974 : 146〜47頁)

なお，上記春成論文の掲載誌の次号に，春成のいくつかの誤りについて再考を求める一文を送った (大村 1996 : 120頁) が，同氏の近著 (春成 2003) では筆者の見解が生かされていない。

そもそも山内の学問は，「人類学」の一部門あるいは「古生態学」(中村 1996 : 10頁) であり，「日本史」の中に押し込めて，矮小化するような (例えば，「個別実証主義に陥っている」「生産と分配・消費という社会的諸関係に踏み込むことを回避している」というように) 一部研究者たちの評価は適切ではないと筆者は考えている。

18) 長谷部の好みからみても，山内は鳥居門下生の中でもっとも好ましい存在であったろう。長谷部の前掲意見書には，高等学校教育において「文科理科ノ別ヲ廃シテ，理科ニ一元化シ，文科的教育ヲ併セ施シ，以テ理学的素養豊ナル選士」を「大東亜建設ノ業ニ当タラシムベシ」(34頁。傍点は引用者) とあるのである。

19) 山内は先生に，「鳥居博士の昔話をよく聞いておくように」，という指示をしていたという。山内自身も，八木奘三郎や柴田常恵を取材し，学史上の記録を残す努力をしていたとのことであった (先生談)。

20) 山内・大谷 (2003) は，「前期旧石器」研究の成果が迅速に受容されていったのは，「考古学界のニューリーダーたち」が，一定の留保を付けながらこれを受容した結果，彼らに大学で指導された教え子たち (学界の「下位グループ」を構成：多くは大学卒業後全国各地の地方自治体の調査員となる) の間で，この問題が論争を経ることなく「安定状態に達してしまった」ためである，と鋭く本質を見抜いている (29頁)。1930年代には，職業的考古学者は縄紋考古学界においてほとんど皆無であるから，在野考古学者が「下位グループ」に相当するであろう。彼らの有力者の多くは，「編年学派・三羽烏」(特に八幡) と強い結びつきを持っていたのである。

引用・参考文献

青木重幸 1984『兵隊を持ったアブラムシ』 どうぶつ社

穴沢咊光 1991「ミネルヴァ論争の終わり」『考古学ジャーナル』334 号

阿部芳郎 2004『失われた史前学 公爵大山柏と日本考古学』 岩波書店

有賀長雄 1902『国史教科書 上』 三省堂

池上啓介 1935「栃木県那須郡狩野村槻澤石器時代住居趾発掘報告」『史前学雑誌』7 巻 6 号

池田清彦 1992『分類という思想』 新潮社

伊豆公夫 1972「1930 年代の歴史学 —プロ科・唯研・『歴史科学』の回想—」『新版日本史学史』 校倉書房

稲生典太郎 1996「山内先生の思い出」『画竜点睛』 山内先生没後 25 年記念論集刊行会

今井富士雄 1996「中谷治宇二郎と方法論」『画竜点睛』 山内先生没後 25 年記念論集刊行会

江上波夫・江坂輝弥 1996「私の考古学研究史の登場人物たち —山内先生のことその他」『画竜点睛』 山内先生没後 25 年記念論集刊行会

江坂輝彌編 1971『日本考古学選集 20 甲野勇集』 築地書館

江坂輝彌 1978「南関東の縄文文化」『現代のエスプリ 臨時増刊号 ルーツ 日本人の原点 形質・考古・神話・言語』 至文堂

江坂輝彌編 1979『八幡一郎著作集』第 2 巻（縄文文化研究） 雄山閣

江坂輝彌 1989「大山柏先生を偲ぶ」『金星の追憶 —回顧 80 年』 鳳書房

江坂輝彌・日暮晃一ほか 1998「貝塚研究の原点・そして未来」『貝塚研究』3 号 園生貝塚研究会

大久保達正ほか 1991『昭和社会経済史料集成』16 巻 大東文化大学東洋研究所

大場磐雄 1932「関東に於ける奥羽薄手式土器」（下）『史前学雑誌』4 巻 1 号

大場磐雄 1971「山内さんの思い出」『人類学雑誌』79 巻 2 号

大村 裕 1993「ある学史の一断面 —『日本先史土器の縄紋』の刊行と塚田光一」『下総考古学』13 号 下総考古学研究会

大村 裕 1994「『縄紋』と『縄文』—山内清男はなぜ『縄紋』にこだわったのか？」『考古学研究』41 巻 2 号 考古学研究会

大村 裕 1995「阿玉台式土器の成立の指標を何に求めるか？ —西村正衛氏による阿玉台式土器の研究に学ぶ—」『土曜考古』19 号 土曜考古学研究会

大村　裕　1996「会員つうしん」『考古学研究』43巻1号　考古学研究会
大村　裕　1999「山内考古学の一側面 ―『山内考古学の見直し』に寄せて―」『考古学研究』46巻2号　考古学研究会
大山　柏・杉山寿栄男・宮坂光次・甲野　勇　1929「千葉県良文村貝塚調査概報」『史前学雑誌』1巻5号
岡　茂雄編　1935『ドルメン』4巻6号（特輯　日本石器時代）
岡田淳子　1996「山内清男と先史考古学」『画竜点睛』　山内先生没後25年記念論集刊行会
小熊英二　1995『単一民族神話の起源〈日本人〉の自画像の系譜』　新曜社
小熊英二　2002『〈民主〉と〈愛国〉―戦後日本のナショナリズムと公共性』　新曜社
喜田貞吉　1938「越人と石器時代 ―（中部考古学会第2回大会講演）―」『中部考古学会彙報』第3年第5報
工藤雅樹　1974「ミネルヴァ論争とその前後 ―考古学から見た東北古代史像の形成に関連して―」『考古学研究』20巻3号
甲野　勇　1928『埼玉県柏崎村真福寺貝塚調査報告』史前学会→1968復刻版　（小宮山書店）
甲野　勇　1929「茨城県小文間村中妻貝塚調査概報」『史前学雑誌』1巻1号
甲野　勇　1935「関東地方に於ける縄紋式石器時代文化の変遷」『史前学雑誌』7巻3号
甲野　勇　1937「遺物用途問題と編年」『ひだびと』5巻11号→江坂編1971所載
甲野　勇　1953『縄文土器のはなし』世界社
甲野　勇　1956「生活用具」『日本考古学講座』第3巻（縄文文化）（河出書房）
国史大辞典編集委員会　1983『国史大辞典』4巻　吉川弘文館
国史大辞典編集委員会　1986『国史大辞典』7巻　吉川弘文館
後藤守一　1943『先史時代の考古学』　續文堂
小林達雄　2003「前期旧石器問題の社会的状況」『前期旧石器問題とその背景』ミュゼ
小林行雄編　1971『論集　日本文化の起源』第1巻（考古学）　平凡社
斎藤　忠　2000『郷土の好古家・考古学者たち　東日本編・西日本編』　雄山閣
斎藤　忠　2001『日本考古学史年表〈軽装版〉』　学生社
酒詰仲男　1967『貝塚に学ぶ』　学生社

坂詰秀一 1997『太平洋戦争と考古学』 吉川弘文館
佐原　眞 1984「山内清男論」『縄文文化の研究』10　雄山閣
島本　一 1934「大和に於ける縄紋式土器」『史前学雑誌』6巻4号
鈴木　尚 1933「武蔵新郷村東貝塚発掘調査概報」『人類学雑誌』6巻4号
鈴木　尚 1935「東京湾を繞る主要貝塚に於ける『はまぐり』の形態的変化に依る石器時代の編年学的研究」『史前学雑誌』7巻2号
関　俊彦 1996「桑山龍進先生」『画竜点睛』　山内先生没後25年記念論集刊行会
芹沢長介 1970「ミネルヴァの論争」『考古学研究』17巻3号
高橋龍三郎 1980「ミネルヴァ論争の背景」『古代探叢 —滝口宏先生古稀記念考古学論集』　同刊行会
高橋良治・江森正義・大村　裕 1985「研究史」『下総考古学 《特集》勝坂式土器の研究』8号
滝口　宏 1980「巻末に」『古代探叢 —滝口宏先生古稀記念考古学論集』　同刊行会
多摩考古学研究会 1968『追悼誌　甲野勇先生の歩み』　甲野勇先生の歩み刊行会
中部考古学会 1936「創立大会の記」『中部考古学会彙報』第1年第2報
坪井清足 2002「家根祥多君」『ワインとマッカリと…家根祥多さん追悼文集』　家根祥多さん追悼文集刊行会
寺田和夫 1981『日本の人類学』　角川書店
土岐（酒詰）仲男 1934「東京市道灌山石器時代遺物包含層発掘報告」『史前学雑誌』6巻4号
鳥居龍蔵 1925『有史以前の日本』磯部甲陽堂→1975『鳥居龍蔵全集』第1巻　朝日新聞社　所収
中村五郎 1996「わが国先史考古学の体系確立に捧げた一生」『画竜点睛』　山内先生没後25年記念論集刊行会
中谷治宇二郎 1927「注口土器ノ分類ト其ノ地理的分布」『東京帝国大学理学部人類学教室研究報告　第4編』　東京帝国大学
長谷部言人 1919「石器時代住民と現代日本人」『歴史と地理』3巻2号→1927『先史学研究』　大岡山書店
長谷部言人 1940「太古の日本人」『人類学雑誌』55巻1号
秦　郁彦 2003『旧制高校物語』　文藝春秋社
林　魁一 1930a「美濃国郡上郡東村の石器時代遺跡及び遺物」『人類学雑誌』45巻8号

林　魁一　1930b「美濃国郡上郡奥明方村小川の遺跡」『人類学雑誌』45巻10号
林　魁一　1932「名古屋市西志賀町貝塚」『考古学』3巻3号
林　魁一　1933「飛騨高山附近の石器時代遺物及び遺蹟」『史前学雑誌』5巻2号
林　魁一　1935「飛騨国益田郡川西村西上田に於ける遺物及び竈跡の発見」『人類学雑誌』50巻6号
林　魁一　1936「飛騨国益田郡朝日村の石器時代遺跡及び遺物」『人類学雑誌』51巻4号
林　魁一　1937「飛騨国吉城郡上宝村石器時代遺跡遺物に就いて」『史前学雑誌』9巻6号
林　魁一　1939「飛騨羽根の石器時代遺物」『人類学雑誌』54巻4号
春成秀爾　1996「『文化』と『社会』―山内清男『日本遠古之文化』の一背景」『考古学研究』42巻4号　考古学研究会
春成秀爾　2003『考古学者はどう生きたか ―考古学と社会―』　学生社
樋口清之　1931「大分県西国東郡河内村森貝塚の研究」『史前学雑誌』3巻1号
樋口清之　1977「鳥居博士のある原稿」『考古学研究』24巻3・4号
藤森栄一　1934「信濃上諏訪町踊場の土器」『人類学雑誌』49巻10号→1986『藤森栄一全集』第12巻（旧石器・縄文の時代）　学生社
松村　瞭・八幡一郎・小金井良精　1932『東京帝国大学　人類学教室研究報告　第15編　下総姥山ニ於ケル石器時代遺跡貝塚ト其ノ貝層下発見ノ住居址』　東京帝国大学
三森定男　1971a「考古太平記その一」『古代文化』23巻1号
三森定男　1971b「考古太平記その二」『古代文化』23巻4号
山内利秋・大谷卓史　2003「科学の不正行為はいかにして受容されるか ―前期旧石器遺跡捏造の事例から―」『年報　科学・技術・社会』12巻　科学・技術と社会の会
山内清男　1928「下総上本郷貝塚」『人類学雑誌』43巻10号→1967『山内清男・先史考古学論文集』第2冊
山内清男　1929a「関東北に於ける繊維土器」『史前学雑誌』1巻2号
山内清男　1929b「繊維土器について追加1」『史前学雑誌』1巻3号
山内清男　1929c「文献 J. Nakaya: A Study of the Stone Age Remains of Japan. I. Classification and Distribution of Vases with Spouts.」『史前学雑誌』1巻3号
山内清男　1930「斜行縄紋に関する二三の観察」『史前学雑誌』2巻3号

山内清男 1935「八幡一郎　北佐久郡の考古学的調査」『人類学雑誌』50 巻 2 号→1969『山内清男・先史考古学論文集・旧第 11 集』　所載
山内清男 1937「縄紋土器型式の細別と大別」『先史考古学』1 巻 1 号→1967『山内清男・先史考古学論文集』第 1 冊　所載
山内清男 1939『日本遠古之文化　補註付・新版』→1967 同新刷（『山内清男・先史考古学論文集』第 1 冊）
山内清男 1940「第 IX 輯　加曾利 E 式」『日本先史土器図譜』先史考古学会→1967『山内清男・先史考古学論文集』第 6～10 冊
山内清男 1953「鳥居博士と日本石器時代研究」『学鐙』50 巻 2 号→1969『山内清男・先史考古学論文集・旧第 11 集』
山内清男 1964a「画竜点睛の弁（上）」『成城大学新聞』84 号
山内清男 1964b「V 文様帯系統論」『日本原始美術　1』　講談社所載
山内清男 1969a「福島県小川貝塚調査概報」『山内清男・先史考古学論文集・旧第 11 集』　所載
山内清男 1969b「縄紋草創期の諸問題」『MUSEUM』224 号
山内清男・平沼大三郎 1923「大正 11 年度　諏訪郡壮丁の人類学的研究（諏訪郡住民の人類学　1）」『信濃教育』440 号
八幡一郎 1930『土器　石器』　古今書院
八幡一郎 1934『北佐久郡の考古学的調査』　信濃教育会北佐久教育部会
八幡一郎 1935「石器時代文化」『日本民族』（岩波書店）→1979『八幡一郎著作集』第 2 巻（縄文文化研究）　雄山閣
八幡一郎 1967「弔辞」→多摩考古学研究会『追悼誌　甲野勇先生の歩み』甲野勇先生の歩み刊行会（1968 年）に収録
八幡一郎ほか 1971『座談会　現代の考古学』　学生社
八幡一郎ほか 1988「八幡一郎先生を囲んで ―先生の思い出と考古学研究史―」『長野県考古学会誌』57 号
鷲田小彌太 2004『学者の値打ち』　筑摩書房
和島誠一 1967「貝塚研究と酒詰さん」『貝塚に学ぶ』　学生社　所載
渡部義通・三澤　章（和島誠一）ほか 1936『日本歴史教程』第 1 冊　白楊社
渡部義通ほか 1974『思想と学問の自伝』　河出書房新社

III. ある学史の一断面
― 『日本先史土器の縄紋』の刊行と塚田　光 ―

1. はじめに

　山内清男博士の不滅の業績『日本先史土器の縄紋』が刊行されて早十四年が経った。この著作が投げ掛けている重要な指摘が今日の日本考古学でどのくらい生かされているかを検討してみたとき，まだ決して充分とは言えない，というのが実情ではなかろうか。この著作の編集・刊行に晩年の全精力を使い果たした故・塚田光が，「これをマスターするには十年かかるよ」と常々言っていたが，我々後進の学徒にはまさにマスターするだけで汲々としているのが実情であろう。さて，この不滅の論文を刊行するに当たっては，当時塚田の周辺では様々な批判が飛び交っていたらしい[1]。それはそうだろう。山内博士の学位論文の作成に献身的に奉仕した（佐原 1981: 167 頁）という側近の磯崎正彦氏はまだ存命していたし，山内博士（以下，故人は歴史的人物として敬称を略す）に可愛がられ，信頼されていた研究者は少なくとも十数人はいたのである[2]。山内の長い研究生活の過程でその謦咳に接して，「自らは山内直系」を任じていた人は枚挙に暇あるまい。そこへ，自ら「（山内博士の）弟子だとは思っていない。」（塚田 1980b: 104 頁）と公言してはばからなかった塚田が『日本先史土器の縄紋』を疾風の如く（作成期間は 1979 年 6 月から 10 月）編集し，「先史考古学会」の名のもとに刊行してしまったのだから反発が強かったのは当然である。刊行の翌年，すなわち 1980 年度の日本考古学協会総会の会場で，学界でも顔の広い方に属する塚田に対して「よく頑張ったね」と慰労の声を掛けてくれた研究者の仲間はたった数人だったという。そして現在も『日本先史土器の縄紋』の編集者としての塚田の業績は等閑に付されているのである[3]。塚田は単に，完成した山内の「学位論文」を活字に置き換え，印刷業者としての仕事をしただけなのであろうか。『日本先史土器の縄紋』を刊行するのはそんなに簡単なことだったのであろうか。

塚田がさりげなく纏めた同書の巻頭の「例言」を検討すれば，この作業は真に研究者としての素養がなければ到底出来ない仕事であったことは一目瞭然なはずであるのに[4]…。

本稿は塚田の仕事が山内清男の研究業績に対してどのような貢献を果したのかを山内が度々展開した諸論争の分析を通して学史の片隅に位置づけ，あわせて塚田がなぜ困難な状況のもとで『日本先史土器の縄紋』を敢えて刊行する決意を固めたのかを当時の学界の情勢を踏まえて明らかにし，「『私たちの考古学』を実践し続けた研究者」(『考古学雑誌』67巻2号，1981年9月「編集後記」)としての優れた在野精神を後世にとどめようとするものである。

2. 山内清男と塚田光の出会い

塚田と山内の出会いは決して良好なものではなかった。この間の事情は塚田の論文集『縄文時代の基礎研究』(1982年)の「解説」(武井則道氏担当部分)に詳しい。1953年，山内清男は明治大学に出講し，同大学2年生であった塚田はそれを受講する。これが塚田が山内から正式に指導を受けた最初で最後である。当時の明治大学の考古学専攻生は塚田の学年だけでもわずか7人であるから，当然面識は出来たであろう。ところでこの二年後の1955年秋，塚田は和島誠一が指導する神奈川県の南堀遺跡の発掘調査に参加するが，ここで山内の逆鱗にふれる発言をしたらしい。武井氏の上記解説を引用するとこうである。

「南堀遺跡の竪穴住居址は黒浜期から諸磯a期にかけて築かれたものである。その住居址から出る土器に繊維を含有していながら諸磯a式土器の文様を持つものがあった。塚田氏はこれらの土器が山内博士の黒浜式にも諸磯a式にも分類できないことから，茶化したような発言をしたそうである。これを傍らで聞いていた某氏が山内博士に話す結果となった。このため，塚田氏が竪穴住居址の資料を博士に貸していただきに東大理学部人類学教室にたずねたところ，けんもほろろだったという。氏は，これ以後博

士が先史考古学論文集を刊行されるまで、その業績に対して敵愾心をもってのぞんでいた。」(武井 1982：316 頁)。

その通りで、『考古学手帖』同人時代から下総考古学研究会の創設期の氏の仕事を検討すると「平出第三類 A[5]」や群馬県新巻遺跡の所謂「新巻類型」の土器[6]、あるいは中峠式土器[7]のような山内の編年表や解説には見られない土器を追ったり、山内が手つかずにいた分布問題を共同研究の俎上に乗せたりした[8]のはそのあらわれであろう。「ある先生がお一人で十年も中期をやっているという状況のなかで、我々十人が一年やれば追いつくんじゃないか」(『季刊 どるめん』14 号、「シンポジウム・地域研究と考古学」1977 年：94 頁の塚田の発言)という指摘は「山内何するものぞ」という気概のようなものが当時はあった事を示すものとして捉えられるのである。

ところが、このような塚田に対して大山内の方から「画竜点睛の弁」(山内 1964d)を皮切りとして次々に同氏の論文が送られてくるようになる (武井 1982：312 頁)。武井氏はこの契機が塚田の代表的論文である「縄文時代の共同体」(塚田 1966a)の発表としているが、筆者はそうはみない。この武井氏の記述は塚田が最も信頼していた小山勲氏の証言によるものとおもわれるが[9]、筆者は同年同月に『考古学研究』48 号に公表された『日本の考古学 II』(鎌木義昌編「縄文時代」)の書評 (塚田 1966b)こそが山内の大きな関心を引いたと考えている。すなわち、この『日本の考古学 II』(河出書房)は山内自身が、「(編者が)その編集に際して『縄文時代は早・前・中・後・晩の五期に分かつこと、草創期等は用いないこと』と執筆要項に記し、多くの著者に指令を発し、検閲を行った。」(山内 1969：4 頁。括弧で括った部分は引用者が補填)。

と告発し、自己の学説に批判的な編集方針に対して激しく非難したものであったのである。さて、塚田はこの問題の書に対し、どのような論評を行っているだろうか。概ね好意的な記述が続くが、縄紋時代の年代について編集者の鎌木氏が山内の年代観を退け、^{14}C の測定結果に対して好意的な発言をしているくだりに対しては、つぎのような厳しい批判を浴びせているのである。

「しかし『測定された個々の結果に対して,古すぎる,あるいは新しすぎるという批判はありえても,基本的前提にあやまりのみとめられないかぎり,その成果は無視しえない』と(編者の鎌木氏は)結んでいる。」が,「率直にのべると,こうした記述では,二説は相反したまま4000年のくいちがいを解決することもなく,^{14}Cを信じるか否かという科学以前の問題にさえなる。^{14}Cの測定値を物理学者から与えられ,そのまま使用して,古すぎる,新しすぎると議論する受け身の姿勢から脱してその信ぴょう性を考古学者自らの方法で実証することが今後の問題ではなかろうか。」(塚田1966b:47～48頁。引用文中の括弧で括った部分は引用者が補塡)。

この指摘はエネルギッシュに新しい考古学の体系を構築しはじめて来た「別の世代の名士」(山内1964d)たちに「徒党を組んで反対」されてしまったと捉えた(渡辺ほか1977:269頁における芹沢長介氏の証言)山内にとって,有力な若い世代による強い援護射撃と受け取らずにはおられなかったであろう。

この書評が塚田への親近感を増したことは想像にかたくないが,山内にはこの他に学史上の切実な問題を処理するため,塚田への接近の必要が出来たのである。かくて西村正衛氏に伴われて山内は塚田が経営する柏屋印刷所を訪問することになる(武井1982:318頁)わけだが,しかし,この再会の問題に触れるためにはどうしても戦前の弥生文化研究に関する山内と東京考古学会とのプライオリティをめぐる激しい確執及び1960年代の縄紋文化起源論争の問題にまで視野を広げなければならない。

3.『日本遠古之文化』(補註付・新版,1939年)と『日本先史土器図譜 第一部関東地方・I～XII集』(1939～41年)の再刊と塚田光

上記の二つの文献は「山内清男が縄紋土器一系統論を論証するために相前後して刊行したものであり,対をなすものと捉えなければならない」と塚田が常々力説していたものである〔この所見は武井氏が「塚田光の御教示」という断りをつけて既に公表されている(武井1979:22頁の註4参照)〕。この結

論を出すに当たって、塚田は『日本先史土器図譜』の図版と解説を克明に分析したノートを残している[10]。その分析と観察の視点は他に類例をみない程緻密で組織的なもので、その一端は「中峠式土器の研究 3.山内編年と『日本先史土器図譜』」(『下総考古学』6号 1976年) 及び下総考古学研究会の連絡誌『研究メモ』184号 (塚田光氏追悼特集号 1982年) や『下総考古学』8号 (特集・勝坂式土器の研究 1985年) 等によって知る事が出来るので参照されたい。上記の見解が単なる思いつきのようなものではないことが理解出来るはずである。それはさておき、この塚田の結論は正鵠を射たものであろうと筆者も確信するものであるが、筆者はもう一つの意義をこの二つの文献から見出している。そのヒントになったのは、田村晃一氏の次のような卓見であった。

「…以上の二篇の論考に盛り込まれた森本の考えが、山内のそれと全く同じであることは明らかである。しかるに森本の論文には山内の名が出てこない。それどころか、むしろ森本は山内の仕事を否定し、抹殺する方向に動いた。(中略) そして前記の二篇を経て、同年11月に出版された『日本原始農業』がその仕上がりである。これらを通して、山内の弥生文化農耕論に触れたところは一つもない。いってみれば、1933年 (昭和8年) という年は、森本が全力をあげて巻き返しを計り、山内を抹殺せんとした年である。山内が『不遜なる追従者あり』〔山内 1934〕といって、名指しは避けながらも非難したのは当然である。(中略) しかしながら森本は、東京考古学会という組織を通して多くの仲間から情報を集めることが出来るし、また雑誌『考古学』を使用して自由に意見を発表出来るのである。これに対して山内は、依然として遠く離れた仙台で、頼るべき仲間とてなく (中略) 孤軍奮闘せざるをえなかった。その差は歴然たるものがある。1934年、十余年にわたる仙台での研究生活を切り上げて東京に帰って来た山内の心境は察するに余りあるものがある。山内は東京に戻ると直ちに『原始文化研究会』を組織した。これが森本の東京考古学会に対するものでなくて何であろう」(田村 1988: 115～116頁)。

弥生文化論をめぐる山内のプライオリティへの侵害が東京考古学会により組織的に行われ、山内の学説の「抹殺」が進行していく過程が実に生々しく再現されているが、『日本遠古之文化』（補註付・新版）出版と『日本先史土器図譜』の刊行がスタートするのは実にこうした東京考古学会との厳しいたたかいが展開されている時期であることに注意しなければならない。前者は『ドルメン』1巻4号から2巻2号（1932〜33年）に連載された標題の論文に補註を付して単行本として出版されたものであるが、本文の三分の一に及ぶ補註が何のために付けられたのか改めて説明するまでもなかろう〔このことは佐藤達夫がすでに示唆している（佐藤1976→1983 : 345頁）〕。紙幅の関係で山内の主張をいちいち具体的に引用するのは控えるが、同書（新刷・1967年版）の補註27, 37, 41等には東京考古学会による山内のプライオリティ侵害にたいする厳しい批判と事実関係の指摘を見ることができよう。ところで同書補註20の「磨消縄紋は縄紋式中期末より後期にかけて存し、中部以東では弥生式及び平行型式にも見られる」、同書補註37の「自分は茲で弥生式の文物を大陸系のもの、縄紋式からの伝統とすべきもの、特有の発達を示すもの—この三者に分けて考え、特に縄紋式からの伝統を強調した心算である。それは当時の学界で大陸系文物の論議が流行して居ったのに対する警告でもあるが、自分が弥生式の母体は縄紋式にあると云う持説を有して居るので、その前提として指示したのである。…」という文言に特に注意したい。これは同書補註42にある「後者（引用者註 : 『東京考古学会側の若手連中』を指す）は弥生式の本源を北九州あたりに置き、その東方への進出を感激に満ちた調子で叙述する偏向を有しているのが特徴である」（山内が戦後皮肉った「神武東征的文化観」[11]！）という研究姿勢に対する強力な反対意見とみることが出来る。この『日本遠古之文化』（補註付・新版）が出版されたのが1939年12月、そして、『日本先史土器図譜第一部—関東地方・第一輯—十王台式・野沢式』が刊行されたのがまさにその直前の同年7月だったのである。縄紋土器の紹介をさしおいてまず弥生土器の図版提示を急いだのは『日本遠古之文化』の主張に対し、実例による補強を図ったとしか考えられない。論より証拠、実際に『日本先史土器図譜』巻頭に掲げられた関東地方の弥生土器の図版を検

Ⅲ. ある学史の一断面 71

第1図 『日本先史土器図譜・第一輯』所載の「十王台式」と「野沢式」の図版の一部
(1は同書図版2から転載,「十王台式」。2は同書図版5から転載,「野沢式」)

討してみよう（第1図1・2参照）。

すなわち,「十王台式」(第1図1) においては東京考古学会が強調する「櫛目式文様」が頸部から体部上半に施される一方，体部下半には附加条の縄紋がはっきり認められ，西からの影響とともに在地の縄紋文化の伝統を強調しているのである（収録された4点の土器すべてが第1図1と同傾向のものである）。続く「野沢式」にも5点の完形・半完形の土器が掲載されているが,「縄紋式中期末より後期にかけて存し」た磨消縄紋の発達があますところなく示されており,（第1図2が代表例）,『日本遠古之文化』(補註付・新版) の補註20の実例として捉えるのに充分である。両書の発行の間隔はわずか五ヵ月。すなわち「縄紋土器が一系統の土器であることを実証する」（武井1979: 19頁) ためだけでなく，東京考古学会との論争のなかで,『日本先史土器図譜』の図版により縄紋土器が弥生土器の母体であることをも示そうとしたのである。その手掛かりが縄の追求であったということは縄紋土器の起源

論を考える時の山内の方法論を暗示するものである。

さて，ここで時代は1960年代の塚田への接近が図られた頃に大きく流れる。塚田に最初に送られて来た論文，「画竜点睛の弁」の末尾にはどのようなことが書かれてあったのか。以下に引用しよう。

「戦前縄紋式晩期の年代細別から出発して，弥生式との文化交流に関して，諸大家と論争を重ねたことがある。神武東征的文化観〔引用者註：『日本遠古之文化』（補註付・新版）の補註42で指摘した東京考古学会の「偏向」的研究姿勢をも含むものと思われる〕と闘った訳である。（中略）これは縄紋式終末に関してであったが，今度は別の問題，即ち，縄紋式初現について，別の世代の学界の名士と相見えることとなったのである。しかし，私は，依然として日本先史時代の組織を強化するため，事実の集積に努めたいと思っている。」（傍点は引用者）

1960年代の山内が1930年代と同じ立場に立たされていることを自覚していたのは最早明白であろう。『日本の考古学I～VII』と言えば，戦後躍進を遂げた日本考古学の言わばこの時点での総決算であり，執筆陣は各地のフィールドや大学で指導的立場に立っている学者や気鋭の若手研究者で固められていた。当時の学生はこの書物をテキストにして学んだものであり，良くも悪くも戦後の日本考古学の画期をなしたものであった。その第二巻の編集方針が山内を傷つけたことは既に触れた。しかし，その内容を読んで山内はさらに愕然としたであろう。ほとんど全編がまさに山内の業績に対する軽視と無理解で貫かれているのである[12]。これは筆者の憶測ではない。試みに山内の業績が各章においてどのように引用されているか，一覧表にまとめてみよう（第1・2表）。

第1表は『日本の考古学II』の各論文の末尾に引用された山内の論文・業績を一覧表にしたものである。ただし引用の誤りについては筆者が訂正しておいたので，同書の引用と多少異なるところがあるかもしれない。それはともかく，この一覧表を見てわかる通り，戦前の山内の最も重要な文献である『日本遠古之文化』（補註付・新版）と『日本先史土器図譜』がほんの一部分

III. ある学史の一断面 73

第1表 『日本の考古学』II（1965年　河出書房社刊）において引用された山内論文・業績一覧

① 「下総上本郷貝塚」『人類学雑誌』43巻10号（1928年）
② 「関東北における繊維土器」『史前学雑誌』1巻2号（1929年）
③ 「斜行縄紋に関する二三の観察」『史前学雑誌』2巻3号（1930年）
④ 「繊維土器に就て」追加第三『史前学雑誌』2巻3号（1930年）
⑤ 「所謂亀ヶ岡式土器の分布と縄紋式土器の終末」『考古学』1巻3号（1930年）
⑥ 回転縄紋の手法の発見（1931年）
⑦ 「石器時代人の寿命」『ミネルヴァ』1巻2号（1936年）
⑧ 「日本考古学の秩序」『ミネルヴァ』1巻4号（1936年）
⑨ 「縄紋土器型式の細別と大別」『先史考古学』1号（1937年）
⑩ 「日本遠古之文化」(2)『ドルメン』1巻5号。同(4)『ドルメン』1巻7号（1937年）
⑪ 『日本先史土器図譜』第11輯（茅山式・子母口式土器）（1941年）
⑫ サケ・マス論の紹介（最初の公表は1947年の座談―筆者註：文献⑰ 144頁の注7による。）
⑬ 「新保式土器」の出土遺跡の教示（柏崎市剣野遺跡）（年代不詳）
⑭ 「第二トレンチ」『吉胡貝塚』（1952年）
⑮ 「縄紋土器文化の始まる頃」『上代文化』30号（1960年）
⑯ 「縄紋土器の古さ」『科学雑誌』14巻13号（1962年）
⑰ 『日本原始美術I』（1964年）(a.「日本先史時代概説」, b.「縄紋式土器・総論」, c.「図版解説」)
⑱ 「画竜点睛の弁」上・下『成城大学新聞』84, 86号（1964年）

しか取り上げられていないのである。これは山内にとって不本意であったことであろう。さらに驚くのは第2表から読み取られる事実である。執筆者は1918～1919年生まれの鎌木・芹沢・江坂氏等山内から直接指導を受けた世代が中心となり、その他は1930年前後生まれの上記三氏の指導や影響を受けた人々でほとんど固められているのである。さすがに鎌木氏や芹沢氏は山内の業績をよく引用しているが、次の世代の研究者即ち1930年前後生まれ世代の人々による山内の業績の引用は極端に少ない[13]。『山内清男・先史考古学論文集』と『日本先史土器の縄紋』を共有する今日の我々戦後生まれの40歳代の縄紋文化研究者にとって、これは一つの驚きである。『日本遠古之文化』で示された独創的な理論と先史時代の概観（縄紋土器の起源からその終

末及び弥生文化への交代とその社会論，北海道の縄紋式以後の情勢等に関する考古学的手法の展開は極めて学ぶところが多い)，『日本先史土器図譜』の図版の中に込められた無数の情報と凝縮された解説に盛られた驚くべき土器観察の実際，「縄紋土器型式の細別と大別」の本文に示された土器型式研究の大綱と附表（全国的編年表）等は最重要な業績であり，あらゆる分野・地域でまず基本に据えなければならないはずのものであった。これらの文献の意義は下総考古学研究会の手がけた「勝坂式土器の研究」(『下総考古学』8号 1985年)でも「研究史」の部分で詳細に取り上げられたところであるが，同様な評価は各分野で盛んなことは改めて述べるまでもなかろう[14]。現在の我々にとって山内は過去の研究者ではなく，未だに乗り越えることのできない巨大な目標の一つであることが再認識されているのである。しかし，1960年代の『日本の考古学 II』では縄紋文化の起源問題を除けば山内の仕事は学史の一コマとしてI章の「縄文文化の概観」に一纏めにされ，II章の「縄文文化の発展と地域性」では殆ど生かされていないのである。

　「学界には本末転倒の奇怪事が往々あり，戦前ある人Aが言及した事を戦後に至ってBが尾鰭を付けて大々的に宣伝し，文献に通じない世人は後者Bの発案だと思って居る例がある。更に両方共未だに沈黙を守って居る別人の発案を失敬したと云ったら，学界の裏には何があるかわからないと世人は思うだろう。」（山内 1970→1972：219頁）

　第2表が示す事実は山内の仕事の影響や指導を受けた第二世代（1910年代生まれ）の人々の研究のみが戦後の第三世代（1930年代生まれ）の研究者に活用され，山内の業績が等閑に付されつつあることを示している。上記の山内の慨嘆はこの事実を示すものであろう。だが当時華々しく展開されていた縄紋文化起源論争に比べれば，この問題は小さなことだったかもしれない。山内の縄紋文化起源論（『縄紋草創期』設定）はじつは『日本遠古之文化』の方針の前提抜きには考えられないのである。にもかかわらず，十分な理由を持って「縄紋草創期」の使用を排除したはずの『日本の考古学 II』では芹沢論文におけるたった一行のみの扱いで済まされており，同書に対する詳細な分析と評価は一切ない。しかも引用された年数すら誤っているのは何という

III. ある学史の一断面 75

第 2 表 『日本の考古学 II』執筆者の山内論文・業績の引用一覧
（文献・業績番号は第 1 表と一致する）

章・節・論文名	担当者名・生年	山内論文・業績の引用
I「縄文文化の概観」	鎌木義昌・1918 年	①, ②, ③, ⑤, ⑥, ⑧, ⑨, ⑩-(4), ⑫, ⑯, ⑰-b, ⑱
II「縄文文化の発展と地域性」		
1．北海道	吉崎昌一・1931 年	引用なし。
2．東北	林　謙作・1937 年	②, ③, ⑨（2 回引用）
3．関東	岡本　勇・1930 年 戸沢充則・1932 年	⑨, ⑪, ⑰（但し磯崎正彦担当の「後期の土器」の引用）
4．北陸	高堀勝喜・1913 年	⑬, ⑭, ⑰-a
5．中部	永峯光一・1927 年	⑮, ⑰
6．東海	市原寿文・1927 年 大参義一・1927 年	引用なし。
7．近畿	岡田茂弘・1934 年	引用なし。
8．山陰・中国山地	間壁忠彦・1932 年 潮見　浩・1930 年	引用なし。
9．瀬戸内	鎌木義昌・1918 年 高橋　護・1933 年	⑨
10．九州西北部	乙益重隆・1919 年	引用なし。
11．九州東南部	賀川光夫・1921 年	引用なし。
III「縄文時代の生活と社会」		
1．労働用具	岡本　勇・1930 年	⑰-a
2．日常生活用具	吉田　格・1920 年	⑰
3．住居と集落	麻生　優・1931 年	⑦
4．埋葬	西村正衛・1915 年	引用なし。
5．信仰	野口義麿・1929 年	⑰-b
6．貝塚と食料資源	金子浩昌・1931 年	引用なし。
7．生活の舞台	江坂輝彌・1919 年	引用なし。
IV「縄文時代の研究をめぐる諸問題」		
1．周辺文化との関連	芹沢長介・1919 年	④, ⑩-(2), ⑮, ⑯, ⑰
2．縄文人の形質	島　五郎・1906 年 寺門之隆・1924 年	引用なし。
3．放射性炭素による年代測定	木越邦彦・1919 年	引用なし。

ことであろう。「日本遠古之文化　二　縄紋土器の起源」(『ドルメン』1巻5号)で縄紋土器の起源問題を扱ったのは芹沢氏が引用する「昭和5年」(『日本の考古学II』442頁)ではなく，昭和7年である。余談ながら昭和5年には『ドルメン』はまだ創刊されてすらいない。これでは山内が焦ったのは無理からぬことであったろう。

　「自分の著作集を纏め，普及させねばならない。しかも，自分の手で！」

　山内の気持ちを推測すればこうなるだろう。商業出版には山内はこりごりしていたはずである。予算の枠のなかに原稿を無理やり押し込める商業出版の手法には山内はほとほと手を焼いていたのである。次のような述懐がある。

・「縄紋の原体については戦後十回程度講義したが，中程度の詳しさで(一週二時間三十週)を要する。その程度のものを論文として，京大に提出したが一般には発表していない。間に合わせに概説したものの第一回目がこの稿であるが，昭和29年講談社版，日本原始美術第1巻のうちに極端に頁数の制限を受けつつ止むを得ずまとめた稿がある(同書153～155，図版218～220頁)。」
・「文様帯系統論については講談社版日本原始美術縄紋土器に一章を設けて概説した。たった二頁。しかもその一頁は助命を乞う俘虜よろしくの懇願の結果編輯員から漸く許されたのであった。莫大な図版を見捨てるわけに行かず，跨をくぐった訳である。」(山内1958→1967: 232頁。傍点は引用者)

　一字の無駄もない山内の論文集を出すに当たり，商業出版に依存したら上記のような苦しみを味わうことは目に見えている。とりわけ『日本遠古之文化』・『日本先史土器図譜』の再刊を果たしたのちにはかの「図版200枚以上本文200枚の分量」(山内1939a→1967の「解説」の表紙裏参照)のある『日本先史土器の縄紋』の出版を考えていたのである。これは上記文献の表紙裏にある出版計画に，第一巻の(1)に「日本遠古之文化」他一編を置き，第二巻に

『日本先史土器図譜』をあて，第三巻に『日本先史土器の縄紋』と列挙していることからも明らかである。

(『日本先史土器の縄紋』を)「自らの手で出版したい」(山内 1939a→1967 の「解説」の表紙裏) 山内としては良心的[15]で山内考古学に理解のある印刷業者が是非共必要であったのである。いまや 1930 年代とおなじ論争を新しい世代と闘わなければならない。1930 年代には縄紋終末期から弥生文化の問題をめぐって，自分のプライオリティの擁護と学説の普及を狙って『日本遠古之文化』と『日本先史土器図譜』を出版しなければならなかったが，1960 年代の今，縄紋文化の起源 (縄紋草創期の問題) の一般的理解を得るためにも，『日本遠古之文化』・『日本先史土器図譜』・『日本先史土器の縄紋』をはじめとする著作集を是非共手がける時期に来ていた。その戦略を達成するため塚田光に贈った第一弾の山内の作品が「画竜点睛の弁」であったのである。

そして，程なくして塚田の協力により刊行されたのが『山内清男・先史考古学論文集　第一冊日本遠古之文化』であった。

4.『日本遠古之文化』の方針とは？

山内は「縄紋土器の古さ」(山内 1962→1969) を発表した直後，その年代観だけでなく，「草創期」の呼称でも強烈な反発を鎌木・芹沢氏等に受けた[16]。このとき山内は文章表現の面において多少後悔したかもしれない。縄紋早期を二分して新たに「草創期」を設定したのが上記の論文であるが，これを読むと石器の解説に大半が費やされ，専門の土器の解説はかなりなおざりとなっているのである。「普門寺式」を境に早期を二分した根拠として「普門寺式は縄紋に代わって，棒に簡単な刻みを付けたものを回転して付けた，所謂押型文を多量に持っている。これは次の三戸式にも残存するが，この式では彫刻された条線の紋様が盛行している。回転押型文は遠く九州，関西，中部地方にも以前から知られ，近年東北地方にも発見されつつある。早期を二つに区切るならば，これはよい目標になるだろう。」(山内 1962→1969：55 頁) という簡単な説明で済ませてしまったのである。『日本遠古之文化』をすで

に戦前に公表し，1961年に縄紋の体系的研究を纏めた「学位論文」を京都大学に提出した山内にしてみれば，「縄紋草創期」の設定は自明のこととして詳細な解説を必要とする考えが浮かばなかったのであろう。この時点では縄紋始源期の絶対年代と「無土器新石器時代」の位置付けの論証が優先されていたのである。「縄紋草創期の諸問題」（山内1969）の冒頭で「草創期の真意が誤り伝えられることもあり得るので，この機会に一応の解説を試みることとする。」と記述したのはこの間の山内の後悔を表明するものであろう。

それでは山内が『縄紋土器の古さ』において記述を完全に省略してしまった『日本遠古之文化』の方針とその実証過程とは何だったのであろう。

「縄紋土器の由来を知るには，先づ最も古い縄紋土器を決定することが必要である」（『日本遠古之文化』補註付・新版。新刷1967年版の6頁。以下すべて典拠は1967年版による）

この方針に従って古式縄紋土器の追求を重ねてきた山内は，1932年の時点で次のような中間総括をした。

「関東で発見されるこの区分には，(1)繊維の混入が無い又は極めて稀なもの（三戸式及び田戸下層式），(2)繊維混入が甚だ少量であるが多くの土器に認められるもの（田戸上層式及び子母口式）の区別がある。これに次ぐものとしては(3)繊維混入の著名な貝殻縁による条痕の多い式（茅山式）があり，以後は広義の諸磯式であって，(4)繊維混入著名な，しかし，条痕のない新しい型式があり（総称蓮田式），(5)繊維混入のない，条痕のない狭義の諸磯式がある。あとは厚手式，薄手式の如く新しい縄紋式である。」（9頁）

これに続いて，上記(1)から(5)まで製作・土器の形態・縄紋の有無・文様帯の特徴について詳細な説明をしているのであるが，引用が長くなるし，山内の方法論が見えなくもなるので，氏の記述（『日本遠古之文化』9~10頁）を第3表にまとめてみよう。

III. ある学史の一断面

第3表 『日本遠古之文化』記載の「古式縄紋土器」型式群における諸要素のつながり

型式要素 型式名	①繊維混入	②貝殻条痕	③底部形態	④縄　　紋	⑤文様帯の特徴
三戸・田戸下層	×	△	尖底	×	幅広い
田戸上層／子母口	△	△	丸底	—／(×)	幅広く口頸部に収まるもの多し
茅山式	◎	◎	丸底・平底並存	(△)	口頸部の狭い部分にあること多し
「総称蓮田式」	◎	×	平底	◎	口頸部に限られる
狭義の諸磯式	×	×	平底	(◎)(a式) (△)(b式) (—)(c式)	同上。（新しい型式で再び文様の幅が広くなる）

註）（　）内の部分は『日本遠古之文化』の記述にはないが，『日本先史土器図譜』中の記述で確認出来たもの。「—」は該当の的確な記述が確認出来ないもの。◎は「顕著」，△は「少」，×は「無又は稀」の記述を記号化したもの。

　この表を見てわかるように，先ず①繊維混入の有無で「蓮田式」から「田戸上層式及び子母口式」までの型式的連続（系列）を押さえ，「三戸式及び田戸下層式」で繊維が途絶えると，②の貝殻条痕の有無や③の底部形態で「茅山式」から「三戸式及び田戸下層式」までの型式的連続を押さえているのである。④の縄紋については，「始め稀又は僅少であったが，後に盛んとなり(4)，爾後縄紋式の終末を超え弥生式まで続いて居る。」(10頁)という表現になっている。ここでは縄紋手法を鍵として縄紋土器の始源を辿ることは諦めていたようだ。⑤の文様帯は始め広かったものが時代が下るに従って段々口頸部の狭いところに集約されていることが指摘されており，この頃から文様帯を「…新生，分裂，多帯化等の歴史を追求し，縄紋土器全般に通じる型式学的系統または紐帯あるいは筋金」(山内1964c：178頁)として考える方針が確立されていたことが窺われる。

　以上，文様帯の系統を「筋金」にして縄紋土器の各型式要素のつながりを，鎖の輪を一つ一つつなぎ合わせるようにしてより古い古式縄紋土器を追って来た過程が明確に理解できるのである。

ここで注意しなければならないのは芹沢氏が解説するように「山内先生の縄文早期というのは，だいたい『縄文』，コードマーク以前です。縄文のないものを早期とされました。」(渡辺ほか 1977 : 266 頁) という事実である。第3表で明瞭なように縄紋式前期前半で盛行した「縄紋」は早期末葉の茅山式で少なくなり，三戸・田戸下層式に至ってほとんど稀となる。その直前の，山内が「草創期」との画期とした「普門寺式」も同様縄紋は稀である。草創期後半の多縄紋系の土器群と一線を画したのはここに大きな理由があったのである。

さて，山内が『日本遠古之文化』の再刊を果たした直後の 1969 年に「縄紋草創期の諸問題」が公表される（山内 1969）のであるが，土器の解説は「縄紋草創期後半」の「稲荷台式」から具体的に説き起こされている。この論文が『日本遠古之文化』の延長線上にあることはもはや明白であろう。今回の場合，「縄紋」の観察と図版提示に多くのスペースが割かれているのが特徴である。草創期前半における短い縄の圧痕を施す事例（山形県日向洞窟，新潟県本ノ木遺跡，同県小瀬ヶ沢洞窟出土例）や短い幅の縄の回転圧痕の土器が上記の側面圧痕の土器に伴う事例（小瀬ヶ沢洞窟・日向洞窟出土例）が紹介され，これは，「縄紋付着の始源を示すものかもしれない」と興味深い指摘をしている。さらに新潟県室谷洞窟において戦後長い間最古の縄紋土器と考えられていた井草式出土層の下層から羽状縄紋を持つ底部四角形の土器（室谷下層）が出土している事実を特筆している。そして日本各地のこの時期の土器の出土例と栃木県大谷寺洞窟の発掘所見を踏まえて

1. 隆線文→2. 爪形文→3. 大谷寺 2 式（「浅い縄の回転圧痕」）→4. 大谷寺 3 式（「内外面に粗い単方向縄紋」）（桃ノ湖 II…「内外面に縄紋」）

という草創期前半の細別を示し，小瀬ヶ沢の「始源縄紋」(「短い幅の回転圧痕」)や本ノ木遺跡の出土土器（「短い縄の圧痕」）を 2. の爪形文土器の段階に置いたのであった。室谷下層の羽状縄紋の土器は同論文 7 頁下段中央部分の表現を素直に読みとるとやはり 4. の大谷寺 3 式のあたりに編年的位置が求

められるようだ。こうしてみると短い縄の側面圧痕がまず存在しその中に短い縄の回転圧痕の土器が混在して，回転縄紋の祖型をなし，井草式直前の室谷下層や大谷寺3式のあたりで回転施紋が確立していることをここで強調していると判断してよかろう。結局，山内にとって「草創期」という概念は，縄紋の手法の観点よりすれば縄の側面押圧が発生する過程から回転施紋が確立し，それが盛行する多縄紋系の尖底土器の段階（「花輪台・大浦山」が下限）までを指しているのである。『日本遠古之文化』では①繊維の混入の有無，②貝殻条痕の有無，③底部形態，④縄紋，⑤文様帯の特徴の各項目にわたって最古の縄紋土器を追って来たことはすでに触れた。ひるがえって，「縄紋草創期の諸問題」では④の「縄紋」の手法を手掛かりに一段ずつ登って来た過程が叙述されているのである[17]。これはこの時点（1969年）の思いつきではない。「草創期」提唱の一年前（1961年）に完成した学位論文『日本先史土器の縄紋』（山内 1979: 58〜64頁）にすでに「最古縄紋式土器」に関する資料の収集と観察結果の展開及び縄の変遷の予察がおこなわれているのである。⑤の文様帯の特徴については「縄紋草創期の諸問題」で触れていないが1960年に公表された「縄紋土器文化のはじまる頃」で既に述べられているのである。

「縄紋式の大部分には特に文様帯というべきものがある。それが次々の型式に伝えられ系統を引いている。その文様帯が早期のある時期には無いのである。九州から関東に至る押型文の土器の時代がそれである。関東にはその前になる縄紋の多い時代があるが，ここにも文様帯がない。最近の情勢では早期の文様帯のない時代より前に文様帯があるらしいことになった。①小瀬ヶ沢下層，それと比較し得る諏訪湖曽根，群馬県西鹿田，日向洞窟土器の一部には口頸部に狭い所謂爪形文その他の文様帯がある。②小瀬ヶ沢，本ノ木，日向洞窟等には多段の撚糸紋がある。（以下略）」（山内 1960→1969: 51頁。傍点は引用者）。

以上を総合すると「草創期」の設定は『日本遠古之文化』の方針に従い，

当時最古の土器であった三戸式・田戸下層式の尖底の特徴（第3表の③）を足掛かりに多縄紋系の土器群と三戸式・田戸下層式との型式的連続を確認し，④の縄紋の手法の分析からより始源的土器の探究と型式的連続の確認を行い，⑤の文様帯の特徴から草創期を前半〔「古文様帯」のある時期（山内1964c→1972: 174頁）〕，と後半（文様帯なく，回転縄紋の発達した時期）に分け，更に縄紋の一時消滅する段階を以て早期に区別したのである。

　こうした体系的土器の研究は1910年代生まれの研究者や彼らよりワン・ジェネレーション上の杉原荘介などには十分に理解されなかったらしい。『シンポジウム　日本旧石器時代の考古学』（1977年　学生社）に，「草創期」に対する評価と彼らの立場が端的に示されている。

- 「三戸までを確立していったという山内先生のご自身の研究史がそこにある」。（杉原，266頁），
- 「縄文時代というものは狩猟に漁撈が加わるということにおいて，非常に大きな意味がある」。「そこでぼくたちは…井草以後が本格的な縄文だと考えている」。（杉原267頁）
- 「その時期（草創期初頭）は少なくとも石器がはっきり次の縄文に影響を与えていないので，縄文と区別するのがいいのではないかと考えた」。（鎌木　268～269頁）
- 「いたって便宜的なもの」で，「文化内容とか系統がどうというものではなくて，早期の型式の数が多くなりすぎるので二つに分けて草創期をつくった」。（渡辺　273頁）
- 「もし草創期という用語を使う人は，無土器新石器を認めているという前提がある」（芹沢　274頁）。

　こうした一面的評価の原因は二つあると考えられる。第一は，山内の「縄紋土器型式の大別」を杉原等は「縄文時代の時期区分」と取り違えてしまっていることである。前者はあくまでも縄紋土器型式の細別を整理した結果としての大別であり，「縄紋土器の型式学上の区分」なのである。山内の「草

創期」はこうした大別の一つであることを銘記すべきであろう。これに生業形態や石器の組成を指標とした「時期区分論」を持ち込むのは筋違いというほかない。杉原もその専門とする弥生土器と土師器の区分については，

「土師式土器の，ことにその成立の時期のそれについては，できるだけ土器の型式的な様態のみを主体として研究すべきであって，その背後に高塚古墳の存在や，政治的社会の出現を意識し，両者の有機的関係は考えるべきではない」(杉原1974:24頁。傍点は引用者)

と戒めているところである。

第二は，「縄紋草創期の諸問題」の一章「草創期とは何か」及び三・四章の石器関係の解説，五章の「縄紋式の年代」のみを問題とし，二章の「草創期の土器」を正しく評価していないことである。しかし山内による「縄紋」の体系的研究の全容，及び最新の縄紋手法の知見〔「最古縄紋式土器に於ける縄紋」(山内1979:58〜65頁)〕に接していない人々にこの章を理解するのは極めて困難なことは致し方のないことであったろう。上記の巨匠たちだけでなく，山内にごく近い人々[18]以外は十分に理解した研究者は少なかったのではなかろうか。これを乗り越えるためには「縄紋草創期の諸問題」で触れた縄の組織的研究即ち『日本先史土器の縄紋』の刊行が必須の課題となって来るのである。

この刊行はしかし遅れに遅れた。

5.「山内考古学」第三の危機と塚田光

すでに筆者は1930年代の弥生文化研究において東京考古学会が山内のプライオリティへの侵害と山内の主張の組織的「抹殺」を展開したことについて触れ(これを仮に「第一の危機」としよう)，山内が『日本遠古之文化』(補註付・新版)と『日本先史土器図譜』の自費出版でこれに対抗したことを述べた。そして1960年代に至り，新しい考古学研究者の一群が当時の最高水準を誇る縄紋考古学の総合的概説『日本の考古学II』において山内の縄紋草創期に対する主張を排除する一方，山内の指導や影響を受けた言わば「第二世代」に属する研究者の業績のみを取り上げる傾向を見せ，結果的に山内のプ

ライオリティを侵害ないしは曲解する結果を生んで行ったことも明らかにした。これを仮に「第二の危機」とする。これに対抗するために山内は，印刷業者にして優れた在野の考古学研究者でもあった塚田光に接近し，山内の著作集を次々に刊行・普及させてこの危機を半ば克服することに成功した。その著作集刊行事業前半の重要な作品がやはり『日本遠古之文化』と『日本先史土器図譜』であったのは当然のことであった。これらの努力が実り，山内考古学を真剣に学ぶ若い研究者が続出する。現在，40～50歳代になった中堅の研究者がそれである。筆者がここ十数年関わっている縄紋中期の土器研究でも『日本の考古学II』が山内の業績を踏まえていなかったため，如何に混乱をもたらしてしまったかが多方面から解明されつつある。能登健氏[19]，下総考古学研究会[20]，神奈川考古同人会[21]，柳澤清一氏[22]等の業績を是非参照されたい。

　しかし，山内が1970年8月に亡くなると，第三の危機が訪れる。またもや，プライオリティの侵害と山内考古学の軽視である。前章の末尾ですでに指摘したごとく，生前にはとうとう実現出来なかった『日本先史土器の縄紋』の刊行の遅延が原因であることはいうまでもなかろう。なぜあれほどまで切望していた同論文が出版出来なかったのであろうか。山内は亡くなる直前にこう語っている。（平山久夫ほか1971：65頁）

　「平山　これ程のもので学位論文なのに出版印刷はしていないんでしょうか。
　山内　出していないです。いずれ出さなければいけないと思っていますが。金がかかってとてもだめです。図版が200枚で本文が200頁（引用者註：「枚」の誤りか？）の大出版ですものね。」

　この件について塚田の晩年，もっとも親しかった友人の一人の小山勲氏から筆者はこのような事実を聞いたことがある。山内が塚田に「学位論文」の出版について見積りを立ててもらったところ，塚田の積算した書類を見てがっかりした顔をしたというのである。学究一筋の博士の収入ではとても賄

えない額だったのだろう[23]。

　このような経済的要因からとうとう生前は学位論文の刊行は実現できなかった。山内が縄紋の研究について膨大な資料と原稿を残しているということは周知の事実でも，ほとんどの研究者はその実態に触れることが出来なかったのである。山内の諸業績の基盤にこの論文があったが故に新たな無理解と軽視が始まるのである。その一端については既に触れた。もともと山内の論文には二つの傾向がある。その第一は，具体的な資料を提示せず（報告書を出版しないこと），結論のみを書いてしまうことである。組織も持たず，資力もなく，しかも日本全国の先史考古学の体系の確立を急いでいた氏にこれを望むのは酷である。その点で資料操作の実際と遺物や層位の観察法を珍しく克明に提示した，「関東北における繊維土器」（『史前学雑誌』1巻2号 1929年）と「第二トレンチ[24]」『吉胡貝塚』（文化財保護委員会1952年）などは極めて貴重である。第二に，文章が凝縮され，余程注意しないと真意を読み取ることが難しいということである。この点について山内の原稿を長い間印刷業者として扱い，その間山内との交流も頻繁であった塚田光の興味深い発言がある。1979年10月27日の下総考古学研究会の十月例会で，塚田が「茨城県・竹の下式土器について」という発表をしたのであるが，その発表が終了した後，「山内博士の原稿は最初はとても丁寧に書かれているが，書き直す過程で記述が簡略になって行く。当時のライバルであった特定の人々を意識して（森本六爾・八幡一郎等）大事な部分をぼかしているのではないか。」というのである。塚田はこの観点を終始持ち続け，山内論文を読む時には行間の意味を当時の学界の情勢と睨み合わせながら汲み取る努力を怠らなかった[25]（塚田1975）。もし森本ほどの組織力と人を魅了するような平易で美しい文章を書く才能を持っていれば，学説の普及という点では山内はこんなに苦労しなくて済んだかもしれない。ちなみに森本の弥生式における様式論を確立したとされる代表的論文「弥生式土器に於ける二者」（『考古学』5巻1号　1934年）の基本的考え方は同誌1巻3号の山内「所謂亀ケ岡式土器の分布と縄紋式土器の終末」の次の指摘とどの程度の差があるというのか。

「これらの型式には夫々精粗二様の製作がある。(中略) 仮りに両者を別に供覧したならば，別型式のものと断ぜられる向もあろうと思われる。(中略) 製作の精粗によって分け，器形によって分け，そして型式による差異を述べるには莫大な紙数が必要である」(山内 1930→1967：115～116頁)

この指摘は森本論文の基本的観点となんら変わるところがない。山内の一見無味乾燥な文章が災いして他の研究者の関心をひかなかったまでのことである。

森本の前掲論文の冒頭「解説」の五にある「各組のA者(引用者註：「飾られぬ・薄汚き・より則生活的な土器」)・B者(引用者註：「飾られたる・華麗なる・より奢侈的なる土器」)を引きはなし，AはAに，BはBにのみ比較を求めて行く方法は他に適当な人があるであらう。」(森本1934：3頁)

という皮肉がもし山内にも向けられていたとすれば，山内は激怒したにちがいない。

話を元にもどそう。以上のように山内の論文は誤解と曲解を受ける要因を元々持っているのである。文章表現の問題は読者の考古学的素養と読解力が充分であれば問題はない。しかし，基礎的資料の提示が少ないというのは致命的問題である[26]。その基礎的資料提示の最優先課題が『日本先史土器の縄紋』であったのである。この資料が山内の没後，約十年後に刊行されるまでどのように扱われていたのであろうか。

未発表の「学位論文」の実際に触れるには三つのルートがあった。

第一は「縄紋の原体については戦後十回程講義した」というから(山内 1958→1967：232頁)，その講義ノートを手に入れることである。しかし，200枚に及ぶ図版類は参照出来ない。

第二は山内から親しく縄紋の手法を伝授された博士子飼の研究者〔たとえば佐原氏は自らそのことを述懐している(佐原1981：167頁)〕から縄紋の手法を学ぶことである。

しかし，この二つのルートにしても，『日本先史土器の縄紋』の前篇に相当する基礎的な手法の学習で終わったであろう。なにしろ原体の講義だけで

「一週二時間三十週」を必要とするのだから（山内，前掲論文）。同書「後篇」はいわば応用篇であるが，この実際に触れることは上記のルートではまず難しい。塚田光も大学で受けた講義は同書の「プロローグだけだった」と証言している（下総考古学研究会 1980 年 7 月例会発表）。

　第三のルートは山内が生前信頼出来る研究者に提供した学位論文の本文・「図版類」を閲覧ないしコピーすることである。提供された人々は約十数人（山内 1969: 21 頁の註 13 によれば「図版の一部は磯崎・小林等約十余名に寄贈，本文は磯崎氏筆写所持の筈。」とある）に及ぶ。

　要するに山内と学説を異にしている研究者や上記のルートに関係のある研究者と親しく無い者には，博士の研究の実態に触れることが極めて困難であったのである。「学位論文」が「古今伝授」のように閉鎖的な形で長い間伝えられて行く可能性が強かったのである[27]。このルートに乗れない研究者は山内への反感・無視に走る他ないであろう。

　『私たちの考古学』のリーダー的存在であった和島誠一に私淑し，『考古学手帖』12 号（1960 年）の「地方研究者の悩みとその解決への試案」において在野研究者の抱える問題点（「文献の不足」，「研究の成果が伝わらない」，「資料の中央集中化」，「未公表資料の使用について，報告されていない資料を自分の論文・報告に活用するのに通例がともなう。」等々）を鋭く分析し，解決策を模索していた塚田にとってこのような実態は我慢の出来ないものであったろう。実に塚田が『日本先史土器の縄紋』を刊行する決意を固めた要因の一つはここにある[28]。「すぐれた研究成果を皆で共有し，同じ土俵の上に立って研究を進めて行こう」。いつの月例会で聞いた言葉か記憶はないが，塚田は同書を出版する前後にこのような発言を下総考古学研究会の仲間に話していたのを感動を持って筆者は受け止めたものだ。1979 年 7 月の月例会で初めて同書の出版計画を公表し，あわせて縄の研究会を実施しようと呼び掛けたのはその現れだろう。

　この本の編集・出版の作業中，塚田の周囲では様々な批判がまきおこっていたらしいことはすでに触れた。しかし，これが出版されて初めて多くの研究者が山内の類を見ない体系的な資料の観察と実験の実態，あくなき資料の

収集と詳細な記述の実態に接し,それまでの図が極端に少なく片言隻句で固められた難解な諸論文の意義が理解出来たのである。山内考古学の第三の危機の一つ,無理解と曲解は縄紋に関する限りほとんど取り払われたといってよいだろう。

最後に残った問題は山内のプライオリティ擁護に関してである。山内は生前から自分の縄の研究の引用に関しては神経を尖らせていた。

①「芹沢長介氏は私の縄紋の講義で何項目かの記事を考古学辞典の中に書いて居る。いくら委員長に頼まれたと云っても,世の中には節度があると知るべきである。」(山内 1926→1969:295頁の補註参照)。

②「芹沢氏が夏島の報告で図示した縄紋の技術は私の講義によったものである。ただし甲野氏,早川氏等は芹沢氏の創見として引用して居る。」(山内 1969:5頁)

もし,『日本先史土器の縄紋』が今もなお出版されていなければ,誰かが縄紋の手法に関して「山内博士の御研究による」〔芹沢氏も丁寧にそれについて触れている(杉原・芹沢 1957)〕と断り書きを入れて書いたとしても,本家の山内の論文が出版されていない以上,第三者が引用するときは上記②の場合の「甲野氏や早川氏」のように芹沢論文を引用せざるをえまい。そしてもう少し時間が経過してしまうと,事情のよく分からない若い世代の研究者は「甲野氏や早川氏」の論文を手掛かりに芹沢論文を引用し,つまるところ 1930 年代生まれの『日本の考古学 II』の執筆者と同じ誤りを繰り返して行くのである。

このように山内亡き後,生前山内自身が対処して来た学術上の戦略を塚田がかわって遂行しようとしたのである。回転縄紋手法の「偶然の発見」をめぐる芹沢氏に対する厳しい批判(塚田 1980b:95~104頁)はこうした流れのなかで読み取るべきであろう[29]。

6. おわりに

　以上，山内清男が 1930 年代における東京考古学会との弥生式文化論争及び 1960 年代における「別の世代の学界の名士」たちとの縄紋式起源論争の折，常に①『日本遠古之文化』と②『日本先史土器図譜』を持ち出し，③縄紋の組織的研究と④文様帯系統論を武器として来たことを指摘した。①・②は自ら二回にわたって出版し，④は内容が不十分ながらも講談社という大出版社の商業ベースに乗せて普及させることが出来たが，③だけは経済的事情から一般への普及が果たせず没後，新たな危機（山内の「縄紋」研究におけるプライオリティの侵害・山内考古学の軽視）を招いたことを併せて指摘した。そしてその最後の大きな仕事を在野研究者の塚田がなし遂げたことを強調し，この大事業に取り組んだ塚田の真意を明らかにしたのである。『考古学研究』の前身である『私たちの考古学』創刊号（1954 年）の巻頭言に次のような宣言がある。

　　「…各地のニュースを知り，おたがいが意見を交換し，史料をかくすのでなく史料をみんなの共通のものにして進んでこそ，村の歴史が町の歴史が日本の歴史が本当に私たちのものになるでしょう。…」(傍点は引用者)

　この戦後復興の歩みが始まった新しい時代に，民主的息吹を吸いながら同誌が創刊されたとき，塚田は多感な学生時代を過ごしていたのであった。『日本先史土器の縄紋』刊行の原動力はまさに『私たちの考古学』の創刊時の精神であったのである。

　なお，本稿は在野の一研究者として大きな足跡を残した塚田光を通して，「偉大な在野研究者」としての山内清男（彼は戦前定職を持たない時期が長かった。また山内，1970→1972：217 頁の 9 行目から 17 行目に書かれた坪井正五郎及び「官学」への皮肉を読めば，彼が晩年も在野精神旺盛な研究者であったことを知ることができるだろう）の一面を捉えることにもう一つの目的があったことを付記したい。在野研究者にとって自己の主張を学界に定着させることは容易では

ない。発表手段も限られ，自説を擁護してくれる仲間も少なく，少し油断をすると自己のプライオリティが侵され，埋もれて行ってしまう危険性がつきまとう。山内はこれに対して果断に対処したし，同じ立場にあった塚田はこれに共鳴したことだろう。1967年以降の塚田は山内考古学の深い理解者であった[30]。彼の晩年の行動の意義を見つめ直すことにより，山内の学問の一断面を描くことができたかどうかは，はなはだ心許ないが，本稿の標題を「学史の一断面」とした所以はここにある。

1992年6月脱稿
1993年1月改稿

註
1) 1980年7月26日の下総考古学の7月例会での塚田の発言。
2) 平山久夫ほか，1971：67頁に「学位論文」の図版を「十数人にあげた」という山内の発言があるが，未公表資料の贈呈を受けるというのは山内の信頼が極めて篤かったことを示している。
3) 『日本先史土器の縄紋』を塚田が編集・刊行した貢献にたいする考古学研究者のコメントは筆者の管見による限り全くない。しかし次のような，塚田が経済的リスクを度外視してこの事業に取り組んだ事実が広く人々に知られていれば，多少評価は変わっていただろう。

「昨年12月に上記の書（引用者註：『日本先史土器の縄紋』のこと）を刊行しました。幸い好評で発刊後間もなく品切れとなりました。研究内容が重要である為とはいえ品切れには手に入らなかった人々から苦情が寄せられました。しかし，逆に万一残本が多くでたとしたら…と思うとぞっとします」（塚田1980a：2頁。傍点は引用者）。

ちなみに1979年度の学界展望（『考古学ジャーナル』176号，『日本考古学年報』32号，『史学雑誌』89巻5号等）にもこうした塚田への慰労のコメントはなかった。
4) 特に『日本先史土器の縄紋』の「例言」の4.と6.に注意されたい。「学位論文」だけでなく，下書き原稿，「清書に加筆した原稿」などの膨大な原稿類を照合し，既刊の諸論文，各大学での講義ノートまでも参照して「学位論文」の詳細な校訂を行っているのである。その結果明らかに誤りとされるものは訂正・補完

をしているのである。塚田の厳密な考古学の手法がここに遺憾なく発揮されていることを見ることができよう。

5) 塚田, 1963 参照。
6) 塚田, 1964 参照。
7) 下総考古学研究会, 1976 を参照。
8) 高橋良治, 1962：3 頁で使用された阿玉台式と勝坂式の分布図はこの成果である。
9) 筆者が下総考古学研究会, 1982 の編集と塚田の『研究メモ』誌上に執筆された諸論文の解説の執筆をしていた頃, 小山氏がこのことを既に教示してくれていた。
10) 未公表。機会があれば, 編集して本誌に収録したいとは思っている。
11) 山内, 1964d→1969：6 頁参照。
12) ただし, 当時山内のもとで指導を受けていた永峯光一氏（小林ほか 1980：22 頁における小林達雄氏の発言参照）の論文（II 章「縄文文化の発展と地域性　5 中部」）では山内が草創期の土器で問題にした縄紋の手法の変遷が的確に整理され, 山内学説に極めて理解が深かったことが窺われる。
13) 引用の数の多寡が山内の業績に対する理解度の指標とは必ずしも限らない。永峯氏のような例外もあることは強調しておく。
14) 縄紋草創期や後期における大塚達朗氏, 中期後半における柳澤清一氏, 後〜晩期から弥生式における鈴木正博氏など同世代の研究者による「山内論文」の読解には教えられるところが多い。
15) 『貝塚』28 号（塚田光同人の人と学問）1981 年の「あとがき」には, 同人誌『物質文化』の発刊当初は財政的に苦しかったにもかかわらず, 塚田が「赤字覚悟で印刷を引き受けてくれた」と中川成夫氏が証言している。
16) 『日本の考古学 II』で草創期の呼称を排除したのがその決定的現れである。
17) そして, 隆線文土器にいたり, 縄紋が完全になくなったところで,「縄紋技法による縄紋文化の遡源は困難となり, 石器の分析によってこれを補う道を選んだ」（山内 1969：7 頁）のであった。筆者が本稿, 第 3 表で『日本遠古之文化』の内容を整理した記号に従えば, ①繊維②貝殻条痕③尖底④縄紋の手法と, より古い土器の要素を追った後, 新たに⑥「渡来石器の探究」の設定となったのである。その三十数年に及ぶ一貫した系統的研究方針は一驚に値する。しかし, 弥生農耕論で磨製片刃石斧の機能を「鍬」とみなして, 弥生式の農耕を本格的農耕と

見なさず「耨耕」段階とみなしたことが、森本の本格的農耕論に対して旗色が悪くなった（田村 1998:119〜120頁）原因であったように、「植刃」・「矢柄研磨器」等の機能・年代的位置づけにおいて石器の専門家である芹沢長介氏等に強烈な反論を受け、「絶対年代」という点では旗色が悪くなったのは興味深い。両者共石器の研究が弱点となっているのである。石器の機能論において「縄紋」研究で見せた実験的方法を行わず、「型式論」で押し通したことが、問題点なのかもしれない。

18) 小林ほか，1980 では座談会に出席された永峯氏等により縄の問題が詳細に論じられている。

19) 能登，1976 参照。

20) 下総考古学研究会，1976 や同会 1985，同会 1998 等参照。

21) 神奈川考古同人会，1980 参照。

22) 柳澤清一，1985・1986 参照。

23) 印刷業者の塚田でさえ、「残本が多く出たとしたら…ぞっとします」という金額であったのである。

24) 鈴木正博氏教示。同氏にはこの報文のコピーの恵与を受けた。記して感謝する。

25) 塚田，1975 は単なる山内の年譜ではない。山内の著作と年譜に並行させて、ライバルとみなされていた森本や八幡一郎の主要著作や反山内論文及び学界の重要論文が、年代順に列記され、山内と当時の学界の情勢を俯瞰できるように工夫したものである。『下総考古学』13 号（1993 年）56〜58 頁参照。

26) 最近、奈良国立文化財研究所が山内の蔵書・考古資料を同研究所の一室に集め、蔵書は一般公開をし、（奈良国立文化財研究所 1989:1〜4頁）、考古資料は誠実に資料報告を始めている。この事業の中心となられている佐原氏等に敬意を表したい。

27) 1980 年 7 月の下総考古学研究会 7 月例会での塚田の発表「山内清男著『日本先史土器の縄紋』刊行の諸事情」で塚田指摘。

28) 註 27 に同じ。

29) 1980 年 11 月、下総考古学研究会の 11 月例会での塚田の発表「山内清男著『日本先史土器の縄紋』に対する新刊紹介（芹沢長介）を読んで」において、塚田は「①山内博士による回転縄紋手法の『偶然の発見』の経緯に関する芹沢氏の嫌疑に対し、今は亡き山内博士が答えられないので、代わって博士の未発表の遺

稿をして反論させること，②この作業をしておかないと反論も弁解も出来ない山内博士の創見が弱められ，芹沢氏の一方的主張が学界に定着するおそれがある。」と起稿（塚田1980bの論文のこと）の意図を説明していた〔大村裕「解題」『研究メモ』（塚田光氏追悼特集号）184号の84頁参照。〕

30) この点，彼の論文集『縄文時代の基礎研究』の読解だけでは彼の「山内考古学」への深い理解を知ることが出来ない。彼の「山内考古学」研究の大部分が下総考古学研究会の共同研究の中で行われたため，単独で外部に対し，活字にして発表することをしなかったためである。

引用・参考文献目録（『山内清男・先史考古学論文集』は単に「論文集」と略す。）
神奈川考古同人会 1980「シンポジウム 縄文時代中期後半の諸問題」『神奈川考古』第10号別冊
鎌木義昌編 1965『日本の考古学II』 河出書房
考古学研究会 1954「創刊にあたって」『私たちの考古学』1号
小林達雄ほか 1980「座談会 縄文土器の起源」『国学院雑誌』81巻1号
佐藤達夫 1967「書評 『日本遠古之文化』（山内清男・先史考古学論文集・第1冊）」『考古学雑誌』53巻1号→『東アジアの先史文化と日本』（六興出版）(1983)。
佐原 眞 1981「特論 縄文施文法入門」『縄文土器大成 3』（講談社）
下総考古学研究会 1976「特集 中峠遺跡発掘調査概要」『下総考古学』6号
下総考古学研究会 1977「シンポジウム 地域研究と考古学 —研究共同体をめざして—」『季刊 どるめん』14号
下総考古学研究会 1982『研究メモ』（塚田光氏追悼特集号）184号
下総考古学研究会 1985「特集 勝坂式土器の研究」『下総考古学』8号
下総考古学研究会 1988「千葉県松戸市中峠遺跡第十次調査概報」『下総考古学』10号
杉原荘介・芹沢長介 1957『神奈川県夏島における縄文文化初頭の貝塚』 明治大学
杉原荘介 1974「弥生式土器と土師式土器との境界」『駿台史学』34号
高橋良治 1962「阿玉台式土器の研究史と問題の提起」『考古学手帖』16号
武井則道 1979「遺跡群研究序説（前）」『調査研究集録』第4冊
武井則道 1982「塚田氏の縄紋時代の集落と共同体研究について」『縄文時代の基礎研究』 所載

田村晃一 1988「山内清男論」『弥生文化の研究 10』 雄山閣
塚田　光 1960「地方研究者の悩みとその解決への試案 —アンケートの結果について（二）—」『考古学手帖』12 号
塚田　光 1963「平出遺跡の縄文土器『第 3 類 A』」『考古学手帖』20 号
塚田　光 1964「群馬県・新巻遺跡の中期縄文土器」『下総考古学』1 号
塚田　光 1966a「縄文時代の共同体」『歴史教育』14 巻 3 号
塚田　光 1966b「書評　鎌木義昌編『縄文時代』（日本の考古学 II・河出書房刊）」『考古学研究』12 巻 4 号
塚田　光 1975「発表資料・山内清男博士関係年譜（メモ）」『研究メモ』123 号
塚田　光 1980a「山内清男著『日本先史土器の縄紋』刊行の諸事情」『研究メモ』168 号
塚田　光 1980b「山内清男著『日本先史土器の縄紋』の新刊紹介（芹沢長介）を読んで」『考古学雑誌』66 巻 3 号
塚田　光 1982『縄文時代の基礎研究』 同刊行会
奈良文化財国立研究所 1989『真福寺貝塚資料他 —山内清男考古資料 1』 真陽社
能登　健 1976「縄文文化解明における地域研究のあり方 —関東地方加曽利 E 式土器を中心として—」『信濃』27 巻 4 号
平山久夫ほか 1971「山内清男先生と語る」『北奥古代文化』3 号
森本六爾 1934「弥生式土器に於ける二者 —様式要素単位決定の問題—」『考古学』5 巻 1 号
柳澤清一 1985「加曽利 E 式土器の細別と呼称（前篇）」『古代』80 号
柳澤清一 1986 同上（中篇）『古代』82 号
山内清男 1926「ボー氏の日本史前遺品蒐集」『人類学雑誌』41 巻 10 号→「論文集」旧第 11 集 (1969)。
山内清男 1928「関東北に於ける繊維土器」『史前学雑誌』1 巻 2 号→「論文集」第 2 冊 (1967)。
山内清男 1930「所謂亀ヶ岡式土器の分布と縄紋式土器の終末」『考古学』1 巻 3 号→「論文集」第 3 冊 (1967)。
山内清男 1937「縄文土器型式の細別と大別」『先史考古学』1 巻 1 号→「論文集」第 1 冊 (1967)。
山内清男 1939a『日本先史土器図譜第一輯 十王台式・野沢式』→「論文集」第 6～10 冊（再版・合冊刊行）(1967)

山内清男 1939b『日本遠古之文化』(補註付・新版) →「論文集」第 1 冊 (1967)。
山内清男 1952「第 3 節　第二トレンチ」『吉胡貝塚』　文化財保護委員会
山内清男 1958「縄紋土器の技法」『世界陶磁全集』1 巻　河出書房→「論文集」第 5 冊 (1967)
山内清男 1960「縄紋土器文化のはじまる頃」『上代文化』第 30 輯→「論文集」新第 2 集 (1969)
山内清男 1962「縄紋土器の古さ」『科学読売』12 巻 13 号 (佐藤達夫氏と共著) →「論文集」新第 2 集 (1969)
山内清男 1964a「日本先史時代概説」『日本原始美術 1』　講談社　所載
山内清男 1964b「縄紋式土器総論」同上所載→「論文集」新第 4 集 (1972)。
山内清男 1964c「図版解説」『日本原始美術 1』　所載
山内清男 1964d「画竜点睛の弁」『成城大学新聞』(9 月・12 月) →「論文集」新第 1 集 (1969)
山内清男 1969「縄紋草創期の諸問題」『ミュージアム』224 号
山内清男 1970「鳥居博士と明治考古学秘史」『鳥居記念博物館紀要』4 号→「論文集」新第 5 集 (1972)
山内清男 1979『日本先史土器の縄紋』　先史考古学会 (塚田光編)
渡辺直経ほか 1977『シンポジウム・日本旧石器時代の考古学』　学生社

IV．「縄紋」と「縄文」
—山内清男はなぜ「縄紋」にこだわったのか？—

1

田中琢氏と佐原眞氏の共著『考古学の散歩道』（岩波新書1993年11月刊）の冒頭に次のような興味深いやりとりがある。

「佐原　『縄紋』はわたしの先生である山内清男さんが強硬に主張したことです。ただ山内さんの場合は，大森貝塚を発掘したモースの"コードマーク"を縄紋と邦訳し，はじめは糸ヘンをつけていたという学史上のことからくるんやけど，わたしはわかりやすくしようという立場から『紋』にこだわるんです。（中略）『紋』と『文』を区別しないと，混乱がおきる。『縄紋』だけならまだいいが，つぎのような場合はどうなりますか。『無文土器』＝模様のない土器，飛鳥時代の『無文銀銭』＝文字のない銀銭，意味が違うでしょう。（中略）模様は糸ヘンをつけることにすればよくわかるじゃないですか。」

「田中　わたしの立場は簡単。ようするに，いま広くつかわれている文字でいいということ。縄文でわかるし，縄紋と書いたからといって，正確に"紋様"という意味でうけとってくれるかどうかは，また別問題や。わたしはいい悪いで判断しない。自分のいいたいことを伝えるためには，もっとも広くつかわれている文字や言葉でやる。」

佐原氏と田中氏の意見はどちらも尤もな言い分であり，好みで使い分ければよいといえるかもしれない。しかし，詳細に縄紋土器を観察し，先史学の体系を構築しようと指向する研究者の中には別の観点からこの用語の定義をしているものも存在するのである。その代表的人物が故・山内清男であった。ただ，氏は先史考古学の体系からみれば瑣末なこの問題に対して充分にその

IV. 「縄紋」と「縄文」 97

意見を展開し,他人を説得する努力を試みなかった。その為,一時はこの「縄紋」の文字を使用するものは全くの少数派となってしまうのである。しかし,最近になって筆者は,学史の面からも土器の型式論的研究を組織的に進めるためにも「縄紋」の文字を使用せざるをえないことに遅ればせながら気付いた。その理由は佐原氏の解説とは少し異なるものである。まさに瑣末なこの問題など自分で理解しておれば他人がどうであろうが構わないわけであるが,この知見を紹介しておかなければ,佐原氏のような権威ある学者の言葉だけに,山内の真意が理解されないまま単なる字義の問題として「縄紋」の文字が教育現場や市民の間にも広まってしまうおそれがある。そこで,読者の多い本誌の紙面を借りて山内の用語法の解説を試みてみたい。

2

「縄紋」の用語を初めて用いたのは白井光太郎であるといわれている。それは,明治 19 (1886) 年に発表された「石鏃考」という論文の中においてであった (白井 1886, 49頁)。しかし,彼は縄紋の原体が何であるのかを知った上でこの語句を用いたものではなく,モースが明治 12 (1879) 年に発表した大森貝塚の発掘報告 "Shell Mounds of Omori" 中の "cord mark" という語句を単に「縄紋」と邦訳しただけであった (長谷部 1948→1975, 154頁。山内 1979, 4頁)。これに対して,「縄文」の用語の使用は神田孝平が明治 21 (1888) 年に「史前器所蔵之原由」という報告で用いた (神田 1888, 112頁) のが始まりだとされている。ただし,ここでも縄紋の原体を理解した上で「縄文」という用語が使われたわけではなかった。長谷部言人によれば,これ以後,「縄紋」と「縄文」の二様の書き方が行われるようになったという (長谷部 1948→1975, 154頁)。大正末期から昭和初期になると東京帝国大学人類学教室出身の所謂編年学派と称される新進考古学研究者 (山内清男・甲野 勇・八幡一郎) の台頭もあって,「縄紋」の用語が優勢となって行ったらしい。昭和 4 (1929) 年に創刊された先史考古学の本格的雑誌である『史前学雑誌』ではほとんど「縄紋」という用語が用いられているし,昭和 15 (1940) 年に行われた東京人類学会主催の「人類学・先史学の用語に関する座談会」においても,

第1表 『考古学』から『古代文化』への移行期における「縄紋」と「縄文」の使用状況

	『考古学』 (11巻1号～11号，12巻1号)	『古代文化』 (12巻2号～12号)
「縄紋」使用論文・報文数	11 ＋ （4）	0
「縄文」使用論文・報文数	10 ＋ （4）	24

注1 『考古学』11巻12号は「考古学年報（考古学文献目録 昭和14年度）」にあてられている為，集計からはずしてある。
2 （ ）中の数字は同一文献で「縄紋」と「縄文」が混在しているもの。

「紋」が正しいと結論されている（S・J 1940, 6頁）。これに対して「縄文」が巻き返したのは、東京考古学会を中心に考古学研究会・中部考古学会を統合して昭和16（1941）年2月に創設された、「日本古代文化学会」の出現が主要な背景となっていたと思われる。本稿の主題からはずれるので詳細な考証は省略するが、『考古学』（東京考古学会の機関誌）から『古代文化』（日本古代文化学会の機関誌）に移行する前後の掲載論文・報告を比較すると、前者は「縄紋」使用と「縄文」使用がほぼ相半ばしているのに対し、後者はすべて「縄文」に統一されているのである（第1表参照）。

これはこの会の委員長であり、『古代文化』の編集にも深く関わっていた後藤守一の方針が大きく影響しているものと思われる。彼は四海書房から刊行した『日本考古学』（1927年）において、「縄文式土器」という名称が「一番難の少ない名」（68頁）と既に結論付けていたし、学術用語の統一にも並々ならぬ情熱を持っていたのである。『古代文化』14巻7号では、「考古学研究上必要なことは用語の統一とその撰定である」として、縄紋土器型式名の字数さえ「将来2字名に統一」しよう、と呼びかけていた程である（後藤 1943, 250頁）。「日本古代文化学会」は後の日本考古学協会の母体[1]ともいうべき存在であり、この巨大な学会で用語の統一が図られた事が、「縄文」台頭の大きな背景であったことは否めまい。戦後は、新生日本の再建のために、「国語国字をやさしく使いやすく」して行こう（文部省 1952, 114頁）という時代の趨勢にもかない、「縄文」は広くマスコミ・教育現場にも迎えられた。さて、ここで問題とすべきは、「縄文」の用語が台頭する契機の一つ

IV. 「縄紋」と「縄文」 99

となった後藤守一著『日本考古学』刊行の段階で，後藤は「縄文」の原体を
知っていたかどうかということである。もし知った上で定義したのであれば
それはそれで尊重しなければならないが，昭和2 (1927) 年の時点では，まだ
縄紋の原体は謎のまま残されており，編物の圧痕であるとか，撚糸を幾条も
並べて圧したものであるとか，織物・布・蓆の圧痕，立体的な袋状織物の圧
痕，縄を独立に圧したもの等，さまざまな可能性が指摘されていたにとど
まっていた（山内 1979，4〜6頁）。従って，もし仮に施紋原体が蓆であった
ことが実証されたならば「蓆紋」とでもすべきところであったのである。こ
れが真に縄の回転押捺によるものであることを解明したのは山内清男であり，
それは昭和6 (1931) 年のことであった。すなわち，施紋手法の実体が分かっ
た上で「縄紋」の名称を確定したのは山内であったのである。

　「縄紋なる語はモールス氏に始まり，最初何の圧痕であるか不明のまま，
一般に通用して了った。」（山内 1979，6頁。傍点は引用者）という指摘はこの
ことを強調していると捉えることが出来るであろう。これまで誰にも注意さ
れなかったことであるが，「縄紋」の真の意味での命名者はモースでもなく，
白井光太郎でもなく，山内清男であったのである。後藤がこだわった「縄
文」を採るか，山内がこだわった「縄紋」を採るか，学史上の問題に限って
いえば真の命名者である山内の用語を尊重せざるをえまい。しかし，問題は
これだけに止まらない。「縄紋」の文字は山内の土器型式編年の「筋金」（山
内 1964，178頁）となっていた文様帯系統論の体系化のためにどうしても使
用せざるをえなかったのである。このことについて山内は親切な解説をして
いないが，残された諸論文を検討すると，「紋」と「文」をどのように使い
分けていたのかその意味をつかむことが出来るのである。ただし，ここで注
意しなければならないのは氏の原稿がすべて正確に活字化されているかどう
かという点である。河出書房社刊の『世界陶磁全集』第1巻 (1958年) 中の
「縄文土器の技法」や講談社刊の『日本原始美術1―縄文式土器―』(1964
年) 等，編集者の最終校正の段階で厳しく修正された[2]ものがかなりあり
〔山内が『日本先史土器の縄紋』の自費出版にこだわった（山内 1967，表紙
裏）理由の一つはここにある〕，そのようなものを検討してみても意味がな

いのである。また塚田光等の尽力により山内の没後出版された諸作品（『山内清男・先史考古学論文集』の新第4集以降，及び『日本先史土器の縄紋』）も，山内自身が最終校正刷を見ていないので不安が残る。最も信頼が置けるのは山内自ら編集・刊行した出版物であろう。そこで，まず第一に1939～41年に自費出版し，1967年に自費で再刊した『日本先史土器図譜』（「解説」）を検討してみることにする。

　この著書で認められる「紋」と「文」の文字を各頁ごとに摘出すると第2表の通りとなる。

　この表で最初に気付くのは「縄紋」については100%「紋」が使われているのに対し，「文様帯」については100%「文」の文字が使われていることである。完全に両者は区別して用いられていることが分かるであろう[3]。「もんよう」だけの語句になると66回中6回「紋」の字が混在しているが，特定の頁に集中して出ている（26頁に2回，29頁に3回）ので，校正漏れの可能性が高い。「文様帯」同様「文」を意識的に用いていることはまず間違いあるまい。

　次に，山内が土器の観察を珍しく入念に行った二つの論文を取り上げてみよう。勿論，検討の材料としたのは，山内自身が最終校正をしたと考えられる，『山内清男・先史考古学論文集』に再録した方のものである。

①「関東北に於ける繊維土器」（山内 1929→1967）

　この論文では「縄紋」が89回使用されているが，すべて「紋」で表記されている。「撚糸紋」の場合，27回中25回「紋」が用いられ，2回「文」が混入しているが，後者は誤植であろう。「文様」あるいは「文様帯」は64回出て来るがすべて「文」に統一されている。この他，圧痕紋として包括出来る「貝殻紋」「爪形紋」「押紋」「点列紋」「刺突列紋」などはすべて「紋」である。ちなみに，『日本先史土器図譜』では一回「爪形文」となってしまっている部分がある（第2表参照）。

②「所謂亀ヶ岡式土器の分布と縄紋式土器の終末」（山内 1930→1967）

　「縄紋」は61回中，すべて「紋」になっている。一方，「文様」あるいは「文様帯」は80回出て来るがすべて「文」である。興味深いのは，文様要

IV. 「縄紋」と「縄文」

第 2 表 『日本先史土器図譜』に認められる「紋」と「文」の使用例

5 頁：	縄紋, 磨消縄紋, 櫛目文様
6 頁：	磨消縄紋, 縄紋（2 回）, 縄紋式（2 回）, 体部文様, 縄紋木葉
7 頁：	前期縄文式土器（2 回）, 縄紋（6 回）, 無紋, 羽状縄紋（2 回）, 帯状縄紋（2 回）, 文様（3 回）
8 頁：	縄紋（6 回）, 縄紋原体, 縄紋式土器, 隆線紋, 羽状縄紋, 所謂爪形文, 文様（3 回）
9 頁：	磨消縄紋（3 回）, 縄紋, 縄紋式中期, 文様
10 頁：	縄紋式土器, 縄紋式後期及び晩期, 縄紋（2 回）, 磨消縄紋（2 回）
11 頁：	文様（3 回）, 無紋, 紋様, 磨消縄紋, 縄紋（3 回）, 斜線文様
12 頁：	縄紋（3 回）, 磨消縄紋（2 回）, 文様帯, 文様
13 頁：	文様帯,「斜線の文様帯」（2 回）, 縄紋（3 回）, 磨消縄紋, 斜線文様
14 頁：	縄紋（5 回）文様, 縄紋式
15 頁：	縄紋（2 回）, 文様帯, 無紋（2 回）, 文様, 縄紋式（2 回）, 体部縄紋帯
16 頁：	縄紋式土器後期の初頭, 磨消縄紋（3 回）, 文様
17 頁：	文様帯, 文様（3 回）, 縄紋（3 回）, 無紋（2 回）, 沈紋
18 頁：	磨消縄紋（3 回）
19 頁：	縄紋式土器, 縄紋式後期
20 頁：	磨消縄紋（2 回）, 縄紋（2 回）, 縄紋帯（5 回）
21 頁：	なし
22 頁：	縄紋中期, 中期縄紋式土器細別, 縄紋, 文様
23 頁：	縄紋（2 回）, 文様（3 回）
24 頁：	無紋, 縄紋時代（昭和 42 年における余白録）
25 頁：	縄紋土器中期, 磨消縄紋（2 回）, 文様帯（4 回）, 隆線文様, 縄紋（3 回）, 文様（3 回）
26 頁：	縄紋（4 回）, 紋様（2 回）, 文様（5 回）, 縄紋式土器大別, 文様帯, 縄紋地
27 頁：	文様（「隆線文様」）, 文様帯
28 頁：	晩期縄紋式, 縄紋（3 回）, 文様帯（2 回）, 入組紋様あるいは入組紋（4 回）, 縄紋帯, 磨消縄紋（3 回）, 弧線文, 弧線紋, 文様
29 頁：	無紋, 文様（6 回）, 入組紋（2 回）, 紋様（3 回）, 縄紋（4 回）, 磨消縄紋, 縄紋帯
30 頁：	磨消縄紋（3 回）, 文様, 縄紋帯, 文様帯, 入組紋
31 頁：	文様（2 回）, 縄紋（3 回）, 磨消縄紋あるいは磨消縄紋帯（7 回）, 文様帯（2 回）
32 頁：	磨消縄紋（4 回）, 文様（3 回）, 縄紋（3 回）, 縄紋式, 文様帯（4 回）
33 頁：	早期縄紋式, 縄紋（2 回）, 無紋（2 回）, 文様
34 頁：	文様帯（3 回）, 文様（6 回）, 早期縄紋式土器
35 頁：	縄紋（4 回）, 文様（5 回）, 無紋, 隆線紋

素⁴⁾を表す場合は「彫紋」「浮紋」というように「紋」が用いられているのに，「雲形文」「工字文」「羊歯状文」「入組文」など，明白な形態を持ったモチーフと捉えられるものには「文」が用いられていることである（例外は合計14例中「工字紋」「羊歯状紋」が各一例あるのみ）。両者を意識的に使い分けていたことが想定されるが，『日本先史土器図譜』では「入組紋」という形で7回も「紋」が出てしまっている（第2表参照）ので，今後の検討課題としておきたい。ここでは「縄紋」と「文様」の用語が「紋」と「文」というかたちで完全に書き分けられていることを確認するだけに止めておくことにする。それでは「縄紋」と「文様」をどの様に使いわけているか，『日本先史土器図譜』（解説）を例にとって実際の用例を確かめてみよう。

7～8頁：「12と同じく文様のない例である。体部一面に縄紋がある。」
8頁：「諸磯b式は本元の諸磯貝塚の例にとり，比較的厚手で，縄紋比較的少なく，文様多く特に隆線紋を伴うことがある。」
17頁：「体部には地に縄紋が加えられ，その上に沈線の文様が加えられて居る。」
22頁：「縄紋は比較的少なく，通常文様のない部分に加えられて居る。」
29頁：「体下半は低く円底，体上部は内方に傾き弧線，縄紋から成る文様がある。」
31頁：「台部は上部膨隆し弧線を主とする磨消縄紋の文様が加えられている。」（下線はすべて引用者）

引用はワン・センテンスに「文様」と「縄紋」の両方が用いられている例に絞ったが，これで分かるように，山内は単独に施された「縄紋」を「文様」とは認めておらず，一定の文様要素により表出された"pattern"（模様）にのみ「文様」の定義を行っているのである⁵⁾。「縄紋」は山内にしてみれば，「縄目を模倣した文様」ではなく，単に縄が廻転して印された，文字通り"cord"（「ほそ縄」）による"mark"（「表面にはっきりとついた印，跡，痕跡」）（以上，いずれも研究社版『新英和大辞典』による），言い換えれば「縄の廻転圧

痕[6]」であったのである。そもそも江坂輝彌氏の解釈[7]（縄文文様は紋ではなく文様であるから文が正しい」というもの）（江坂 1974, 23 頁。下線は引用者）のように「縄紋」も「文様」とした場合，縄紋のみ施された土器まで「文様帯系統論」の対象としなければならなくなり，山内の「文様帯系統論」そのものが成り立たなくなってしまうのである。

3

　山内清男の「文様帯系統論」は，「縄文土器全体を通じての大きな流れ，発達，いわば進化の過程を見通し，整理するための道具」（今村 1983, 129 頁）として考案されたものであり，「生物の系統分類学が過去から現在にわたる地球上のすべての生物をその体系の中に位置づけようとしているように，日本列島のすべての先史土器を系統的変化の中に組織的に位置づけようと」企図されたものであった（今村　同上）。そして，上記の目的意識の上に立って，山内独特の文様帯に関する各種の概念定義が行われているのである。「文様」と「縄紋」を截然と分けたのもその一つである[8]。さて，文様帯系統論の実際を正確に解説することは，わずか 2 頁の総論（山内 1964, 157～158 頁）しか残されていないので極めて困難であるが，本稿に関連する基本的観点を一つだけ挙げておくことにしよう。それは，

　　「土器の研究は形態学 Morphology に比すべき部分を持っている。いわゆる型式学 Typology は最もよく比較解剖学に比較し得るであろう。相似の形態，相同の形態，その他の概念を導入することもできよう。ここに述べる文様帯系統論も資料，観察の主眼，理論の建て方において同じ方向を指すものである」（山内 1964, 157 頁。傍点は引用者）。

というものである。すなわち，山内は文様帯の研究において，文様の「形態」というものを極めて重要視していたのである。
　第 1 図を参照しながらそのことの意味を検討してみよう。
　I. という記号が付けられた部分は，山内が「I. 文様帯」と命名したもので，

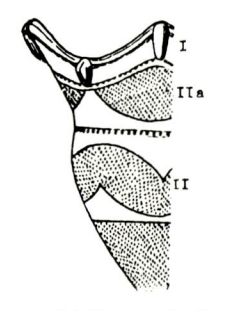

第1図 「文様」と「縄紋」の違い
（山内 1964 より転載）

早期から連綿と続き，幾多の変遷を重ねながら後〜晩期まで存続するという。II. は中期後半から現れた新しい文様帯を指す（「II. 文様帯」）。これは縄紋により構成されているが，周囲が磨消されて形態が整えられ，「入組磨消縄紋」となっている。この場合，入組状の形態を有しているので山内は「文様帯」と認定する。次にIIa. とあるものは関東後期中葉加曽利 B2 式頃に「II. 文様帯」から分離したものとされる。これも縄紋ではあるが周囲が磨消され，外形が整えられて弧状の形態を有するので「文様帯」と認定され，前後型式との系統関係を追求する対象としている。問題は体部下半の縄紋である。これは単に器面上に縄が転がされただけのもので「形態」を持たない。「形態」をもたない以上，前後の型式との形態上の比較は出来ないのである。結局，単なる縄の圧痕としての縄紋は，撚り方や押捺方向といった，文様帯系統論とは別の視点からその系統を追う以外方法はなかったのである。山内にとって「縄紋」とは「文様」の構成要素の一つ（縄の廻転圧痕）なのであって，単独では「文様」にはなりえず，これらを混同した場合，「文様」の系統を正しくたどることは出来なくなってしまうのである。

　かくて「縄紋」を「文様」ではないとはっきり区別するためにも，「紋」の字は譲れない一線となったのである。これを一括して「文」の字で表現されることは耐えられないことであっただろう。

4

　「縄紋」の二文字にはその原体解明の研究史や山内清男の「文様帯系統論」の展開上欠かせない意義が込められていたことが以上の記述でご理解いただけたかと思う。「はじめは糸ヘンをつけていた」という単純な理由から「縄紋」にこだわっていたのではなく，山内の縄紋土器研究の根幹に関わっていたため執拗にこだわったのである。多くの研究者は「紋」という文字にそれ

ほどの意義付けをしていなかったので，大勢に流されてしまったのが実情といえよう。『考古学の散歩道』は各方面の書評で高く評価されている新書本だけに，その影響を受けて「縄紋」の用語は急速に復権するかもしれない。しかし，山内のような学術的な概念定義をした上での復権でなければ，実のところあまり意味はないのである。「縄紋」と「縄文」の文字が飛び交って，とどのつまりは「学術用語の統一を図ろう」という観点から字義上の議論がなされるのがおちである。しかし，上述したように，かつて縄紋土器の体系的研究を推進する一環として「縄紋」の用語が用いられていた，という事実が再認識されていれば，近い将来，「縄紋」の用語はより多くの支持者を迎えることになると思われるのである。

(1994年4月24日)

追記

　脱稿後，下総考古学研究会の小山勲氏のご厚意により，故塚田光が『日本先史土器の縄紋』(1979年先史考古学会)の刊行に用いた底本並びに山内の草稿類のコピー（合計7点）を閲覧することが出来た。底本には「紋様」・「紋様帯」の文字が確かに認められたが，その筆跡はペン字の手本のように美しく几帳面なものであり，山内の直筆になると思われる他の草稿類（こちらには「文様」「文様帯」の文字が認められた）に残された筆跡と明らかに異なっている。前者は山内の直筆ではなく，他のものが清書した可能性が極めて高い。ちなみに塚田は，小山氏に，『日本先史土器の縄紋』(1979年刊)に用いた底本は山内の直筆のものではなく，さる高名な研究者（故人）が清書したものである旨を教示している。「文様」に糸ヘンがついてしまったのはこの清書の時であろうと思われる。貴重な資料の閲覧を許可して下さった小山氏並びに適切な助言を頂いた三門準氏，考古学研究会編集委員会の諸氏にあつくお礼申し上げる次第である。

註

1) その前身の東京考古学会の主力メンバー（『考古学』10巻4号所載の役員名簿参照）だけでも日本考古学協会創設時の会員・会友（『考古学集刊』第1冊 1948年所載の「学界消息」参照）総数86人中39人に及んでいる。

2) 著者の意志に反して，編集者の校正が行われたと判断したのは，例えば「縄文土器の技法」は山内が自費出版した『山内清男・先史考古学論文集・第五冊』（1967年）において，すべて「縄紋」に再修正されているからである。

3) 塚田光の尽力により山内の没後，9年目に刊行された山内清男著『日本先史土器の縄紋』には「紋様」・「紋様帯」という文字が認められるが，遺憾ながらこれは同書の校訂者でもあった塚田（大村1993，47頁）の誤りであろう。山内は文様帯について初めて言及した「関東北に於ける繊維土器」（『史前学雑誌1巻2号』1～30頁）以来，「文様帯」及び「文様」は一貫して「文」の文字を使用しているのである。『山内清男・先史考古学論文集・第二冊』に再録された同論文（49～74頁）でも同じように扱ってあり，誤植では決してない。鈴木正博氏が指摘するように（鈴木1991，22～23頁），山内清男の業績に学ぼうとする研究者のなかにもこうした誤りを犯している人が少なからずいるので注意を喚起しておきたい。

4) 「文様要素」とは，文様を構成する一要素のことで，単独では文様にはならない，線（沈線紋）や点（刺突紋），粘土紐（隆線紋）などを指す。

5) 山内の高弟，佐藤達夫の編集になる『山内清男・先史考古学論文集・新第4集―縄紋式土器総論―』の英文目次には，「III 縄紋」が"Cord-marking"，「V 文様帯系統論」が"Development of Patterns on Jomon Pottery"となっている（下線は引用者）。

6) 圧痕と文様の違いについて，山内は次のように解説している。
　「ここに特殊な圧痕と言うのは，楕円形，四角，波状の圧痕（描いた文様ではない）です。」（山内1934→1967，100頁。下線は引用者）

7) 江坂氏はこの論文で，神田孝平（神田1888）や後藤守一（後藤1927）が「縄文文様は紋でなく文様であるから文が正しい」と説明していたかのような引用をしているが，原典にはそのような部分は認められない。この部分は江坂氏の推測と考えられる。

8) 山内は文様帯の変遷を概説する過程で，「（草創期）後半においては回転縄文はあるが，文様というべきものを持たない。早期のはじめの押型文にも文様はない。

Ⅳ. 「縄紋」と「縄文」

ここに全国的に<u>文様帯の断絶する期間がある</u>。」(山内1964, 157頁。括弧内の語句及び下線は引用者) と記述し, 文様と縄紋が全く異なる性質のものであることを明記している。

引用・参考文献 (五十音順)

今村啓爾 1983「文様の割りつけと文様帯」『縄文文化の研究 5 ―縄文土器 III』 雄山閣

江坂輝彌 1974「学史展望」(日本考古学 100 年史 ―縄文時代)『考古学ジャーナル』100 号

S・J 1940「人類学・先史学の用語に関する座談会に出席して」『貝塚』18 号

大村　裕 1993「ある学史の一断面 ―『日本先史土器の縄紋』の刊行と塚田光―」『下総考古学』13 号

神田孝平 (淡厓) 1888「史前器所蔵之原由」『東京人類学会雑誌』34 号

後藤守一 1927『日本考古学』 四海書房

後藤守一 (「編者」) 1943「編者言」『古代文化』14 巻 7 号

白井光太郎 1886「石鏃考」『人類学会報告』3 号

鈴木正博 1991「『寺尾式土器』の再吟味 (前編) ―大塚達朗『窩紋式土器研究序説 (前編)』の思惑違― 」『古代』92 号

芹沢長介 1956「縄文文化」『日本考古学講座 3』 河出書房

田中　琢・佐原　眞 1993『考古学の散歩道』 岩波新書

長谷部言人 1948「縄文と結縛崇拝」『日本考古学』第 1 巻 2 号→1975『日本考古学選集 15 ―長谷部言人集』 築地書館

文部省 1952『国語審議会の記録』

山内清男 1929「関東北に於ける繊維土器」『史前学雑誌』1 巻 2 号→1967『山内清男・先史考古学論文集・第 2 冊』 先史考古学会

山内清男 1930「所謂亀ヶ岡式土器の分布と縄紋式土器の終末」『考古学』1 巻 3 号→1967『山内清男・先史考古学論文集・第 3 冊』 先史考古学会

山内清男 1934「江名子ひぢ山の土器について」『飛騨考古学会々報』第 2 年第 1 号→1967『山内清男・先史考古学論文集・第 2 冊』 先史考古学会

山内清男 1958「縄文土器の技法」『世界陶磁全集 1』 河出書房→1974『日本考古学選集 21 ―山内清男集』 築地書館 (註: 本書は原典を複写して編まれたものである)

山内清男 1964『日本原始美術1』 講談社
山内清男 1967『日本先史土器図譜 —第一部・関東地方・I～XII集（1939～1941)』
　（再版・合冊刊行）　先史考古学会
山内清男 1979『日本先史土器の縄紋』 先史考古学会

V. 山内考古学の一側面
―「山内考古学の見直し」に寄せて―

1

　近年の莫大な資料の増大にともない，縄紋文化研究の基盤を構築した山内清男博士の業績を根本的に見直そうという機運がたかまりつつある。その最も顕著な事例が大塚達朗氏の論文「縄文時代―土器―山内型式論の再検討より―」『考古学雑誌』82巻2号（1996年）であろう。氏の提起した問題は難解ではあるが，極めて凝縮した内容で説得力に富み，今後多方面から吟味・継承されていくものと思う。本稿は大塚氏の論文の書評ではなく，その批判の対象とされた山内博士の業績の一部の再吟味を試み，「見直し」をする際に配慮しなければならないいくつかの留意点について多少の解説をする。よく知られているように山内博士は理系の先史考古学者であり[1]，この分野との比較に基づく正しい評価はまだ十分とはいえない[2]からである（なお文中敬称は省略させて頂く）。

2

　山内清男は，縄紋土器型式の階段（「段階」にあらず。生物進化論における「階梯」の意味で使用している）をたどっていけば，必ずある共通の祖先に到達出来ると考えていた。この見通しに確信を与えたのは，清野謙次・長谷部言人・松本彦七郎等の業績であった。山内はその間の事情を以下のように語っている。

　「この時代，大正五，六年頃は，日本の人類学，考古学界に於ける転換期に当たっていて（中略）多くの新進学徒が各地に頭角をあらわしつつあった。京大考古学教室を中心とする浜田博士は，着実な考古学的調査を進められ，京大医学部の清野博士，仙台東北大学の長谷部博士，松本博士等も石器時代の研究に着手されつつあった。かくて旧来のアイヌ説は批判

を受け，又縄紋式以来住民の血も文化も後代に続いていると云う新しい考説が現れるに至った。この傾向はその後の学界の主流として今日に及んで居」る（山内1953→69, 285～286頁：下線は引用者）。

　すなわち，山内は，縄紋人は現在の日本民族に連続しているという清野・長谷部の主張と，縄紋人が使用していた土器も又進化論的に整理しうるという松本の業績に刺激を受け，当初目指していた遺伝学（佐原1984, 235頁）の手法を縄紋土器研究にも応用出来るという確信を得たのである。筆者は上記の記述にこれまであまり注意を払ったことがなかったが，山内にとって，松本・清野・長谷部の業績が筆者の想像以上に極めて重要な意味を持っていたことを最近になって知ることになった。その契機となったのは生物学者の下記の一文に触れたことである。

　「科学の目的は（中略）何らかの仮説に基づいた体系を構築することにこそあるのだ。分類群を何らかの仮説に基づいて実定してこそ，分類学といえるのである。」（池田1992, 194頁：下線は引用者）

　すなわち，「縄紋土器は（中略）一系統の土器」（山内1939→67, 1頁）である，という仮説は山内による縄紋土器研究の大前提であり，これなくして型式連鎖をたどって縄紋土器の起源や終末をたどることは出来ず，その年代的編成も不可能であった。

　「縄紋人の血と文化」が一系であり，連続的に捉えられる，という確証が山内土器型式学の出発点であったのであり，三博士の業績は，山内土器型式学確立という点ではセットで評価すべきなのである。さて，縄紋土器を進化論的に整理するにあたり，注意しなければならないことは，「極端な漸進説を採用すると」「究極的にはすべて連続的につながってしまい」（池田1992, 181頁），「截然と分かち得ない一体の土器」（山内　前掲, 2頁）になってしまうことである。そこで山内が土器型式を抽出するときに採った方針は，他の土器型式との境界線付近にある土器や，分布圏のはずれにあって他の地域の影響を強く受けた土器を無視することであった。

　「資料を求める諸遺跡は広くない範囲から選ぶべきである。余り広い地域を取り扱うと地方差が入って来る恐れがある」（山内1935→69, 282頁）。

V. 山内考古学の一側面

すなわち，分類学でいえば「離散的存在」(中間がなく境界にはっきりと線が引けるもの)（馬渡 1994，7頁）のみを分類の対象とし，非離散的存在はとりあえず無視したのである。山内には，「離散的存在」としての土器型式は，「自然に存在しており，それを研究者がみつけだすもので，人為的分類の結果生み出されるものではない」（田中 1992，9～10頁）という考えがあり，「実在し，動かし得ない筈のもの」（山内 1939→67，39頁）という確信があった。この考えは系統分類学者のワイリーの「自然分類群」（進化を通じて自然界に存在する種もしくは種のグループ）の定義とあまりにも酷似しており，発想という点において日本考古学の伝統とは全く異質な存在である。参考までにワイリーの文章を以下に掲げる。

「自然分類群の定義が意味するところはつぎのとおりである。
1. 自然分類群は，それを認識したり命名したりする分類学者がいるかどうかにかかわらず存在する。
2. 自然分類群は自然界に存在するのであるから，我々が発見すべきものであって創造するものではない。（以下略）」（ワイリー 1991，84頁）

現在日本考古学では土器分類を行うときに「群・類」というような分類呼称を使うが，山内は土器の分析においてこうした用語を決して使わない。「分ける」のではなく自然にある土器型式を「抽出」あるいは「同定」するのだ（田中 同上），という系統分類学の発想が根底にあったからであろう。

もしかすると彼は生物分類学者そのものなのではないか[3]，という筆者の疑念を裏付けるような彼の発想を示そう（下線はすべて引用者）。

山内は先史考古学者の仕事及び自分をこう定義する。

・「先史考古学には色々な方面がある。1. 単に遺跡遺物を発掘し記載するのはその初歩といえよう。2. 次に多数の研究資料を分類する。比較考究して系討論に達する…」（山内 1964b，1頁）
・「私は単なる Catalog-maker ですよ」（岡田 1996，100頁）

一方，生物学者は伝統的分類学者を次のように定義している。

・「分類学者とはどのような人種だろうか。(1)種分け，(2)生物の系統関係の推定，(3)生物のカタログの作成。この3つが彼らの主な仕事である。」

(青木1984, 18頁)

偶然とはいえ, 記述の仕方まで似ているではないか。研究対象が異なっているとはいえ, 彼の発想の原点はやはり生物分類学なのである。

次に山内の土器研究の方法論の解説と, 生物学者の方法論に関する一節を比較してみる。

- 「土器の研究は形態学 Morphology に比すべき部分を持っている。いわゆる型式学 Typology は最もよく比較解剖学に比較しえるであろう。」（山内1964a, 157頁）
- 「ある個体から形質を得るには, 形態学や解剖学が他の学問に比べてはるかに効率がよいのである。したがって分類学者は形態学, 解剖学の成果を取り入れる。」（馬渡1994, 23頁）

山内の土器型式学の解説は, あたかも生物分類学者が自己の学問の方法論を解説するが如くである。彼は日本考古学者の諸先学の業績をよく吟味し, その伝統を忠実に継承してはいるが, あくまでも生物分類学の視点から先学の方法論を検討し, 取捨しているように思われるのである（林謙作は山内清男が「土器型式と生物の種を同一視している」と指摘し, あたかも分類学を機械的に適用しているかのような批判をしているが[4], それは誤解である。実証の段階で分類学の理論を根拠にして自説を強調している事実はなく, あくまで発想の段階でとどめているのである。「文様帯系統論」は例外に見えるが, この理論の意義については後述する）。

以上, 山内の土器型式学は, 日本考古学の伝統を継承しつつも, 発想の原点において多くの異質な面を持っていることが理解出来たであろう。これらのいくつかはすでに先学が指摘して来たことであり, とりたてて新しい発見はない。本稿で特に強調しておきたいのは, 山内が分類学でいうところの α分類学（種を区別し, 命名し, 記載する）にとどまらずに, β分類学（生物間の関係を明らかにし, その関係に従って生物を整理すること。具体的には①分類体系の構築と②系統樹の作成）をも意識していたことである。伝統的分類学者の中には今でも α分類学こそが分類学であるとみなしている人々が少ないという（馬渡1994, 194頁）が, 1920年代後半からこの両面の研究を意識していた山

内の学問は，比較文献学や歴史言語学での「系統復元理論」[5]同様，科学史においてもっと注目されてもよいように思われる。

さて，山内先史考古学にとって①「分類体系の構築」とは「縄紋土器型式の年代的組織」の編成であり，②「系統樹」とは勿論「文様帯系統論」のことである。これらを推進するにあたり，彼はどのような戦略を用意していたのであろうか。次にそのことについて検討してみたい。

3

生物分類学者の馬渡峻輔によれば，一般に「体系」を構築するためには以下のような用意が必要であるという（馬渡 1994，7 頁）。

① 体系を構成する単位は互いに等価であること。
② その単位は離散的な存在であること。
③ 体系を作る規準，尺度はただ一つであること。

山内の「土器型式」が①と②の条件を満たしていることは，すでに大塚達朗が見抜いている（大塚 1996，12〜15 頁）。③については，山内は「型式」という分類単位一つしか用意しておらず，「精粗」（山内 1930→67，115 頁），「器種」「類型」（カテゴリー）（山内 1969→72，194 頁）という概念を考慮しつつも，これを型式研究に使うことはなかった。「規準は一つ」にこだわったためであろう。これに対し，〈複雑な縄文土器を解明するには「型式」の概念一つでは不充分である〉，として小林達雄は「様式」（style）・「型式」（type）・「形式」（form）の概念を用意した（小林 1977，168 頁）が，山内が当初から「精粗」・「器種」・「類型」（戦前は「範型」「規範」を用いる：山内 1940→67，19〜20 頁）の概念にこだわっていたら，1937 年段階であのような全国的編年表（山内 1937→67，48 頁）を作成することは不可能であったろう[6]。

「体系化とはある集団を模式化あるいは単純化すること」（馬渡 1994，7 頁）なのであり，複雑な様相を理解するためのモデル構築なのである。複雑さに目をやれば，究極的には土器の一個体ずつを問題にしなければならなくなり，体系化はついに永遠の夢となるに違いない。山内の型式学は「分類」と「体系化」がセットになっており，一面的な批判や修正はあまり有益ではないこ

とを強調しておきたい。

それでは「体系化」の目指すところは一体何なのであろうか。馬渡によれば，「その集団を理解し，認識することにある」（馬渡1994，7頁）という。これまで誰も言及しなかったことであるが，山内も1930年代，縄紋土器型式の体系化の目的をすでに次のように打ち出しているのである。

「縄紋土器と云われるものに通有な特徴が無いとはまさに不思議である。文字通り縄紋のある土器がそれであろうか？しかし縄紋のない縄紋土器は普通であって，地方又は年代によっては縄紋が全く稀，又は皆無なことがあるのである。（中略）縄紋土器一般の無数の変化は，地方及び時代による変化の雑然とした集合である。我々はこのままを縄紋土器の姿だとは考え得ない。寧ろ斯くの如き器物の羅列を一旦棄却しよう。そして，地方差，年代差を示す年代学的の単位—我々が型式といって居る—を制定し，これを地方的年代的に編成して，縄紋土器の形式網を作ろう。この新しい基準によって土器の製作，形態装飾を縦横に比較して土器の変遷史を作ることが出来るであろう。そしてその結果に照して所謂縄紋土器全般を見直すことが出来るであろう。」（山内1939→67，2頁：下線は引用者。そして下線部の文章に特に注意して欲しい）。

この文章を一言で要約するなら，縄紋土器型式の編年体系を作り，縄紋土器型式を縦横に比較することによって「縄紋土器全般」（恐らく縄紋土器の範囲）が理解出来るはずだと言っているのである。すなわち，「集団（縄紋土器）を理解し，認識するため」に縄紋土器型式の体系化をはかることがここで宣言されているのである。このように見て来ると，縄紋土器型式の体系化の目的とその用意が山内の頭の中で明確に整理されていたことを知ることが出来よう。縄紋土器の範囲が分かれば，当然その使用者の起源と居住範囲及び後代との関係も射程に入って来ることになる。縄紋土器型式の体系化の究極的目標の一つは案外そこにあったのかもしれない[7]。

このように，山内の土器型式学の大きな特徴は，〈縄紋人の血と文化は一系である〉という仮説のもとに，明確な目標と戦略を持って土器型式を抽出し，縦横に組織化していることにあったのである。したがって，

V. 山内考古学の一側面

「縄紋土器各型式をすべて存在論的に等価に扱うことや，縄紋土器を一体的にみなすこれまでのスタンスにも根本的変更を迫ることになろう」（大塚 1996, 21 頁)。

という批判は，山内土器型式学の根本を問いなおすことになるのであり，批判者自身，山内のような明確な仮説と見通しを準備しているかどうか，ということが問われることを覚悟すべきであろう。

次に文様帯系統論の意義と留意点について触れる。

彼は晩年に至り，器形の変化を消却し，文様帯の「形態」を手掛りにしてその系統を追い，縄紋早期から弥生土器・続縄紋土器に至るまでの先史土器における文様帯の新生，分裂，多帯化の歴史を概観している (山内 1964a, 157～158 頁)。分類学者の 2 番目の仕事である「系統関係の推定」の具体的展開である。

彼の文様帯系統論は，自身が認めているように，古生物学者の松本彦七郎の研究にならったものであった。松本の文様帯系統論は，古生物学（松本は化石学という）を文様研究に応用したもので，「紋様化石学」と称した。以下の観点は山内の初期の文様帯系統論に酷似するものである。

「以上の諸例を系列的に通観すれば，略次の如き結論に到着するが当然なるべし。即ちアイヌ式曲線模様は胴の<u>最上部に向かって減退する</u>（上限は動かず下限が上退す）の傾向を有し，<u>減退の極は消失となる</u>。減退の起りし以降の該曲線模様は益上下に圧迫せられたらむが如き形を取る。」(松本 1919, 700～701 頁：下線は引用者)。

そして，次の一節が山内の文様帯に対する初期の所見である。

「この文様帯は筆者の所見によれば，関東北の縄紋土器諸型式の年代系列に沿うて，始め単独に存し，（中略）<u>遂に口端に向かって縮小し，消滅する一系統の文様帯</u>（第一次文様帯）に属する。」(山内 1929→67, 67～68 頁：下線は引用者)。

松本の所見との共通性は明らかであろう。山内の文様帯系統論が松本の業績に負うものが大きいことを特に強調するのは，当の山内だけであり (山内 1964a, 158 頁)，最近の縄紋土器研究者が両者の具体的関係を指摘する事例は

あまり多くない[8]。図も少なく，表現も難解な松本の指摘の意味を見いだすことが困難なためかもしれない。しかし，生物分類学者そのものの発想を持つ山内がこの指摘の重要性を見抜くことはたやすいことであった。以後山内の「文様帯系統論」は進化を続けるのであるが，松本の業績への目配りは終生かわらぬものであった。例えば，晩年における I. 文様帯と II. 文様帯の定義（第1図参照）を見てみよう。

「中期の後半加曾利E式あるいはその併行型式においては図86（掲載省略）の如く I. 口頸部の文様帯と II. 体部の（挿50：本稿の第1図左）文様帯が上下に重ねて加えられている。（中略）次に I. 文様帯を遡源して見ると，中期前半，前期，早期にまで達する」（山内1964a，157頁：下線は引用者）。この考えは，下に掲げる松本の文様変遷観を基本的に踏襲している。

「以上土器模様の変遷を集録すれば左の如し。
　第一期　凸線紋アイヌ式曲線模様の全盛。
　第二期　凸線紋アイヌ式曲線模様の上退と凹線紋アイヌ式曲線模様の発展。
　第三期　凹線紋アイヌ式曲線模様の上退と縄紋の発展。
（以下略）」（松本　前掲　710頁）

山内による「II. 文様帯」は縄紋地に沈線を加えたものを基準とするもので，それらはやがて磨消縄紋となる一群の文様（下総考古学研究会1998，65頁）である。基本的には縄紋後～晩期に発展しており，松本の「凹線紋アイヌ式曲線模様」に相当する（山内の方が適用が厳密であるが）。一方，「加曾利E式あるいはその併行期」の I. 文様帯は隆線を主体として構成されており（第1図参照），松本の「凸線紋アイヌ式曲線模様」に相当する。山内は，これを基準にし

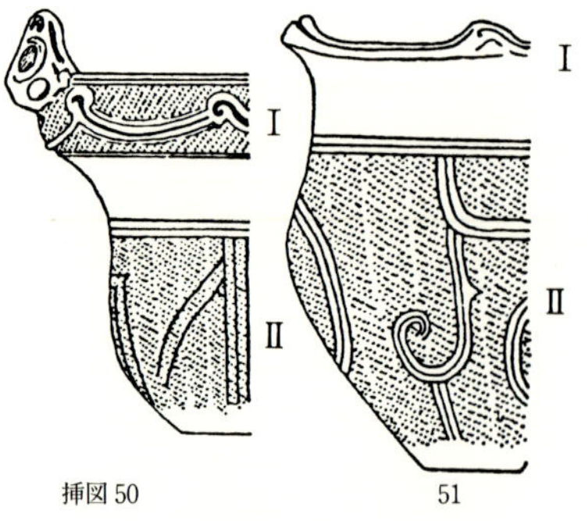

第1図　山内清男の「I. 文様帯」と「II. 文様帯」
（山内1964a による）

V. 山内考古学の一側面 117

て中期前半・前期・早期までその系譜をたどって行き，一系の文様帯と認めて I. 文様帯と命名したのである。これら I. と II. が「中期後半加曾利 E 式あるいはその併行期」において「上下に重なる」ことを山内は指摘しているのであるが，これはまさに，上記に示した松本による土器模様「第二期」の観察をそのまま踏襲したものといえよう。ちなみに松本論文の唯一の挿図（第2図）の説明には下のような表現を認める。

　「i, 凸線紋曲線模様部。ii, 凹線紋曲線曲（模）様乃至第一次直線模様部。iii, 一律縄紋部。iv, 接底平滑部乃至第二次直線模様部。」(723頁)

基本的な文様帯の種類だけでなく記号の一部も松本のそれを尊重していたのである（iii と iv を採用しなかったのは，これらが「形態」を持たないためである。「形態」を持たない装飾要素は，前後の型式と形態上の比較が出来ず，文様帯系統論の対象とすることが出来ないのである[9])。

このように，山内は松本の業績を基本的に尊重しながら，最終的に I. 文様帯と II. 文様帯の定義を完成したのである。要約すれば，I. 文様帯は「凸線紋曲線模様」（縄紋中期）を基準とした文様帯，II. 文様帯は「凹線紋曲線模様」（縄紋後～晩期）を基準とした文様帯ということになるであろう。草創期前半の「古文様帯」は，中期から系譜をたどって来た，I. 文様帯が草創期

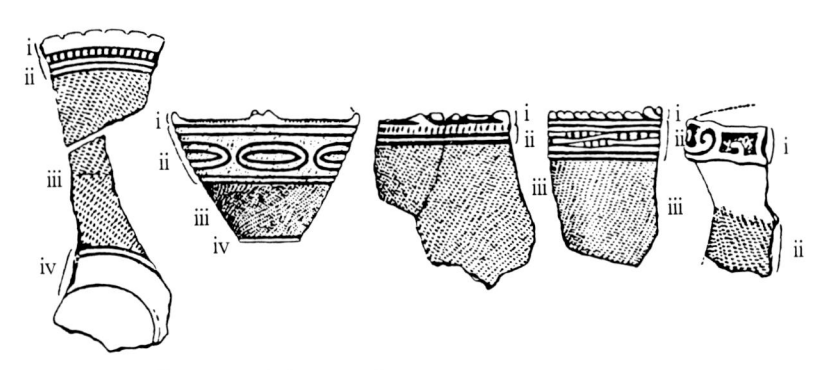

第2図　松本彦七郎の「模様」記号（松本 1919 による）
註：原典は記号が不鮮明のため『論集　日本文化の起源 I』（平凡社 1971）に掲載された図を複写した。なお，同書の図のキャプションは原典の 723 頁の説明を挿図の下に移しかえたものであるが，模様記号 (i, ii, iii, iv,) に付いた「カンマ」が抜けている。山内はこの部分を「ピリオド」(I. II.) に変えたわけで，学史的には外すべきではなかった。

後半で一度断絶したので，それ以前の文様帯の呼称として命名されたものと思われる。加曾利E式以前の「体部文様帯」をII.文様帯としないのも，後〜晩期の文様形態（磨消縄紋が多い）からの系譜が直接たどれないからであろう。「器形に於ける位置を考えて『文様帯』を仮設する」(山内1958→67, 229頁)という1950年代の素朴な認識に比べると，飛躍的発展といってよい。まだ憶測の段階ではあるが，1950年代後半以降の海外の進化分類学の発展（三中1997, 144頁）の影響もあったのではないかと推察される。それはともかく，彼の頭の中には各地の縄紋土器型式群が，文様帯を「紐帯」にして系統樹のようにそびえ立っていたに違いない。先史考古学者の仕事の第2番目，「系統論に達する」(山内1964b, 1頁)はかくて一応の完成をみたのである。

ところで不思議なことがある。山内は「文様帯系統論」について，学界デビュー以来，まとまった解説を書いたことは一度もなく，しかも，文様帯系統論の総合論文ともいうべき1964年論文でも紙数は2頁を当てているだけである。「その1頁は助命を乞う俘虜よろしくの懇願の結果編輯員から漸く許されたのであった」(山内1967, 232頁)と言い訳しているが，理由はそれだけではなさそうだ。分類学の世界では，当時も今も「生物の系統発生は記述するどころか直接観察することもかなわない過去の歴史で」(馬渡1994, 52頁)，「系統や進化の研究は単なる憶測の積み重ねにすぎないという見解が（中略）力を持っている」(三中1997, 6頁)状況なのである[10]。炯眼な考古学研究者もこの問題を鋭くついている。

　「文様帯に厳密な系統性が存在するという最も根本的な問題に対する論証も示されているとはいえないであろう。」(今村1983, 132頁)

まさにその通りで，だからこそ山内は，長文をもってこの問題に触れなかったのである。

「文様帯系統論」は，縄紋土器を系統的に整理・解釈するための「理論」なのであり，決して「実証された成果」あるいは「証明可能な定理」ではない。土器の細別型式の呼称変更には細心の注意を払っている彼が(大村1995, 57頁)，文様帯系統論に言及した一連の論文[11]では，その都度文様帯の記号・内容を何の説明もなしに自由に変更している[12]のは，このことをよく自

V. 山内考古学の一側面　119

覚していたからであろう[13]。土器型式の「実在」は分布と層位で証明され，縄紋の技法は実験で証明された「真実」であるが，文様帯系統論はあくまで「系統の推定・解釈」であり，「時々刻々理解を新たにしなければならない」（山内 1964a，158 頁）性質のものであったのである。「紋様体系統論を支持しない」（大塚 1996，23 頁）という批判は，「紋様帯を相同と見なす根拠は形質の側にあるのではなく山内の側にある」と言う考えを根拠にしているが，上述したようにそのことを山内は十分に自覚していたのであり，今更そのような批判を受けても，山内が存命なら当惑するだけであったろう。

4

　最後に，筆者がごく最近関係した「中峠式土器」研究と山内土器型式学との関わりについて触れてみよう。山内の土器型式学の特徴（ほんの一部）は上述した通りだが，実は彼の方法論は，昨今の莫大な行政発掘の前には即効的な有効性を十分には持っていないのである。1953 年，中村五郎が持参した土器破片の過半について，山内が「分かりません」を連発したという事実は象徴的である（中村 1996，10 頁）。中村は当初面喰らったというが，これは山内の方法論からいえば当然といえよう。すなわち「離散的存在」としての土器群以外は不明とせざるをえないのである。地方差のある土器群や土器型式の上限と下限に近い資料も当面明確な回答をえられない。ところが，発掘担当者は報告書作成のために，今抱えている土器の所属時期は何なのか？という切実な問題を解決する学術的成果が欲しいのである。そこで「実在」する土器型式の定義を云々するよりも「段階分け」（「階段」にあらず）を優先し，他地域の所属型式が分かっている土器との「共伴」関係を手掛かりにとりあえず出土土器の位置づけを急ぐのである。シンポジウムや交流会という形の情報交換が各地で盛況なのもこれが主な原因ではないか。「中峠式」はこうした現状の中にあってまことに都合のよい「土器型式」として登場し，「進化」したのであった。詳細に触れるゆとりは最早ないが，要点だけを述べる。

　中峠式はもともと「離散的存在」としての既存の土器型式群の空隙を埋めることを意図して登場したのであった。すなわち，南関東地方縄紋中期中葉

〜後半の土器型式群

　　　　　　　①勝坂・阿玉台──②加曾利E

のヒアタスを埋める一型式として①と②の間に組み込まれることになったのである。その型式論的設定理由は

　「(上記) 3型式のそれぞれの特徴の一部を有しながら，なお厳密に検討すれば，そのいずれにも入らない」（下総考古学研究会 1976, 21頁：括弧中の2文字は引用者が挿入）

というものであった。

これに関連する具体的解説をもう少し引用すると，こういうことである。

　「勝坂式土器は大きくわけて，地文に縄文が施文されている部分（主に下半部）と縄文が施されない部分（主に上半部）がある。隆線や沈刻文による装飾は無文部に施され，隆線の上にはさらに刻文が加えられ，装飾効果を高めている。

　　　一方，加曾利E式（古）は，全面に縄文が施され，その上に隆線を貼付している。しかし，隆線の上には装飾はない。…勝坂式にないものは加曾利E式にはあるし，あるものはない。複雑多岐にわたる両式土器の差異を簡潔にのべれば，以上のようになる。われわれは両者の間を文様の有無という関係で理解してみた。するとこの関係は，従来のべられたような型式論的にスムーズに連絡するというものではなく，両者は完全に逆転し，断絶しているものと考えるにいたった。したがって，当然のことながら両者をつなぐものとして」，中峠式土器の存在が必然化する（下総考古学研究会 1976, 24〜25頁），

というわけである。

　このように，中峠式土器は最初から「非離散的存在」としての土器型式（勝坂・阿玉台式・加曾利E式の特徴をあわせ持ちながら，いずれにも入らない中間型式）として山内の編年体系の中に挿入されようとしたのである。しかし，この土器型式が登場したため，今まで既存の土器型式のどれにも入らない当該期の様々な所属不明土器群が，一括して「中峠式」に包括される基盤が出来てしまったのであった。すなわち，「勝坂式にも阿玉台式にも加曾利E式

にも入らない土器群」は，とりあえず「中峠式」の範疇に振り分けておくことが出来るようになったのである。特に大木式と勝坂式・阿玉台式が複雑に絡み合う北関東地域では，まことに便利な「土器型式」として活用されることになったといえよう。こうして多様な当該期土器群が「中峠式」として位置づけられ，「中峠式土器の研究者の数だけ中峠式土器の顔」がある，という状況が生まれたのである（大村裕・下総考古学研究会 1998, 30 頁）。究極の細分を目指したはずの中峠式が，却って複雑な様相を持つ土器群の一体化に手を貸した形になったのであった。

　何度も繰り返したように，山内清男は「離散的存在」の土器に絞って型式設定を全国的に展開した。各地でティピカルな土器型式を抽出し，飛び石のように編年表に組み入れていったのである。また，「等価的存在」とは見なしがたい土器群（例えば南関東中期後半加曾利 E 式土器の分布圏内に伴出する連弧文土器群）はとりあえず今後の課題として残していった（山内 1940→67, 27 頁）。その結果積み残された多くの所在不明の土器群への対応に，現在の埋蔵文化財行政に携わる研究者は四苦八苦しているといえよう。我々に残された仕事は既存土器型式間の間隙を埋めることと，層位で裏付けられる範囲での「究極の細分」〔大塚は山内の「細別主義」を批判する（大塚 1996, 15 頁）が，山内にしてみれば，「任意の物件を並列し，独断によって古かるべきものを決め，それに照して新しきものを推定する様な」（山内 1937→67, 45 頁）「細別主義」は問題の外であったことを確認すべきである〕，及び並行土器型式群同士の交渉の分析である。特定の土器型式の分布圏内に少数伴出する在地の深鉢形土器の型式学的位置づけも大きな課題である（広義の「中峠式土器」はこうした性格の土器群として再検討されつつある）。しかし，山内の理論を十分に理解して以上の作業を行わないと，大塚達朗が危惧する如く「縄紋土器の一体化」を招き（大塚　同上），出発点にもどってしまう恐れがある。山内の学問は「仮説・分類・体系化」が三位一体となっており，一面的な理解や修正は却って混乱を招くのである。先に見て来たように，『山内清男・先史考古学論文集』には，われわれ文科系考古学の思考形態では理解の及ばない着想が多々残されているはずであり，このことを十分に留意して山内考古学

の「見直し」をして行かねばならないと痛切に思う次第である。「中峠式土器の再検討」(『下総考古学』15号　1998年) に一区切りをつけた現在の率直な感想である。

付記

　中峠式土器に関わる諸問題については，本稿の主題からはずれるため説明を大幅に省略した。詳細は下総考古学研究会 (1998) を参照されたい。

1998年9月14日脱稿
1999年5月15日改稿

註

1)　例えば佐藤 (1974) は，「博士は自然科学者の鋭い分析力と，歴史家としての鋭い分析力を具えておられた」と評価している (2頁)。
2)　山内と進化論に関する思想史的関連について山田 (1994) が精力的に検討している。ただし，具体的な方法論の検討にまでは至っていない。また佐原 (1984) も，山内が考古学界デビュー前，遺伝学に相当の実力を持っていたことを様々な証言をまじえて詳細に紹介しているが，考古学の方法論との関係についての具体的な分析はない。なお，渡辺 (1970) は，以下のような興味深い証言を残している。

　　「(終戦直後，進駐軍から流れた洋書を買いあさっていた時) モルガンかドブジャンスキーの遺伝学の本があった。ショウジョウ蠅の染色体地図の詳しい解説がしてあるもので，私も欲しいし，先生 (山内のこと：引用者) も譲らない。(中略) これなども先生の遺伝学への郷愁の現れかもしれない」(4頁)

　　この証言は山内の遺伝学に対する造詣の深さを示す数少ない具体的証言として貴重である。

　　ちなみにドブジャンスキーはショウジョウバエの種分化論に基づいて人間の進化の問題を論じており，1937年に著した『遺伝学と種の起源』は新ダーウィン主義に新しいエポックを築くもので，西欧に大きな影響を与えた研究者であったという (徳田 1970，18頁)。人類学の立場からもドブジャンスキーに関心を持っていたものと思われる。

3) 中村（1996）は，山内が東北帝国大学在職時代，所属する解剖学教室の人々よりも，生物学の教官とのつきあいが多かったという伊東信雄の証言を引用している（17頁）。解説抜きの専門用語で意見交換出来るのであるから親交が深まるのは当然であろう。
4) 林 1996, 52・54頁。
5) 三中（1997）において，比較文献学や歴史言語学での「系統復元理論」と系統分類学との関係について触れられている（87頁）。
6) 動物の分類では，現在「亜種」以外の種内階級を分類体系から除外しているという。その理由は，種内階級名が増えすぎて混乱し，体系を作った当初の目的である多様性の単純化が危うくなったことにあるという（馬渡1994，134頁）。
7) 鈴木（正）（1995）は山内が「縄紋式文化／弥生式文化／続縄紋式文化の弁別は単に経済形態だけでなく，人種との係わりも重視していた」と鋭い指摘をしている（60頁）。
8) 松本と山内の関係について触れる論文は枚挙にいとまがないが，忠実に原典を対比して両者の認識の異同を分析した研究はあまり多くないように思われる。
9) 大村1994，107～108頁参照。
10) 山内と同時代を見ても，Thompsonが1937年，「系統は，根本的に実証不可能な要素をもつ歴史過程に関する仮説である。従って系統は科学の基礎とはなりえない」と主張し，Borgmeierも1957年の論文で「憶測に彩られた系統学など科学とよぶに値しない」と断言していたという（三中1997，96頁）。
　　山内がこうした分類学界の動向に無知であったとは考えられない。
11) 山内1929, 1930, 1958, 1961等参照。
12) 鈴木（徳）（1989），鈴木（正）（1991），西脇（1995）が山内による文様帯の認識の「進化」の過程を具体的に考証しており，参考になった。
13) 「（文様帯を）そういう風に解釈すると面白いんですよ。ハハ…」（山内他1971，70頁：括弧中の4文字及び傍点は引用者）という言葉は，土器型式や縄紋の技法を語るときには決して出ない表現である。

引用・参考文献（五十音順）
青木重幸 1984『兵隊を持ったアブラムシ』 どうぶつ社
池田清彦 1992『分類という思想』 新潮選書
今村啓爾 1983「文様の割りつけと文様帯」『縄文文化の研究5』 雄山閣

大塚達朗 1996「縄文時代（1）　土器 ―山内型式論の再検討より―」『考古学雑誌』82巻2号

大村　裕 1993「ある学史の一断面 ―『日本先史土器の縄紋』の刊行と塚田光―」『下総考古学』13号

大村　裕 1994「『縄紋』と『縄文』―山内清男はなぜ「縄紋」にこだわったのか？―」『考古学研究』41巻2号

大村　裕 1995「IV.考察　中峠遺跡第3次調査出土の加曾利E式（古）土器の検討」『下総考古学』14号

大村　裕・下総考古学研究会 1998「中峠式土器の再検討」『第11回縄文セミナー　中期中葉から後葉の諸様相』　縄文セミナーの会

岡田淳子 1996「山内清男と先史考古学」『画竜点睛』　山内先生没後25年記念論集刊行会

小林達雄 1977「型式，様式，形式」『日本原始美術大系1』縄文土器　講談社

佐藤達夫 1974「学史上における山内清男の業績」『日本考古学選集21 ―山内清男集』　築地書館　所載

佐原　眞 1984「山内清男論」『縄文文化の研究10』　雄山閣

下総考古学研究会 1976「中峠式土器の研究」『下総考古学』6号

下総考古学研究会 1998「中峠式土器の再検討」『下総考古学』15号

鈴木徳雄 1989「諸磯a式土器研究史（1）―型式論的研究の基本問題を探る―」『土曜考古』13号

鈴木正博 1991「古文様帯論」『古代探叢III』　早稲田大学出版部

鈴木正博 1995「縄紋学再生 ―縄紋式文化論の元型と連環―」『古代探叢IV』　早稲田大学出版部

田中耕作 1992「奈文研専門研修『縄文時代遺跡調査課程』に参加して」『新潟考古学談話会会報』10号

徳田御稔 1970『進化・系統分類学I』　共立出版

中村五郎 1996「わが国先史考古学の体系確立に捧げた一生」『画竜点睛』　山内先生没後25年記念論集刊行会

西脇対名夫 1995「文様帯系統論ノート」『北海道考古学 ―北海道考古学の諸問題―』第31輯　北海道考古学会

林　謙作 1996「縄紋研究と型式学」『考古学雑誌』82巻2号

松本彦七郎 1919「宮戸島里浜及気仙郡獺沢介塚の土器　附　特に土器紋様論（2）」

『現代之科学』7巻6号
馬渡峻輔 1994『動物分類学の理論 —多様性を認識する方法—』 東京大学出版会
三中信宏 1997『生物系統学』 東京大学出版会
山田仁和 1994「山内の夢もしくは種の考古学」『唐澤考古』13号
山内清男 1929「関東北に於ける繊維土器」『史前学雑誌』1巻2号→67『山内清男・先史考古学論文集・第2冊』 先史考古学会
山内清男 1930「所謂亀ヶ岡式土器の分布と縄紋土器の終末」『考古学』1巻3号→67『山内清男・先史考古学論文集・第3冊』 先史考古学会
山内清男 1935「縄紋式文化」『ドルメン』4巻6号→69『山内清男・先史考古学論文集・旧第11集』 先史考古学会
山内清男 1937「縄紋土器型式の細別と大別」→67『山内清男・先史考古学論文集・第1冊』 先史考古学会
山内清男 1939『日本遠古之文化』(補註付・新版)→67『山内清男・先史考古学論文集・第1冊』 先史考古学会
山内清男 1940『日本先史土器図譜 第7輯 安行式土器(前半)』→67『山内清男・先史考古学論文集・第6～10冊』 先史考古学会
山内清男 1940『日本先史土器図譜 第9輯 加曾利E式土器』→67『山内清男・先史考古学論文集・第6～10冊』 先史考古学会
山内清男 1953「鳥居博士と日本石器時代」『学鐙』50巻2号→69『山内清男・先史考古学論文集・旧第11集』 先史考古学会
山内清男 1958「縄紋土器の技法」『河出書房版 世界陶磁全集 第1巻』→67『山内清男・先史考古学論文集・第5冊』 先史考古学会
山内清男 1961『日本先史土器の縄紋』(1979年公刊)
山内清男 1964a「縄紋式土器総論」『日本原始美術 1』 講談社
山内清男 1964a「画竜点睛の弁(上)」『成城大学新聞』84号
山内清男 1969「縄紋時代研究の現段階」『学習研究社 日本と世界の歴史1巻』→72『山内清男・先史考古学論文集・新第5集』 先史考古学会
山内清男他 1971「山内清男先生と語る」『北奥古代文化』3号
ワイリー(宮 正樹・西田周平・沖山宗雄訳)1991『系統分類学』 文一総合出版
渡辺直経 1970「山内先生を偲ぶ —C14年代批判のこと—」『考古学ジャーナル』49号

VI. 阿玉台式土器の成立の指標を何に求めるか？
―西村正衛氏による阿玉台式土器の研究に学ぶ―

1. はじめに

　縄紋土器の型式論的研究は年々精緻になって来ており，筆者が考古学を学び始めた20数年前の状況と比較すると，隔世の感がある。しかし，未だ克服されていない基本的問題点も残されている。第1に層位的検証や分布の広がりの確認等，基礎的なデータの提示が不充分なことが挙げられる。これらの問題点を克服しないかぎり，関連諸科学からの正しい評価は期待出来ないであろう。第2に，型式の概念定義が必ずしも明確にされていないことが挙げられる。厳しい研究史の検討により，従来行われている型式名の取捨選択をなし，その内容を明確に定義付けた上で編年研究を進めている事例は意外に少ない。しかし，この問題を克服しないかぎり，同じ土俵の上に立って議論することは困難であろう。同じ型式名を用いていても，全く違った内容を指している場合もあるからである。
　さて，以上の問題点を手堅く処理して，利根川下流域における縄紋土器編年を確立した先学が西村正衛氏であった。氏の研究は1960年代から70年代前半にほぼ完成したものであるが，20数年経った今日でも輝きを失っていないのはこのためであろう。ただし，細別研究の成果は各方面で様々に引用され，継承がはかられているが，氏が細別を行う前に（あるいは並行して）当該土器型式をどのように定義付け，他型式と区別しているか，という問題は等閑に付されているのが実情である。本稿では「阿玉台式土器編年的研究の概要」（西村1972）を例にとって，西村氏が阿玉台式の成立をどのように捉えているのかを検討してみたい。氏の方法は土器型式の上限・下限，あるいは隣接型式との境界，といった土器型式の概念定義を固める上で極めて参考になると確信しているからである。

2. 典型的な「阿玉台式」の定義とその上限の追求

(a) 西村氏の「阿玉台式土器」

西村氏は，阿玉台式の一般的特徴として，下村三四吉・八木奘三郎の阿玉台貝塚発掘資料や大山史前学研究所による茨城県竹来根田貝塚・宮平貝塚発掘資料及び西村氏自身の採集資料に基づいて次のような解説を行っている (西村 1972：74頁)。

「阿玉台式土器は，まずもっとも多くみられる深鉢形土器において，口辺を内湾曲させ，それから下は，真直ぐに底部に向かう胴腹に接続させている。口縁は平坦なものもあるが，扇を広げたり，あるいは，半開きにしたような独特の恰好の把手が口縁に備えられたりした。粘土棒を芯として，それを粘土の帯で囲ったり，または魚のひれに似た形の突起を口辺の所々に取付けた。胎土には，雲母末―いわゆる金雲母を混入し，その光沢は土器に異様な美しさを加えている。焼色は，口辺部は黒色を帯び，下腹部において褐色味を加えている。器厚は7-9粍で，比較的薄手である。文様は粘土の隆起線をもって口辺湾曲部に窓枠状や区画状の文様をつくり，さらに隆起線に沿ったり，あるいは単独で竹べらのような工具を引きずりながら押しつけて表出される，いわゆる角押文がほどこされ隆起線とともに施文効果をあげている。かわって胴腹の施文は簡素で，製作痕をある程度修正したような地肌の上に細長い刻目文や隆起線をVやY字状に，あるいは簡単な直曲線文を所々に配したものが多い。」(以下略) (下線は引用者)

以上の解説は，

①扇状把手の存在，②粘土棒を芯としてそれを粘土の帯で囲った独特の突起の存在，③胎土に雲母末の混入，④口頸部文様帯に窓枠状文や区画状文等の区画文の存在，⑤角押紋の発達，⑥製作痕を修正したようなひだ状紋の存在，⑦体部文様帯にV字あるいはY字状等の隆線紋の存在

というように整理することが出来よう。ただし，これらの特徴が典型的に

現れているものは，西村氏の分類に従えば，阿玉台式「I類b種」の古段階である。①はII類から変形してIII類以降は山形の把手が発達していくようになるし，②もI類b種の後半頃から粘土棒を囲った粘土の帯が形骸化して単に棒状突起上に刻みが施された形になってしまう。③はIII類になるとほとんど含まれなくなる。更に⑤はIII類で幅広の連続押圧紋になり，IV類になると沈線化してしまう。⑥もI類b種の後半には連続刻目紋に変化して行く（大村1991：75頁）のである。こうしてみると，西村正衛氏の阿玉台式の出発点は阿玉台Ib式（古）土器にあると考えてまず間違いないであろう。この段階の土器を起点として氏はその上限と下限を追って行くことになるのである。

(b) 先行型式（五領ヶ台式）から典型的な阿玉台式（阿玉台Ib式古）までの細別型式の確認

昭和27～28年にわたって千葉県香取郡小見川町雷貝塚の第2次～3次調査を行った西村氏は，まず台地南斜面に広がる貝塚に，「2区」と呼称する南北10m，幅2mのトレンチを開設し（西村1954：136頁）（第1図参照），ここにおいて崖際（トレンチ北端より0～6mの範囲）の貝層の上～下部より五領ヶ台式土器（第五類）（第3図参照）を多量に採集，トレンチの中央部（トレンチ北端より6～7m辺）の貝層上部及び表土において阿玉台古式（第八類）（第5図参照）の土器を採集した。西村氏は，崖上から遺物の投棄があったと考えると，崖際出土の遺物が古く，崖から離れたところより出土する遺物が新しいとみなし（西村1954：137頁），両者の層位的差異を確認した（第2図参照）。なお，このトレンチより，「五領ヶ台式及び阿玉台式の中間型式」として「第七類」（第4図参照）に分類した土器が出土している。その出土層位については，「これらの土器は，第2区において前記土器と共に貝層中に多く発見され，第3区においては少ない。」（西村前掲：153頁）とのみ記載されているが，「前記」の語句はおそらく五領ヶ台式を指すと思われるので，第五類（五領ヶ台式）と第七類（「五領ヶ台式及び阿玉台式の中間型式」）の層位的差異は明確ではなかったということであろう。

次に，第2区トレンチの東方，4m離れた場所に南北4m，幅2mのトレ

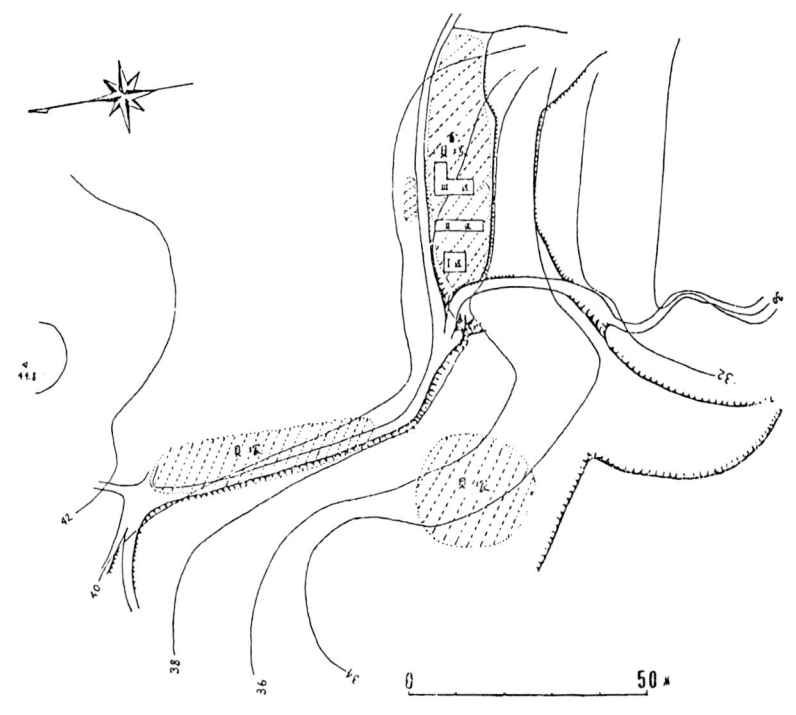

VI. 阿玉台式土器の成立の指標を何に求めるか？　129

第1図　雷貝塚付近実測図（西村1954による）

ンチ（Aトレンチ），更にAトレンチ北端に東西4m，幅2mのトレンチ（Bトレンチ）を結んでL字形のトレンチとした（第3区）。ここでは，後者において五領ヶ台式を検出したものの，前者においては「表土，貝層全般に亘って阿玉台式及びそれの古式と考えられるようなものが発見され，典型的下小野式，五領ヶ台式は見当たらなかった」（西村1954：137～139頁）という。ただし，同報告151頁では第五類（五領ヶ台式）が「第3区に於いては，東西トレンチ最下純貝層及び南北トレンチの混土貝層下部に発見された」（下線は引用者）とあり，矛盾した記載になっている。しかし，いずれにしても第八類（阿玉台古式）は「3区混土貝層及び表土に」において検出された（154頁）とあるので，第五類が八類より古いことは層位的に明瞭であることに変わりはない。なお，西村1972では，3区において，「表土から阿玉台式初頭に相

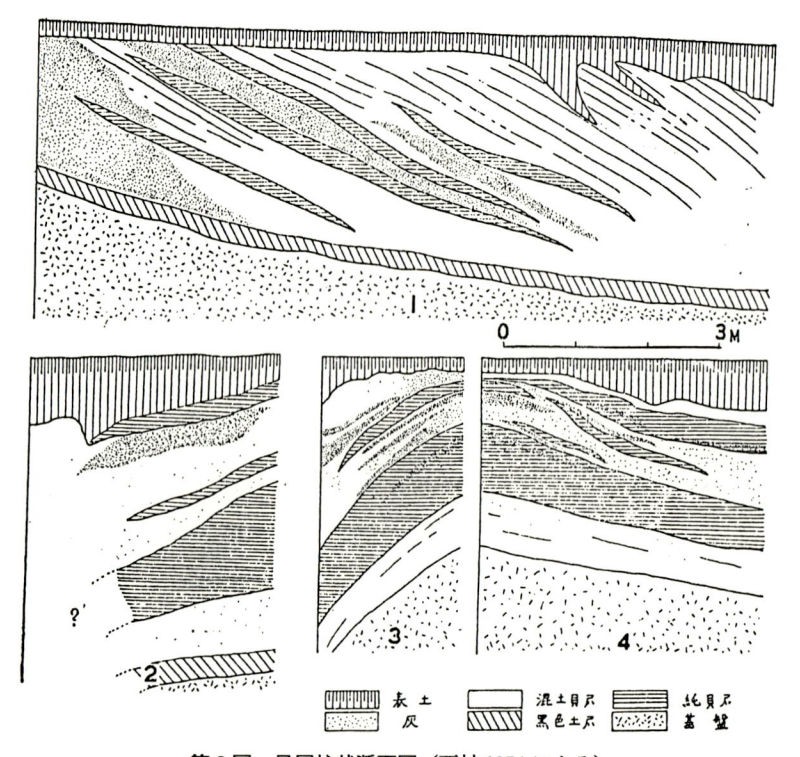

第2図 貝層柱状断面図（西村 1954 による）
1. 第2区東壁，2. 第3区 N.S. トレンチ西壁，3. 第3区 E.W. トレンチ東壁，
4. 第3区 E.W. トレンチ北壁

当する土器片が前区（引用者註：2区のこと）より多く発見され，貝層のなかでは下小野式土器がほとんど姿を消し，五領ヶ台式系の土器は，彫刻文を抱くが，阿玉台式に相似した角押文，隆起線文，縄文，沈線文などの施文要素をもって文様構成がはかられた一群の土器が相当量発見された。前区の発掘経過とあわせて，3区発見の土器のなかには，阿玉台式に所属するか，乃至はその直前を代表するものが存在するのではないかと推定した。」（75頁。下線は引用者）と土器の出土状況の表現を微妙に修正している。すなわち，雷八類が，表土出土の阿玉台初頭土器と，貝層出土の「直前」型式に分離されることをここに表明しているのである。やや記述が煩雑になったので，上記

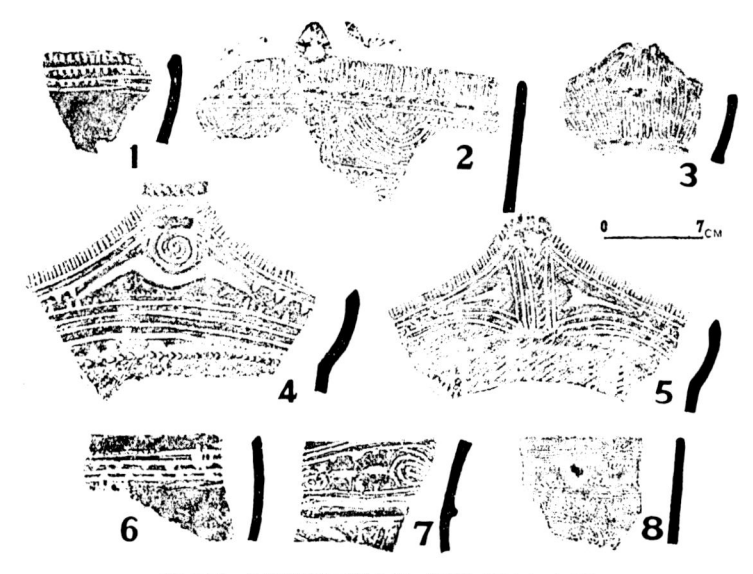

VI. 阿玉台式土器の成立の指標を何に求めるか？　131

第3図　雷貝塚第五類土器（西村 1954 による）

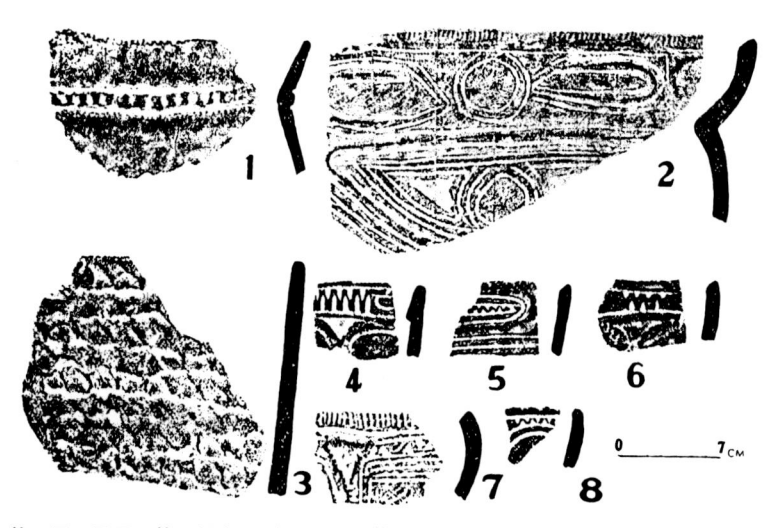

第4図　雷貝塚第六類土器（1, 3），同第七類土器（2, 4〜8）（西村 1954 による）

132

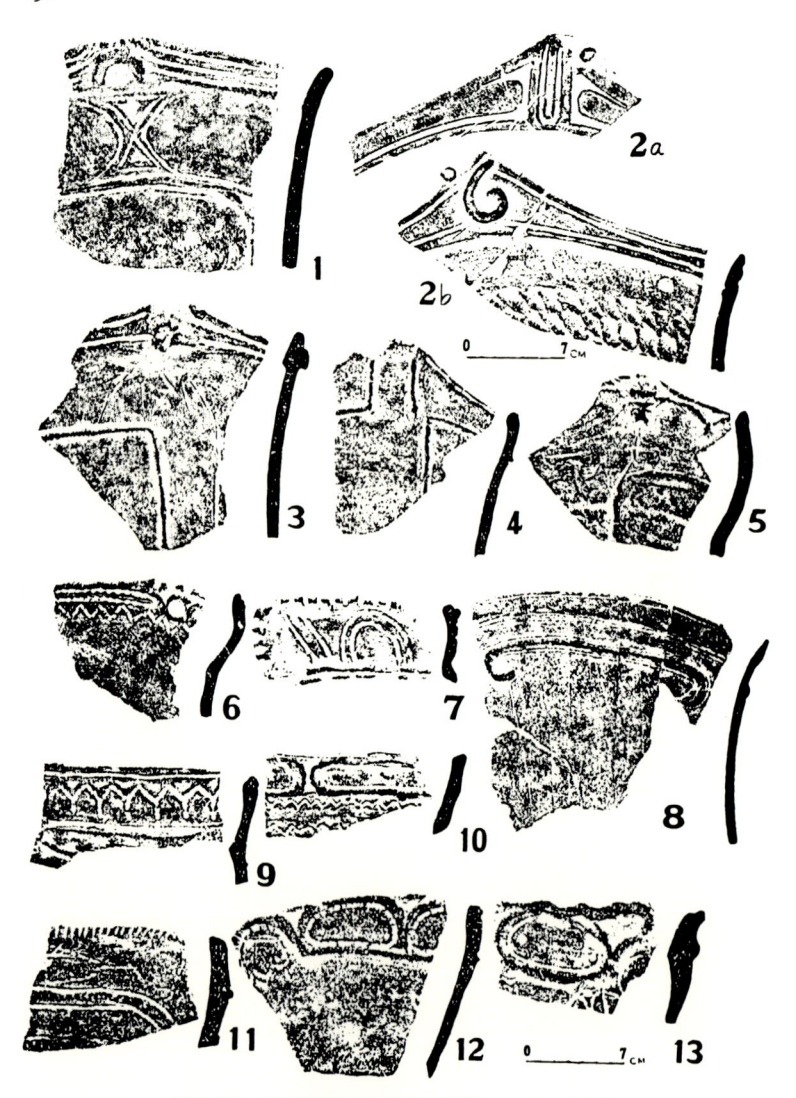

第5図　雷貝塚第八類土器（西村1954による）

VI. 阿玉台式土器の成立の指標を何に求めるか？　133

の事実を箇条書きにまとめてみよう。

　①五領ヶ台式（雷五類）…………………………2区トレンチ崖際貝
　　　　　　　　　　　　　　　　　　　　　　層上～下部
　②「五領ヶ台式及び阿玉台式の中間型式」（雷七類）……同上
　③雷八類（古）……………………………………2区トレンチ中央貝
　　　　　　　　　　　　　　　　層上部～表土。3区トレンチ貝層。
　　雷八類（新）……………………………………2区トレンチ中央貝
　　　　　　　　　　　　　　　　層上部～表土。3区トレンチ表土。

これら①～③の型式論的特徴について，西村氏（1954）が記述した内容を表にまとめると以下の通りである。

第1表　雷貝塚第五類，第七～八類土器の特徴

	地　紋	文様要素	モチーフ及び区画文	把手・突起
①雷五類	縄紋（綾絡紋のあるものもあり）。無紋多し。	点列紋＋直線紋。沈刻紋。刻目紋。並行沈線紋。	渦巻文。鋸歯状文。	渦巻状把手。山形把手。摘み状小把手。
②雷七類	縄紋。無紋。	沈線。低い隆起線。角押紋。	部分的な鋸歯状文。Y字文。渦巻文が円になった図形。区画あり。	波状口縁の頂の裏側に渦巻状の隆起線紋や把手化されたものあり。
③雷八類	縄紋。無紋。	隆起線紋。角押紋。ジグザグ紋。	隆起線による区画あり。	記述なし。

　上表の各事項をさらに単純化して整理し，各要素のつながりを調べてみよう。

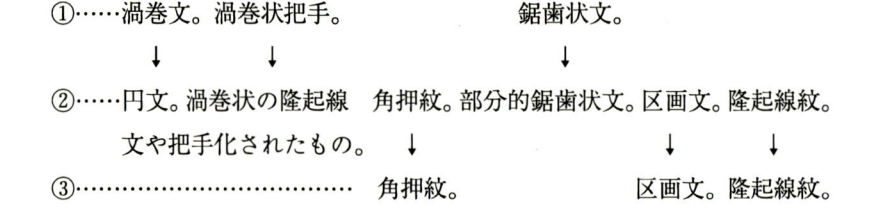

①……渦巻文。渦巻状把手。　　　　　鋸歯状文。
　　　　　↓　　　↓　　　　　　　　　↓
②……円文。渦巻状の隆起線　角押紋。部分的鋸歯状文。区画文。隆起線紋。
　　　文や把手化されたもの。　↓　　　　　　　　↓　　　↓
③…………………………　　　角押紋。　　　　　　区画文。隆起線紋。

　以上の型式連鎖の確認より，西村氏は阿玉台式が縄紋中期初頭の東関東系・五領ヶ台式を基盤に生成された型式であることを確認したのである（西村1954: 158頁）。そして，この18年後，一般に「五領ヶ台式」と認められている土器から，典型的な「阿玉台式」と認められている土器の間に少なくとも2段階の細別（③の古・新）が存在することを層位的裏付けを以て確定したのであった。なお，②は佐藤達夫により「五領ヶ台式直後」と命名され（佐藤1973: 82頁），以後現在に到るまでこれに従う研究者は多いが，当の西村氏はこの手の土器をその後の研究の進展により五領ヶ台式後半に繰り上げてしまっていることに注意する必要がある（西村1984: 256～263頁）。層位的にも①（雷五類）と②（雷七類）が共伴していることは先述したところである。それはともかく，西村氏は1972年の論文で，③の古を「阿玉台式直前」，新を「阿玉台式Ⅰ類a種」と位置づけた。では何故，前者を阿玉台式から除外し，後者を阿玉台式に組み入れたのだろうか。その背景を③の古から③の新及び「典型的な阿玉台式」と西村氏が考えていた阿玉台式Ⅰ類b種（古）にいたる迄の各種文様要素の変遷を詳細にたどることによって検討してみよう。

3.「阿玉台式直前」から阿玉台Ⅰa式・同Ⅰb式（古）への変遷

(a) 連続山形状区画帯の消滅とx字状・Y字状隆線による「区画状文」の成立

　今仮に「連続山形状区画帯」としたものは，波状口縁と口頸部を画する沈線（あるいは隆線）とで構成された区画である。横位に区画されてはいるが，縦の明瞭な区画がないので通常の区画文とは区別した。今村啓爾氏による東関東の「五領ヶ台Ⅱb式」（今村1985）に発達したものらしい。「阿玉台式直

VI. 阿玉台式土器の成立の指標を何に求めるか？ 135

前」においては第5図2・3に認めることが出来る。「区画帯」を縦に区切る手法はまだ確立されておらず，阿玉台式との大きな相違として捉えることができよう。しかし，この区画帯は，幅が著しく狭くなり，口辺の上端の方に押しやられ，やがて阿玉台Ⅰa式の段階で姿を消してしまうのである。一方，阿玉台式になると新たな区画文が成立する。それは五領ヶ台式の伝統を持った区画文とは全く構造が異なるものである。即ち，<u>前代の口頸部文様帯を構成する文様要素の一部が変化・発展して新たな区画を成立させる</u>のである。このことについては既に西村氏が度々詳述しているところである。以下に該当部分を引用しよう。

「五領ヶ台式の特徴の一つである口辺と頸部の境の溝を渡して取り付けられた橋梁把手が退化し，x字状の隆起線の突起が付されるようになり，やがてこの突起が区画状文構成へ転化する基礎となったと考えられる。」
(西村1972: 85頁上段)

「口縁に接したV字状文の左

(五領ヶ谷式後半)

1

(阿玉台Ⅰa式)

2

(阿玉台Ⅰb式)

3

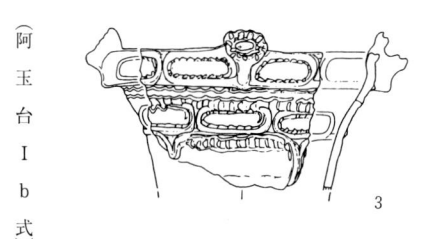

第6図 橋梁把手からx字状文系楕円区画文への変化

1：茨城県虚空蔵遺跡，2：同左，3：千葉県中山新田Ⅰ遺跡

(五領ヶ台式後半)

(阿玉台Ⅰa式)

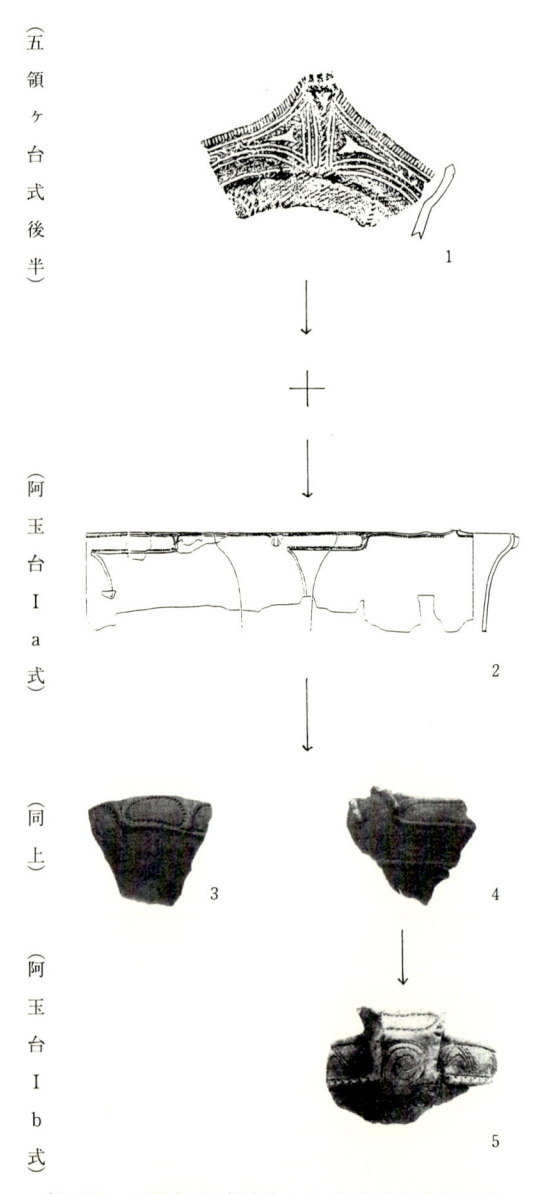

(同上)

(阿玉台Ⅰb式)

第7図 口頸部Y字状文からY字状文系区画及び扇状把手への変化
1：千葉県雷貝塚，2：千葉県聖人塚遺跡，3：千葉県雷貝塚，4：千葉県阿玉台貝塚，5：千葉県三郎作貝塚

右の隆線が口縁に沿って伸ばされ，隣接したものと連結されるようになると，ここに本式の区画状文が完成されるにいたった。」(西村1972：85頁下段)

上記と同様の主旨は西村1984でも繰り返されており，西村氏の阿玉台式成立に対する観点が1972年以降不動のものであることが窺われる。逆にこうした観点が確立された時，かつて「阿玉台古式」と一括された「雷8類」(西村1954：154頁)の一部を「阿玉台式直前」と分離せざるをえなくなったのであろう。これらの記述は「阿玉台式直前」と阿玉台Ⅰa式を識別する際の極めて重要な部分なのであるが，資料に即して読み込まないと理解が極めて困難な部分でもある。そこで，全形を知りうる個体に即

VI. 阿玉台式土器の成立の指標を何に求めるか？

してこの記述を図式化してみよう（第6〜7図）。第6図上段は茨城県虚空蔵貝塚出土の「五領ヶ台 IIc 式」とされるものである。口頸部文様帯に隆線による三角形区画が交互に組み合わされており，交点には橋梁把手が付されている。実測図の断面には把手が表現されていないが，報告書の写真図版と対照すると間違いなく存在することが確認出来る。これが，中段の同貝塚出土の阿玉台 Ia 式のものとなると，橋梁把手のあった部分が平板な x 字状文に置き代わり，新たな区画構成の中核となっていることが明瞭に理解出来るのである。次に第7図は Y 字状文が変化して口頸部の区画状文が確立した過程を図式化したものである。当初，筆者は体部の Y 字状文が口辺にせり上がって区画状文を構成したと想定してみたが，後述するように体部の Y 字状文は別の変遷過程を辿って行くので，これとは別に口頸部文様帯にあった隆線による Y 字状文が阿玉台式の口頸部における Y 字状文の祖型となったと考えるに到った。すなわち，五領ヶ台 II 式の隆線による Y 字状文(1)が阿玉台 Ia 式に到って，その末端が屈曲し(2)，ここに別の Y 字状文が組み合わさって阿玉台式特有の隆線による「区画状文」が成立するのである(3)。西村氏は Y 字状文の他に V 字状文の存在を指摘しているが，前代との繋がりを考えると，後者も前者の変形と理解した方が型式論的に流れが捉えやすいであろう。さて，この段階の「区画状文」は完全な区画ではなく，Y 字状の一部が残っていたり区画を構成する隆線が全周していない場合が殆どである。これが阿玉台 Ib 式になると「区画状，窓枠状の型態が整えられ」「隆線による区画状文が口辺部にしっかりと備えられ」（西村 1972: 87・88 頁）るようになる。Y 字状文による区画の完成は論証がやや多岐にわたるので後に回すことにして，ここでは x 字状文による区画の完成について述べておこう。x 字状文系の阿玉台 Ia 式期の区画状文は第6図2に示したようなものである。x 字を挟んだ左右の区画が不揃いであったり，先述したように隆線が全周していなかったり，形態が安定していない。これが阿玉台 Ib 式期になると第6図3のような楕円の区画になっていくのである。これは阿玉台 Ib 式に「波状口縁が廃れ」（西村 1972: 87 頁），平縁が主流になって行く傾向と無関係ではあるまい。というのは，口縁部の区画は口縁端に沿って施されているので

口縁が平坦ならば区画も形態が整えられるからである。

(b) 口頸部文様帯の渦巻文の変化

口縁部に渦巻文が施されるのは「五領ヶ台 Ia 式」にすでに始まっており（今村 1985：97 頁），「五領ヶ台 IIc 式」まで殆どどの段階にも認めることが出来る。特に IIb〜IIc 式には顕著なようだ。第 8 図 A_1 の拓本は千葉県雷貝塚出土の「五領ヶ台 IIb 式」であるが，沈線により渦巻文が施されている。こうした事例は枚挙に暇がない程である。ところが，この図形は「阿玉台式直前」になるとしまりが弱くなって行き（同図 A_2），阿玉台 Ia 式になると殆ど弧線状に垂れ下がる形になる（同図 A_3）。この点について西村氏は次のように指摘している。

「前代の五領ヶ台式土器のなかで，把手に渦巻文を隆起線で取り付けたり，体部にもこれを描いたものが見受けられるが，本図（引用者註：本稿第 8 図 3 段目左と同種の土器）の弧線文は，そうした前代の渦巻文を母胎として，それから省略転化した結果のものではなかったかと推察する」（西村 1984：272・276 頁）。

まさに卓見である。筆者は最近増加した阿玉台 Ia 式土器の資料集成図を作成した後，この事実に気付き，西村氏の諸業績を読み直して改めてこの記述の重要性に気付いたのである。鈴木正博氏は常々山内清男の業績と西村正衛氏の業績を自己の研究の基盤とされているが，鈴木氏が教えてくれるように（鈴木 1991：33 頁），通り一遍に両先学の文献を読むのではなく，一つ一つの文章を過去及び現在の資料を前にしながら吟味する必要性を痛感した次第である。西村氏の業績の重要性の一つは，土器の研究に関しては山内の助言がしばしば加わっており〔例えば，個別「阿玉台式直前」型式についても山内博士から「資料の量を増すことを勧められた」（西村 1972：75 頁）と証言している〕，西村氏がこれを正しく理解して実践していることにある。即ち，文献には現れない山内自身の観点が忠実に西村氏の研究に顕現されているのであり，間接的に山内の考えを窺うことが出来るのである。

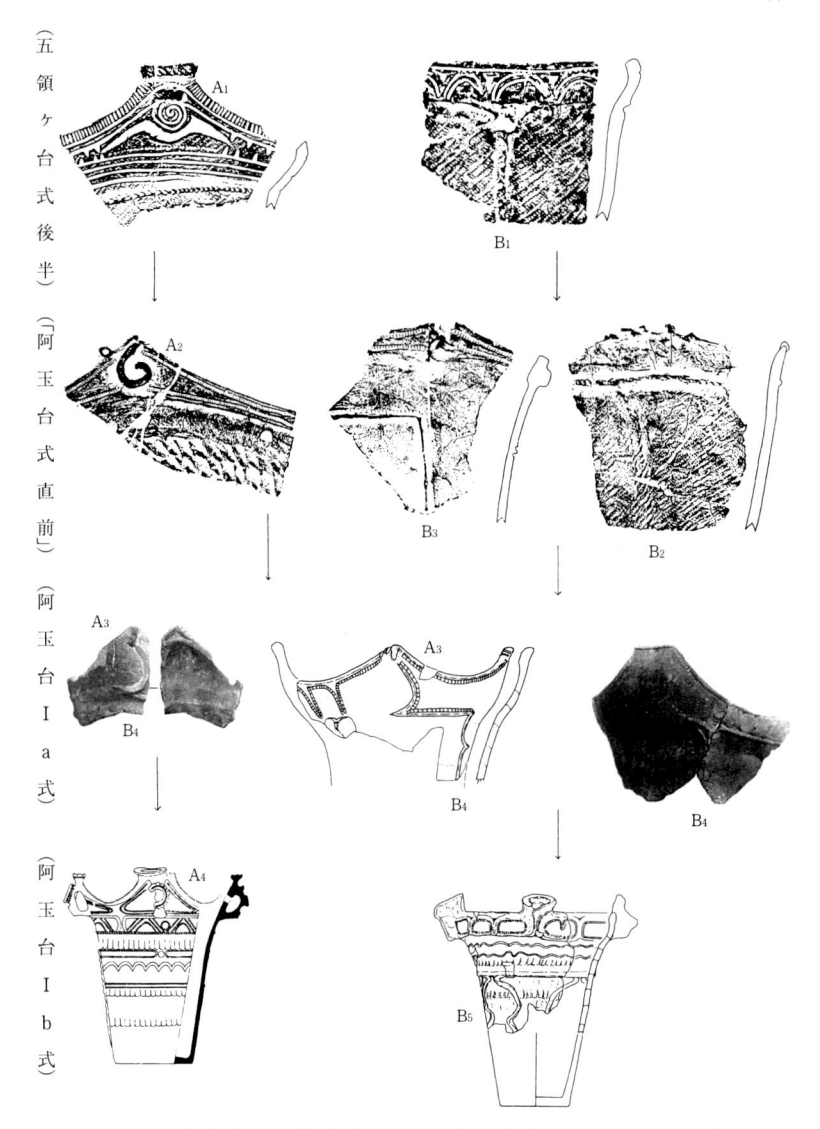

Ⅵ. 阿玉台式土器の成立の指標を何に求めるか？ 139

第8図 渦巻文から「弧線文」への変化，及び体部 Y 字状文の変化
上段左：千葉県雷貝塚，上段右：千葉県木之内明神貝塚，2段目：千葉県雷貝塚
3段目左：千葉県阿玉台貝塚，3段目中央：栃木県坊山遺跡，3段目右：千葉県阿玉台貝塚
4段目左：千葉県木之内明神貝塚，4段目右：千葉県中山新田Ⅰ遺跡

話が横道にそれてしまったが,上記の渦巻文から変形した「弧線文」の一部は,阿玉台Ia式において体部のY字状文と連結して特異な形態の図形に発展して行く。即ち,五領ヶ台式の体部のY字状文(第8図B_1)の一部が,「阿玉台式直前」において二股の一方が欠失して曲尺状の隆線(B_2・B_3)に変容し,阿玉台Ia式に到って件(くだん)の「弧線文」と結合して,新たに阿玉台式特有の大きく屈曲した懸垂文を構成するに到るのである(A_3+B_4)。この形態の隆線はかなり定型化したようであって,西村氏の発掘資料(第8図3段目左)だけでなく,栃木県坊山遺跡(同図3段目中央),福島県法正尻遺跡(第9図)などの各地の遺跡で確認することが出来る。そして,阿玉台Ib式になると口頸部文様帯と体部文様帯が二つの帯にはっきり分かれ,阿玉台式の型式特徴が完成に向かうことになる。「弧線文」は独立して波状口縁頂部の直下に施される(第8図A_4)一方,変形した体部Y字状文は阿玉台Ia式のような鋭い屈曲を緩めながら同じ位置に一本,あるいは背中合わせにして2本単位(第8図B_5)で施されているのを見ることが出来る。

(c) **棒状突起の出現と扇状把手の形成**

西村氏が発掘した阿玉台Ia式の標本で特徴的なものは粘土棒を芯としてこれを粘土帯で囲った棒状の突起の存在である。これについて西村氏は次のような記述をしておられる。

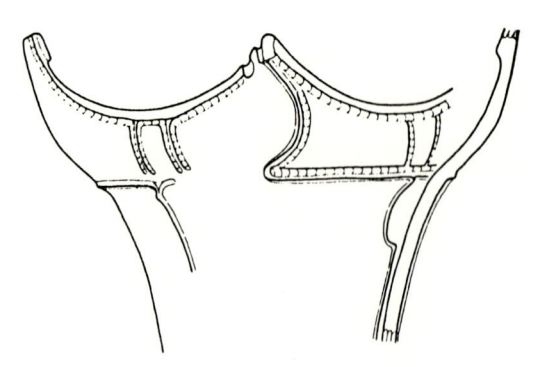

第9図 福島県法正尻遺跡出土の阿玉台Ia式土器
(松本ほか1991による)

「一方,口縁には阿玉台式に多く見られる粘土棒を芯として,それを粘土帯で囲った突起が現れている。」(西村1970:48頁)

「また粘土棒を芯として,それを囲った特有な突起もこのあたりの土器に多くみられ

VI. 阿玉台式土器の成立の指標を何に求めるか？

る。」（西村 1971：34 頁）

「…かわって，粘土棒を芯としてそれを粘土帯で囲った独特の突起が現れる。」（西村 1972：82 頁）

上記の文言より，阿玉台 Ia 式からの重要な特徴として粘土帯で囲った棒状突起の出現を西村氏は重視していたことは明らかである。これの生成について，寺内隆夫氏は次のような重要な発言をしておられる。

「一方，下総・常陸地域には（中略）口頸部 Y 字状隆線が五領ヶ台 II 式段階にある。これは棒状の隆線に V 字の隆線を貼付するものである。この手法を踏襲して『五領ヶ台式直後』の段階には，一本の棒状隆線上に帯状の粘土紐を貼付する例が現れる。この地域では，一本の棒状隆線を刻む例が稀で，同様の効果は今述べたように隆線上に帯状の貼付け文を付することによってなされる。」（寺内 1987：33 頁）

この指摘は阿玉台式土器の実物にあたらなければ，理解が困難であろう。阿玉台式成立期前後から阿玉台 II 式頃までの Y 字状文は上方の二股が五領ヶ台式のそれのように大きく開いておらず，棒状隆線に粘土の帯を被せ，指でなでつけるようにして貼りつけたものが多い（第 10 図 2）。これの芯となる棒状粘土が粘土帯の上端を突き抜けると阿玉台式独特の棒状突起になるのである（第 10 図 3）。このような棒状突起はその生成過程こそ阿玉台系統と異なるものの，関東西部から中部地方には五領ヶ台 II 式の段階から存在し，「五領ヶ台直後」と仮称されていた五領ヶ台式末葉の土器にも多数存在する（寺内 1987：33 頁）。関東東部におい

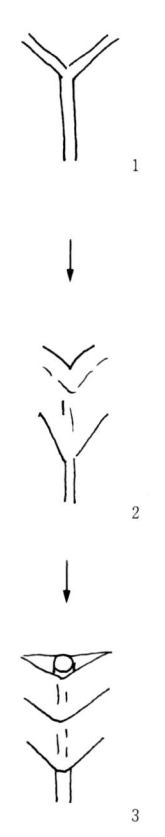

第 10 図 「粘土棒を芯として，それを粘土帯で囲った突起」の生成

（阿玉台Ⅰa式）

（同上）

（阿玉台Ⅰb式）

1

2

3

第11図 「粘土棒を芯として，それを粘土帯で囲った突起」が二つ接近して扇状把手を形成して行く過程
1：千葉県阿玉台貝塚，2：同左，3：千葉県白井通路貝塚

ても例えば雷貝塚から一点，棒状突起の施された「阿玉台式直前」の土器が西村氏により報告されている（西村1984：265頁の第17図3の土器）ので阿玉台Ⅰa式から突然出現したものとは考えられない。むしろ，「阿玉台式直前」と大きく異なる指標は阿玉台式の代表的特徴をなしている扇状把手の基礎をこの棒状突起が形成していることであろう。寺内氏はこの間の事情を次のように説明している。

「阿玉台Ⅰa段階ではY字状隆線と棒状隆線がセットとなって，左右非対称の『冂』形扇状把手の祖形になるものが現れる。このY字の部分，すなわち棒状隆線上に付加される粘土紐の部分は，さらに肥大化し，口縁部上端へ伸びる傾向を見せる。これは，五領ヶ台式の段階から見られる貼付文とともに変化し，『冂』形扇状把手のエリ状部分を形成するようになる。その完成は阿玉台Ⅰb式古段階である」（寺内1987：33頁）。

扇状把手の生成について極めて説得力のあるすぐれた見解であると思う。

しかし，寺内氏は西村氏が同じような指摘を十数年前にすでに行っていることについて見逃されているようである。氏だけでなく，多くの研究者が気付いていないように思われる。筆者も1987年10月に行われた房総風土記の丘における西村氏の講演（「阿玉台式土器の文化」）においてこのことが解説されるまでその重要性に気付かなかったくらいである。この講演を聞いた後，「阿玉台式土器編年的研究の概要」を読み直し，該当の部分をようやく探しあてた次第である。それは，わずか二行の簡単な解説であった。

「本種の次の段階に盛行した扇状把手は，V字状隆起線や突起を接近させて貼付したことから発生したものと推測される。」（西村1972：85頁。傍点は引用者）

すなわち，エリ状の部分が未発達な扇状把手の萌芽が認められることがこの段階の重要な指標とすることが出来るのであり，西村氏はこれを明確に指摘していたのである。西村氏の文章は組織的で長期間にわたる目的意識を持った自主発掘と研究に裏付けられており，これを読むときは一行もないがしろにしてはならないことを銘記すべきである。それはさておき，Y字状文から派生した棒状突起から扇状把手が生まれ，これを中心にして「窓枠状文」と呼ばれる区画文が完成を見るのである（第11図）。先に解説したx字状文から成立した楕円を基調とする区画文とはその系譜が異なることを確認しておきたい。同時に勝坂式後半の「方形区画」や「楕円区画」ともその形成の過程が全くことなるので，同じ用語で呼称することは誤解を招くことになる。そこで前者を「Y字状文系方形区画文」，後者を「x字状文系楕円区画文」と以後呼称していくことにしよう。

(d) 角押紋・縄紋及び体部製作痕の変遷

角押紋は先行型式である五領ヶ台式の終末期（雷七類）より存在しており，これがかつて西村氏による「五領ヶ台式および阿玉台式の中間型式」設定の重要な要素であった。その発生の一因は雷五類（「五領ヶ台IIb式」）の「沈線および点列文を配する手法」（西村1954：151頁）にあると筆者は見ている。

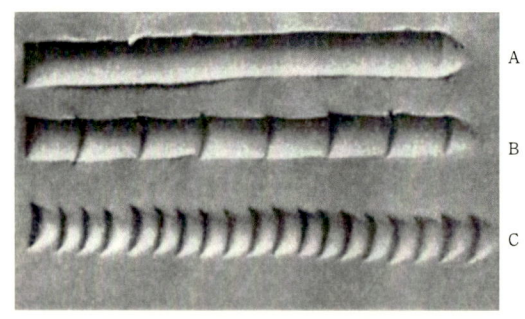

第12図　沈線→角状押引紋→連続押圧紋（大村1984による）

すなわち，「引きずる」手法に「刺突する」（あるいは「押圧する」）手法が融合して角押紋となったと考えているのである。この施紋手法は阿玉台II式まで存続するが，阿玉台III式になると「引きずりながら押圧する」手法から「引きずる」意識が希薄化して単に連続押圧する手法（大村1984：36頁）に変化して行く（第12図B〜C）。次に縄紋を地紋に持つ土器は，五領ヶ台式に属する雷五類・七類の段階に，多くの無紋土器と共に出土していることを西村氏は報じている（西村1954：151・154頁）。雷八類古（「阿玉台直前」）にも縄紋は残存している（西村1972：79頁）が，雷八類の新（阿玉台Ia式）になると，「隆起線文を付けた縄文の土器が」「無文の地肌をもった土器に統一され」（西村1972：82頁）てしまい，阿玉台II式までその傾向は続く。西村氏は，これが先行の五領ヶ台式との型式「区分の拠り所の一つであろう」（西村，同上）と重要な発言をしておられる。隣接の勝坂式においても，その成立期には一時縄紋が消滅しているのであり，関東地方の東西において軌を一にしているのが興味深い。筆者が所属する下総考古学研究会は，山内が『日本先史土器図譜』で提示した典型的「勝坂式土器」を起点にしてその上限を追った結果，図らずも縄紋の消滅する事実を以て，五領ヶ台式と勝坂式の区分の重要な指標の一つと捉えたのであった（下総考古学研究会1985：59頁）。結果的には西村氏の視点が正しかったことを隣接諸型式の研究から追認した形になったといえよう。無紋土器には体部の輪積み痕を指頭で粗く修正したままのものが「阿玉台式直前」に存在している（西村同：79頁）。これは，寺内隆夫氏によれば，五領ヶ台II式（無紋の粗製土器）から既に存在しているという（寺内1987：41頁）。この伝統は阿玉台Ib式まで残存するが，この段階では「修正痕を粗く修正

したものもあるが一体にこれが磨消され，粘土の接合点に刻目文やひだのよ
うな文様が付され」(西村 1972: 87 頁。傍点は引用者) るようになる。かつて筆
者はこの記述の意味に気付かず，「製作痕」と「ひだ状文」を混同して用い
てしまった (大村 1991: 75 頁) が，西村氏の提示された図版を詳細に検討し
てみると，後者は前者を誇張した形で意図的に作出した新しい文様要素であ
ることが明瞭となった。すると，かつて筆者が提示した体部製作痕の変遷は

 ①五領ヶ台 II 式……………………………体部製作痕（無紋の粗製土器のみ）
            ↓
 ②阿玉台式直前〜阿玉台 Ia 式………… 体部製作痕
            ↓
 ③阿玉台 Ib 式 (古)……………………… 体部製作痕・ひだ状紋
            ↓
 ④阿玉台 Ib 式 (新) 〜阿玉台 II 式 (古)………………刻目紋
            ↓
 ⑤阿玉台 II 式 (新)………………………………波状沈線 (2 列)
            ↓
 ⑥阿玉台 III 式……………………………………波状沈線 (1 列)

というように，型式論的な変化をさらにスムーズにたどることが可能にな
る。
 ①及び⑤〜⑥は筆者が加えたものであるが，②〜④はすでに明らかにした
ように，西村氏が二十数年前に断片的ながら論及した事実である。その重要
性が今日までほとんど等閑に付されていたことは驚くべきことといわなけれ
ばならない。

4. まとめ

 以上，西村論文の内容に筆者の所見も加えて，各文様要素の変遷を段階別
に概観してみた。次に，今まで述べて来たことを図式化してみよう (第 2 表)。
 ここで明確になったことは，雷八類 (新) において先行型式である五領ヶ
台式の口頸部文様帯が解体し，これの構成要素であった Y 字文や V 字文が

第2表　五領ヶ台式後半～阿玉台Ib式（古）の文様要素の変遷

雷五・七類： （五領ヶ台式後半）	渦巻文	山形状区画帯	Y字状文	橋状把手	Y字状文	縄紋	沈線＋点列紋、 角押紋	体部の製作痕
	↓	↓	↓	↓	↓	↓	↓	↓
雷八類(古)：しまりの弱 い渦巻文		山形状区画帯	？	？	棒状突起	縄紋	角押紋	体部の製作痕
	↓	↓	↓	↓	↓	↓	↓	↓
雷八類(新)：弧線文		×	Y字状文系区画文 （不定型）	X字状文系区画文 （不定型）	扇状把手の祖型 （棒状突起＋ Y・V字状文）	×	角押紋	体部の製作痕
	↓	↓	↓	↓	↓	↓	↓	↓
阿玉台Ib式：装飾の付い （古）　　た弧線文		×	完成されたY字 状文系区画文	完成されたx字 状文系区画文	扇状把手	×	角押紋	ひだ状紋・体 部の製作痕

註：×印は無，又は稀であることを示す。

変化・融合して窓枠状文や区画状文，扇状把手などを生成し，主要モチーフであった渦巻文も「弧線文」に変形して新しい文様帯を再編成している点である。五領ヶ台IIc式にあった縄紋が雷八類（新）で完全に消滅したことも大きな画期であった（西村1972：82頁）。これに対して，体部製作痕や角押紋は前代から「典型的な阿玉台式」（阿玉台Ib式古）に到るまで継続しており，型式区分の拠り所にはならないことが分かった。以上，西村氏が提示された図や記述の断片を系統的に整理してみると，氏の型式概念の定義方法が明瞭に浮かび上がって来るのである。即ち，**細密な土器観察と層位的検証を重ねた上で，文様帯の系統を考慮して，五領ヶ台式から「典型的な阿玉台式」（阿玉台Ib式古）にいたるまでの細別を積み上げ，文様帯の構成に大きな変動が見られた時点（雷八類新）を以て阿玉台式の成立としたのであった。**

一時代前の考古学研究者の論文は挿図が必ずしも充分ではなく，今日の我々にとって理解困難となりつつあるものが少なくない。西村氏の論文も，文様帯の変遷の記述において模式図などの提示がまったくなく，せっかく重要な指摘が，充分に理解され活用されていたとは言いがたかった。そこで，西村氏の記述に従って同氏が提示した資料に新発見の資料を加えて置き直し，土器型式の概念定義方法の実際を分析してみた次第である。土器の分類はその目的によって様々な指標が設定されうる。そこで十人十色の研究が生まれ

る訳であるが，考古学にとって最もよい分類方法とは，より多くの研究者の「直観や経験にうまく合致する分類基準を採用したもの」(池田1992: 74 頁) ということが出来よう。その点，西村氏の研究は長い間にわたって，多くの研究者に支持されていることから優れた分類方法であったということが言える訳である。しかも，先学の教えを忠実に実践しており，学問の正道を歩むものであった。例えば，以下に引用する山内清男の主張は西村氏の実践そのものである。

・「先づ個々の短い時代の文物を確認する。そしてこれらを層位又はその他の自然現象に応じて年代順を定める。」
・「そして各々の短時期の文物を年代的に編成し，その間における文物の変遷を見る」
・「細別を進行せしめ，それを知悉して後大きな区分に想到し得れば最もよいのである」(以上山内 1937: 30～32 頁による。傍点は引用者)
・「ある型式の文様帯は前代土器型式の文様帯と連続・継承関係を持っており，次代型式の文様帯の基礎となる。」(山内 1964: 157 頁)

今回抽出した土器型式の区分方法はあらゆる縄紋土器型式の研究において実践が可能であり，筆者自身この方法を駆使していくつかの課題に取り組もうと考えている。

1994 年 3 月 25 日脱稿
1995 年 7 月 2 日一部改稿

付記

本稿を故・西村正衛先生のご霊前に謹んで献呈いたします。

筆者と西村先生の繋がりは直接的には決して強いものではない。1984 年 11 月に，下総考古学研究会が実施した西村先生発掘資料の見学会の折お世話になり，見学の後早稲田大学の近くに一席を設けて，先生を囲んで懇親会を開いたこと，及び 1987 年に千葉県松戸市・中峠遺跡第 10 次調査の折，わ

ざわざ見学に来られた先生にご挨拶した程度である。今回の拙稿の中心となった白井雷貝塚出土資料は，その1984年の見学会において詳細に観察することが出来たものである。この折西村先生より伺った，「僕は土器破片の観察を大事にしているんだ」というお言葉が強烈に印象に残っている。最近は行政発掘の進展で完形土器が大量に出土し，土器の形態や全体の文様構成，あるいは組列を重視した研究が進展しているが，筆者の土器型式研究上の興味は，一片の土器破片から所属細別型式を鑑定し，遺構の時期を確定出来るだけの型式指標を抽出出来るか否か，というところにあるからである。そういう意味で筆者は西村先生への尊敬の念を一層深めたのであったが，実はこの出会いよりはるか以前，筆者の考古学修行時代のころからの憧れの先生であった。その契機は1971年にまで遡る。その夏，筆者は数人の仲間と千葉県の佐原市及び香取郡神崎町・大栄町・小見川町・銚子市等利根川下流域南岸の遺跡分布調査を手弁当で実施したことがあった。この折，行く先々の貝塚で地元の人から西村先生の話を聞かされ，先生の業績への関心が高まったのである。この遺跡分布調査は諸般の理由から約1ヵ月で終わってしまったが，佐原市周辺を大学の先輩矢戸三男氏と担当した筆者は，縄紋遺跡の分布が時期的に大きな変化を見せていることに関心を深め，それ以後も一人でこの地域の遺跡分布調査を継続し，5年後に『遺跡分布調査報告I～千葉県香取郡・大須賀川流域及びその周辺～』(1976年)という報告書を矢戸氏と自費出版した。この報告書は勿論西村先生にも贈呈した。考古学入門直後の拙いものであったが，西村先生より丁重な礼状が届いた。「着実な研究の成果として大いに意義があり，益するところも多いと信じています。今後とも研究の参考として繰り返し拝読させていただく所存であります」という温かいお言葉は，孤独な独学徒の筆者をどれだけ勇気付けたことか，大学や行政機関に所属する人達には到底分かって頂けないであろう。その後，約20年間，校務に忙殺されながらも考古学にしがみついて来られたのは，こうした西村先生をはじめとする諸先生方の温かい一言があったからである。

さて，今から数年前，上述した利根川下流域の遺跡分布調査に関わった仲間より，ある慶事をことほぐために論文集を出そう，という呼び掛けがあっ

た。そこで，早速この地域の論文に相応しいテーマとして本稿の下書きを書き上げ，西村先生のご教示を得ようと考えたのであったが，その時先生は既に病床にあってとても接見を仰ぐのは無理である，ということであった。

やむをえず西村先生に直接教えを受けた鈴木正博氏や塚本師也氏に西村先生の発掘資料や同先生のお考えに関してのご教示を得，筆者の推論の裏付けを取った上で，1994年3月に脱稿，編集者の越川敏夫氏に届けたのであった。ところが，論文集の刊行が大幅に遅れているうちに本年2月，とうとう西村先生が亡くなった，という報せが届いたのであった。文献史学を大学で専攻した筆者は，考古学分野で正式に師と呼べる先学を持たない。しかし，直接教えを受ける代わり，優れた先学が残した労作を徹頭徹尾読み込み，行間の意味迄読み取ろうとする姿勢は多少身についているつもりである。そういう意味で，西村先生の業績を読み込んだ成果を，西村先生の謦咳に触れることの出来ない若い人達に紹介するのは筆者の使命のようにも思えた。更に，先述した論文集の刊行の目処が未だに立たない状況でもあるので，越川氏に相談して了承を得，投稿先を若い読者の多い本誌に振り替えることとしたのである。本誌編集者の利根川章彦氏の快諾をあらかじめ得ておいたのは何よりも心強いことであった。

以上，本稿を西村先生のご霊前に献呈する所以と，本誌掲載の経緯について簡単に書き留めた。

最後に，改めて西村先生のご冥福をお祈りすると共に，本稿発表にいたるまでにお世話になった鈴木正博氏，塚本師也氏，越川敏夫氏，利根川章彦氏，並びに西村先生の諸論文の分析データの使用を快く承諾して頂いた寺内隆夫氏に厚くお礼申し上げる次第である。

引用・参考文献

池田清彦 1992『分類という思想』 新潮選書

今村啓爾 1985「五領ヶ台式土器の編年」『東京大学文学部考古学研究室紀要』第4集

大川　清ほか 1978『考古学研究室報告乙種第5冊 ―茨城県美浦村虚空蔵貝塚―』

国士舘大学文学部考古学研究室

大村　裕　1984「所謂『角押文』と『キャタピラー文』の違いについて」『下総考古学』第7号

大村　裕　1987「所謂『五領ヶ台式直後型式』研究の現状について」『下総考古学』第9号

大村　裕　1991「考察 ―第1次調査地点出土の土器について」『下総考古学』第12号

佐藤達夫　1974「土器型式の実態 ―五領ヶ台式と勝坂式の間―」『日本考古学の現状と課題』　吉川弘文館

下総考古学研究会　1985「勝坂式土器の研究」『下総考古学』第8号

鈴木正博　1991「汎列島的視点による所謂遠賀川系土器研究法の元型」『地域相研究』第20号

塚本師也　1988「坊山遺跡出土の阿玉台Ia式土器（前編）」『栃木県考古学会誌』第10集

塚本師也　1990「坊山遺跡出土の阿玉台Ia式土器（後編）」『栃木県考古学会誌』第12集

寺内隆夫　1987「勝坂式土器成立期に見られる差異の顕在化 ―隣接型式との関係　阿玉台式土器その1―」『下総考古学』第9号

西村正衛　1954「千葉県香取郡小見川町白井雷貝塚（第二・三次調査）」『早稲田大学教育学部　学術研究』第3号

西村正衛　1970「千葉県小見川町阿玉台貝塚 ―東部関東における縄文中，後期文化の研究　その二―」『早稲田大学教育学部　学術研究』第19号

西村正衛　1971「千葉県佐原市三郎作貝塚（第一次調査）―東部関東における縄文中，後期文化の研究　その三―」『早稲田大学教育学部　学術研究』第20号

西村正衛　1972「阿玉台式土器編年的研究の概要 ―利根川下流域を中心として」『早稲田大学文学研究科紀要』第18輯

西村正衛　1984『石器時代における利根川下流域の研究 ―貝塚を中心として―』早稲田大学出版部

原田昌幸ほか　1986『常磐自動車道埋蔵文化財調査報告Ⅳ ―元割・聖人塚・中山新田Ⅰ―』　千葉県文化財センター

松本　茂ほか　1991『東北横断自動車道調査報告　11 ―法正尻遺跡―』　福島県教育委員会

山内清男 1937「縄紋土器型式の細別と大別」『先史考古学』第1巻第1号
山内清男 1964「文様帯系統論」『日本原始美術1』 講談社

Ⅶ. 「山内・加曾利E式細別」の実体について
―千葉県中峠遺跡第3次調査地点出土の加曾利E式(古)土器の検討から―

1. はじめに

　加曾利E式土器の細別については，その細別呼称一つとってみても研究者間に様々な意見の齟齬があり，収拾のメドは全く立っていないのが実情である。この混乱を単純に整理してしまうと，2つの立場に収斂出来るようである。第1は，山内清男による加曾利E式4細別の方針に従う立場であり，細別を表す場合『ミュージアム』224号に掲げられた編年表中のアラビア数字による表記を採る。第2は，「山内博士以後の膨大な研究の蓄積を無視する訳にも行かない」(鈴木1994：90頁)として，基本的に『日本の考古学Ⅱ』(縄文時代)(1965年　河出書房社刊)に整理された細別に従う立場である。この細別を表す表記はローマ数字を採る場合が多い。この二つの立場のなかにも各々微妙な考えの相違があり，これを詳細にたどることは膨大な紙数が必要である。能登健氏(能登1976)，柳澤清一氏(柳澤1985年・1986年)等の優れた研究史の整理があるのでそちらを参照して頂きたい。さて，この二つの立場にはそれぞれ問題点が伴っている。山内の細別は後述する理由から最も優れているものであるが，細別の詳細が充分に解説されておらず，図版の提示も充分ではない。しかも，戦前の『日本先史土器図譜』に示された加曾利E式の「最も古い部分」「真の加曾利E地点の土器」「新しい部分」「最も新しい部分」という表記と，『ミュージアム』誌上に示された『加曾利E1・2・3・4式』が同じ内容であるのかどうか，ということも確実に捉えられないのである。一方，後者の立場には，東北南部の大木8a~10式との対応関係に対する配慮が欠けていることに重大な問題がある。たとえば，『日本の考古学Ⅱ』では，体部の磨消縄紋が施され，口頸部文様帯が隆線による楕円状の区画を形成している土器を「加曾利EⅡ式」(同書の115頁の図40-8)としておきながら，巻末の編年表には「加曾利EⅡ式」と並行する東北南部の

型式には大木8b式をあててしまっているのである。磨消縄紋の出現を「加曾利 EII 式」の指標とする事には目をつぶるとしても，大木8b式は口頸部文様帯に渦巻文が発達し，体部には縄紋地に沈線による装飾が発達する段階であり，磨消縄紋は存在しない。両者の対応関係は型式論的に到底成り立たないはずであり，関東―東北南部の土器型式の対応関係に対する理解が乏しかったと断ぜざるをえない。『日本の考古学 II』以降の「膨大な研究の蓄積を無視する訳にもいかない」という立場の研究者は，隣接型式との対応関係を整理する義務があろう。その点，詳細が不明とはいえ，厳密な層位的発掘により確立された大木式の編年との対応関係から導き出されて来た山内編年が方法論的に優れていることは動かしようのない事実のようである。それはともかく，筆者はこうした混乱に対して，自らの資料を整備する前に無責任な発言をすることは控えようとの立場に立って，加曾利 E 式細別の原点となった，戦前の山内清男の細別表記を使用して来たが，中峠第3次調査出土の比較的充実した資料を前にして，そろそろ自己の立場を明確に表明する必要が出て来たことを認めざるをえない。そこで，『日本先史土器図譜』及び『日本先史土器の縄紋』で表記された加曾利 E 式の「最も古い部分」「真の加曾利 E 地点の土器」（中位の古さ）「新しい部分」「最も新しい部分」がそのまま『ミュージアム』224 号誌上に示された（山内 1969: 17 頁），「加曾利 E1・2・3・4式」に相当することを証明すると共に，山内が片言隻句のうちに指示した型式内容に準拠して本遺跡出土資料を分析し，「密室編年」と批判されて来た山内・加曾利 E 式細分の充実を図りたいと思う。ただし，今次調査で出土した纏まった資料は加曾利 E 式の前半部分（加曾利 E 式古）だけであり，分析の対象もこの時期のものに限られることをあらかじめお断りしておきたい。

2. 山内清男の型式名設定及び細別呼称設定の原理

まず，土器型式名の与え方について，山内は次のように解説している。

「型式の内容は始め若干の特徴だけが示されただけで，後に多くの資料を得て全容が充分に指示されることもある。又始め型式名が加えられた後,

幾つかの型式に細分されることもある。これらの型式は適宜遺跡名を付けて呼ばれることが多い。遺跡の地点の名を加えることもある。又，円筒土器の様に始め形とか文様を率直に示す名称ができて，後にこの仲間を真の型式に区分した例もある。」（山内 1964：148 頁。下線は引用者）

以上の文章より，山内の型式設定には次のような特徴があることに気付くであろう。

第1に，土器型式の設定にあたって，最初から明確に型式内容の全容を確定していたのではなく，ある土器型式の特徴的な部分に型式名を与えて，取り敢えず飛び石のように編年表に組み込み，資料の充実を待って当該型式の枠組みを押さえ直し，間隙を埋めて型式概念を固める方針をとっていることである。

第2に，先学が定めた用語を尊重（例えば「円筒土器」，大山柏の「勝坂式土器」）しつつ，真の土器型式に押さえ直す，という方針をとっている。土器型式の編年に対して必ずしも好意的ではなかった戦前の学界において，従来の用語を最大限に尊重しながら自己の主張の定着を図ることは是非共必要であったことであろう。縄紋中期の土器や後期の土器の記述に際して「厚手式」「薄手式」などの用語を併用しているのはこうした配慮が働いていたものと思われる。

次に，こうして与えられた土器型式の細別をどのような手続きで進めているのかを具体的に見ていこう。

1937 年の「縄紋土器型式の細別と大別」付表（山内 1937：31 頁）にしめされた縄紋土器型式の編年表に掲げられた諸型式のうち，細別型式が数字ないしはアルファベットで示されているのは以下の通りである。

```
陸奥：円筒上 a，b
陸前：槻木 1，2，大木 1，2a，b，3-5，6，7a，7b，
      8a，b，9，10
      大洞 B，B-C，C1，C2，A，A'
関東：諸磯 a，b，安行 1，2，2-3，3
畿内：北白河 1，北白河 2
吉備：里木 1，里木 2
```

VII. 「山内・加曾利E式細別」の実体について

このうち,「円筒上 a, b」は山内による青森県オセドウ貝塚[1], 是川中居貝塚[2]の発掘 (1925～26年) に基づくものと思われ,「槻木 1, 2」は 1927 年の槻木貝塚[3]発掘 (1927) に基づくものであると思われる。この他, 大木式の諸型式の細分は宮城県大木囲貝塚の発掘[4] (1927～29 年), 大洞式の諸型式の細分については岩手県大洞貝塚[5] (1925 年), 諸磯式の細分は横浜市バンシン台貝塚[6]の発掘 (1932 年), 安行式の細分は埼玉県真福寺貝塚の発掘[7] (1930 年) の結果に基づくものである。西日本のものは, 山内の発掘所見に基づくものではなく, 1930 年 12 月末の京都大学所蔵資料の調査 (三森 1971: 91 頁) に基づくものであると思われる。関東北の編年を敷衍してもほぼ誤りがないものと判断されたものにのみ数字を当てたのであろう。こうしてみると, 山内の型式細分は, 基本的には自らの層位的発掘調査の成果が得られたものにのみ行われていることが明白である。現在, 層位的所見を踏まえず, 細分を推進する研究者が少なからず存在するが, 山内の型式細分とは似て非なるものであることを強調しておこう。次に山内の調査方法と細別の過程を, 比較的丁寧に読み取ることの出来る安行式を例にとって検討してみよう。

『日本先史土器図譜』・解説において, 山内は安行式の命名から細別の過程を以下のように解説している。

「この式は元来所謂薄手式の中に含まれて居ったのであるが, 大正十三年春, 堀之内式, 加曽利 B 式と一緒に, そのうちの細別として指摘されたのである。標準として用いた材料は大正八年自分が藤枝隆太郎君と共に発掘した武蔵国北足立郡安行村領家猿貝貝塚出土土器であった。しかし今から考えればこの材料は貧弱なものであって, 単に当時手許にあったため利用され, その遺跡の名が偶々型式の名称として慣用されてしまっただけのことである。その後, この型式の良好の資料は武蔵国柏崎村真福寺貝塚から発掘され, 甲野氏の報告が出版せられ (昭和 3 年), 安行式の標準的典拠とされるに至り, 同時に真福寺式なる異称を生じたのである。安行式が単一な式ではないことも漸次判明した。(中略) 同じく, 大山史前学研究所による真福寺泥炭層からの発掘土器について甲野氏が研究を進められ,

既報『貝塚』のものと異なるところがあり，より後出のものであることが
提唱されたのである。これは文書の上では未発表であるが，安行式細分の
最初の発見として尊重すべきものであった。その後，大町四郎，片倉修の
両君は下総岩井貝塚発掘の土器が同じく安行式でありながら，真福寺貝層
のものと違い，より遡る古さのものであることに着目された。自分は次い
で真福寺貝塚を発掘し，その概報を草したが，その時安行式を三に区分し，
岩井貝塚の如きものを安行1式真福寺貝塚のものを安行2式とし，より新
しいものを安行3式とし，更に安行2～3の間に別の式が介在すべきこと
を述べた。最近に至って，この中間の式は一つではなく二つあることが明
になった。名称の混乱を防ぐため安行2～3の中間の式を安行3のうちに
合併し，そのうちに3a，3b，3cの三区分を立てることにしたいと考えて
居る。かくて五つの型式区分が実現されたわけである」（山内1940→1967：
19頁。下線は引用者）

この文章は，山内の記憶違いが含まれているので，まずその部分を訂正し
てから，本題に入るとしよう。大町・片倉両氏が岩井貝塚を発掘したのは，
昭和8～9年であり（大町・片倉1937：1頁），山内が真福寺貝塚を発掘したの
は「昭和5年」（山内1934→1967）である。すなわち山内の発掘の方が，大
町・片倉の発掘より4年先行しているのである。そして，1934（昭和9）年秋
の原始文化研究会の準備会で大町・片倉両氏が供覧した発掘資料が山内の注
意に上り，同年12月にそれらの資料を踏まえて山内の論文「真福寺貝塚の
再吟味」が公表されたのであった（大町・片倉，同上）。従って甲野がまず①
真福寺遺跡貝塚部分出土土器と②真福寺遺跡泥炭層出土土器との細別に気付
き，その後③大町・片倉の発掘資料が提示されて安行式3細別の想定が生ま
れ，しかる後に，山内の真福寺貝塚の発掘により，「地点及び層位によって
土器型式が異なって」いる（山内1934→1967：137頁）ことを検証したのでは
なく，1934年秋に大町・片倉発掘資料を見て，当初考えていた2細別を修
正し，第3地点出土土器をあらたに①と②に先行する1型式として設定した
ものであろう。なお，これらの3区分は暫定的なものであり，「各地点の土

VII. 「山内・加曾利E式細別」の実体について

器の統計，及び精密な観察の結果，安行2及び3の中間に他の一型式の介在する疑いが濃厚である」ことを示唆している（山内，同上：142頁）。後日，2〜3式の中間型式は一つではなく，二つ介在することが判明し，「名称の混乱を防ぐため安行2〜3の中間の式を安行3のうちに合併し，そのうちに 3a, 3b, 3c の三区分を立てることにしたい」（山内1940→1967：19頁。下線部は引用者），とした。従って，「中間の式」が 3a 式，3b 式となり，1934年段階の安行3式が 3c 式となったのである（山内，同上 28〜29頁）。そして更に，戦後にいたり，安行 3d 式を追加している（山内 1964：158頁の注3）。こうして見ると，山内の型式設定とその細分はすべての資料が出揃い，成案を得てから公表するというものではないことがわかるのである。ここで，安行式の目まぐるしい細別型式の補充の状況をもう一度整理してみよう。

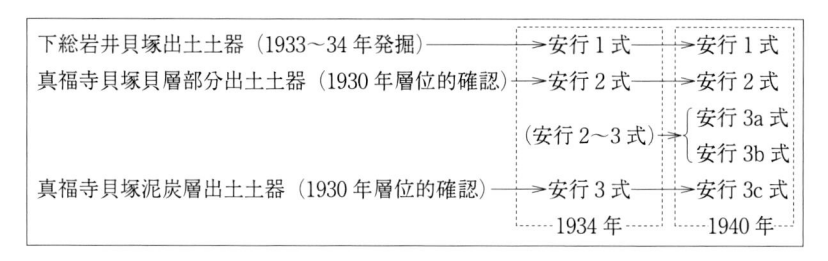

下総岩井貝塚出土土器（1933〜34年発掘） ──→	安行1式 ──	→安行1式
真福寺貝塚貝層部分出土土器（1930年層位的確認）→	安行2式 ──	→安行2式
	（安行2〜3式）→	┌安行3a式 └安行3b式
真福寺貝塚泥炭層出土土器（1930年層位的確認）→	安行3式 ──	→安行3c式
	1934年	1940年

1934年段階に想定されていた安行2式と3式の中間型式の設定にあたり，中間の2型式をそれぞれ安行3式・安行4式とし，従来の安行3式を安行5式というように繰り下げることをせず，従来の細別型式の数字を大事にして「名称の混乱を防」いでいるのである。腹案の段階では自由な組み換えをしている（1930〜34年）ものの，一旦活字で公にした序列については新知見の追加にあたって根本的な修正をしないのが山内の特徴として捉えることが出来るのである。

このように，原則を堅持しながらも新知見を追加することに躊躇しない山内が，加曾利E式の細別を論ずるとき，なぜ「未だ完全の域に達していない」（山内1941→1967：25頁）とわざわざ断り，細別を示す数字を示していないのであろうか。それは，加曾利E式土器を出土する良好な遺跡に対し，山内自らの発掘による層位的な細別確認をしておらず，「仙台近傍の中期後

半の土器」の細別（大木8a, 8b, 9, 10式）を「考慮して若干の細別を心懸けて居る」（山内 1941→1967: 25頁）状況であったからであろう。すなわち，型式内容が不十分であっても，層位的な前後関係が明確な場合は細別型式に数字を与えるが，そうでない場合は，型式論的に想定した先後関係の逆転を恐れて〔「任意の物件を並列し，独断によって古かるべきものを決め，それに照して新しきものを推定する様な所謂型式学は取るに足らず，我々もこの方針の失敗を数多傍観したのである。」（山内 1937→1967: 45~46頁）を想起されたい〕，型式論的な新古関係の可能性を示唆する表記（例えば古・中・新等）にとどめるのが山内の方針であったことが理解されるのである。実際，このような細別表記が示された加曽利E式や加曽利B式の『日本先史土器図譜』における解説には，新古を証明する層位事例は示されていないのである。そして，確実な層位事例がつかめ，資料の充実がなったとき，初めて数字による細別表記が与えられるのである。「古・中・新」等の表記を山内自身がアラビア数字に置き換え，解説した事例は講談社『日本原始美術1』184頁で資料番号183の土器に関し，「双口土器加曽利B1式／茨城県稲敷郡美浦村陸平貝塚h18.0cm／東京大学人類学教室／関東加曽利B式（古い部分）の奇形土器。」とある部分だけであるが，続く「中位の部分」「新しい部分」が加曽利B2式・3式となることはまず間違いあるまい。同様に，1937年段階における加曽利E式細別の表記，すなわち，

陸　前	関　東
大木 8a, b	加曽利 E
大木 9, 10	〃（新）

及び1941年における表記（山内 1941→1967: 25頁）すなわち，

大　木　式	加　曽　利　E　式
古い部分（大木 8a 式及び 8b 式）	①「最も古い部分」（『図譜』図版80~84） ②「真の加曽利E地点の土器」（図版提示なし）
新しき部分（大木 9 式及び 10 式）	①「新しい部分」（『図版』図版85~88） ②「最も新しい部分」（図版提示なし）

も，戦後の資料の増大に伴い，「加曾利 E1（大木 8a 並行）・2（大木 8b 並行）・3（大木 9 並行）・4（大木 10 並行）式」に置き換えたものと判断してまず間違いないであろう。その層位的根拠をどの調査事例に求めたのかは，確定する材料はないが，「名称の混乱を防ぐ」方針は安行式の研究ですでに確認した通りであり，山内が細別観をなんの説明もなしに変更することはまず考えられない。そこで，筆者はこれ以後，大木 8a～10 式に並行する関東加曾利 E1～4 式の表記（山内・1969 年加曾利 E 式細別）を用いて以下の記述を進めていくことにする。

3. 大木 8a 式及び大木 8b 式の実体

それでは，山内が考えていた大木 8a～10 式とはどのようなものであろうか。ここでは加曾利 E 式前半に並行する大木 8a 式及び大木 8b 式についてのその実体を明らかにしてみよう。

山内清男が発掘した宮城県大木囲貝塚出土資料は，自ら公表してはいないため，その具体的内容を知るには困難が多いが，幸い他の研究者により，大木諸型式の写真資料（『岩手県史』第 1 巻　1961 年）や実測図（加藤 1956）が紹介されており，その実体の一部を知ることが出来る。又，わずかながら，大木 8b～10 式の特徴を記述した山内の文章も残されている。山内の加曾利 E1 式・2 式の実体の検討に入る前に，まずその編年の基準となった大木 8a 式及び大木 8b 式の実体を上記の資料をもとにして検討し，乏しい山内・加曾利 E 式細分の指標の補完材料としてみよう。

① 『岩手県史』第 1 巻所載写真資料の検討（第 1 図参照）

〔大木 8a 式〕口縁部に太めの隆線による立体的な突起・把手が施されたものが目立ち，隆線脇あるいは単独に縄を押捺する手法が残存している。口頸部文様には縄紋を地紋として隆線による装飾が行われているが，その両脇を沈線で締めつける手法は認めることが出来ない。ただし，太い隆線上に沈線を加えて隆線を二つに割っているものが 2 点認められる。写真が不鮮明で明確に指摘出来ないが，隆線に刻みを入れたものも何点か認めることが出来る。体部には縄紋を地紋として沈線による装飾を施したものや，頸部より 2 本の

第1図　『岩手県史』1巻（1961年）で紹介された山内清男の大木 8a（上半分），8b（下半分）式土器標本

隆線が垂下しているものが認められる。

〔大木 8b 式〕口縁部の突起・把手が殆ど消滅し，渦巻文が顕著となる。そして，隆線の両脇に沈線による締めつけが行われたものが目立つ。体部には縄紋を地紋として沈線により複雑な文様が繁縟に展開されている。主要モチーフとしては渦巻文や剣先状文が認められる。隆沈紋によるものと思われる横S字状のモチーフも認められる。ちなみにクランク文のような隆線が口頸部文様帯に施されたものが認められるが，これには隆線の両脇に沈線が存在しない。又，渦巻文を中心に楕円状の区画文を構成しているようなものもある。これにはかなり太い丸みを帯びた沈線が両脇に沿っている。これらは，後述する山内の加曾利E式の細別観より判断するとやや時期が異なる可能性が残されているようである。

② 加藤，1956年所載実測図の検討（第2図参照）

加藤孝氏が山内清男の許可を得て，東北大学所蔵資料を実測し，公表した

Ⅶ. 「山内・加曾利E式細別」の実体について　161

ものである。深鉢4点，浅鉢2点がある。深鉢の口頸部文様帯には渦巻文や剣先状文が，隆線あるいは隆沈紋で表出されているのを見ることが出来る。隆線脇には細い沈線が忠実に沿う。体部の文様帯は，縄紋を地紋として沈線あるいは隆沈紋により，繁縟に施されている（第2図2・4・5)。頸部に無紋帯を持つものもある（第2図1・2)。深鉢の形態はキャリパー形を呈するが，口頸部の脹らみがやや弱まっており，口唇の厚みが減少している特徴を看取することが出来る。

③『日本先史土器の縄紋』
（1979年刊）における大木式の記述

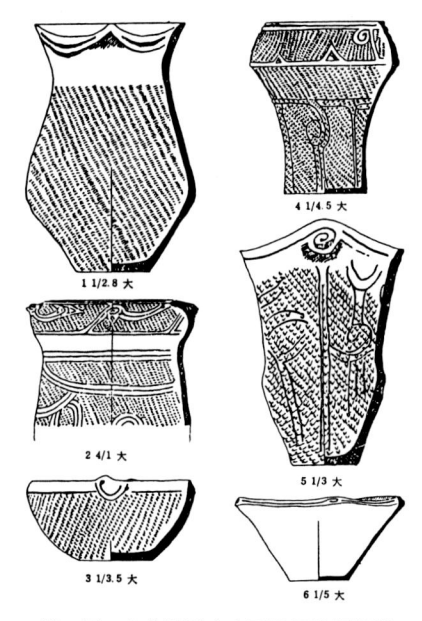

第2図　山内清男大木囲貝塚発掘資料（大木8b式）（加藤1956による）

「Ⅰ紋様帯は地紋として縄紋を有し，その上に粘土紐を付ける。紐の両側を沈線で忠実に囲む（陸前大木8式b〔82右〕，関東加曾利E式の中位の古さ）。粘土紐の太さ，高さが不定となる。それを囲む沈線が丸みを帯びて来る（加曾利E式の新しい〔83，91〕方のもの，大木9式〔90上〕)。（中略）Ⅱ紋様帯は地に縄紋がある。この上に隆線を付ける。沈線を加える（加曾利E式中位，大木8式b〔82〕)。沈線の間を磨消す〔83〕（加曾利E新式〔83，91]，大木9〔90]，10式〔90A])」（山内1979：53頁。下線部は引用者）

この記述を表化すると，以下のように整理出来るであろう。

陸　前	関　　東	型　式　特　徴
大木 8b	「加曾利 E 式の中位の古さ」	紐の両側を沈線で忠実に囲む。II 紋様帯には縄紋地に沈線を加える。
大木 9 大木 10	「加曾利 E 式の新しい方のもの」	(紐を) 囲む沈線が丸みを帯びる。(II 紋様帯には縄紋地の上に沈線を加え)、沈線の間を磨消す。

　すなわち，大木式と加曾利 E 式の細別の対応関係及び，型式特徴の一部を補完する上で重要な指摘を行っているのである。磨消縄紋出現（『日本の考古学 II』編年による「加曾利 EII 式」）以前を確実に二つに割っていることは注目すべきであろう〔加曾利 E・古＝大木 8a），加曾利 E 式中位の古さ＝大木 8b〕。更に，隆線の脇の沈線の加え方に関する所見も加曾利 E 式の細別を検討する上で極めて重要なものであり，従来の細別観を更に充実させる指標となるであろう。

4. 山内・加曾利 E 式（前半）の実体

　山内は『日本先史土器図譜』解説において，加曾利 E 式前半部分の段階について以下のような解説を施している。
　ⓐ「細別のうち最も古い部分では，口縁部に突起把手が多く，口頸部の隆線文様がこれに関連して発達して居る。体部の文様帯には縄紋のみのものがあるが，隆線の文様のあるもの，沈線の文様のあるものもある。」
　ⓑ「真の加曾利 E 地点の土器の大多数及び下総上本郷 E 地点の土器では口縁部に突起殆ど無く，体部の文様は沈線のみであり，縄紋も斜行するのみで，縦行するものを含んで居ない。」（山内 1941→1967：25 頁。下線部は引用者）

　次に図版の方の検討をしてみよう。加曾利 E 式（前半）の写真（80～84）はすべて，上記ⓐに属するものである。80-1 は突起が大きく口縁が分厚く「二重口縁」になっている。口頸部文様帯は縄紋地に太い蛇行隆線が施されている。隆線の両脇に沈線は認められない。口頸部文様帯の下端を画する線は 2 本の太い隆線である。体部には縄紋地に 2 本単位の蛇行沈線が施されて

VII. 「山内・加曾利 E 式細別」の実体について 163

おり，II.文様帯が構成されている。80-2 も 1 と同様の傾向が認められるが，太い隆線上に沈線が加えられている部分がある。両者共口頸部が膨大するキャリパー形を呈する。81-1 と 2 は口頸部文様帯に横 S 字状文が施されたものを並列している。1 は口縁に突起・把手のない唯一の例である。頸部には無紋帯が存在し，型式論的には他の土器より後出的な存在といえよう。横 S 字状文の下には太めの集合条線が施されている。体部には「縦行する縄紋」の上に隆線による懸垂文が施されている。その両脇には沈線は存在しない。これらの点が加曾利 E 式の「最も古い部分」に入れた要素なのであろう。81-2 は大きな把手が施されたキャリパーの形の深鉢である。口頸部文様帯の地紋となっている縄紋？は斜行し，体部は縦行している。あるいは単軸絡条体第 1 類かもしれない。横 S 字状文の一部には 2 本単位の短い隆線が口縁部と連結されている。口頸部文様帯の下端を画する隆線上には粗い刻みが認められる。82-1 と 2 は，円形の突起を複数個重ねあわせて大きな把手を構成している。山内はこれを「下総方面に多く，武蔵野方面に稀である。」(26 頁) と重要な指摘をしている。阿玉台式からの伝統を示唆しているといえよう。1 の口頸部文様帯には縄紋地に 2 本単位の隆線によるクランク文，2 は縦位の集合条線により充填が施されている。両者共部分的に粗い刻みが存在し，体部には文様帯は存在しない。後者の縄紋は縦行する。83-1 と 2 は「両者共筒形を呈し体部に隆線による文様がある。地は縦行する縄紋である」(26 頁)。勝坂 V 式のような方形区画を持ち，勝坂式的なモチーフも一部認められる。勝坂式と大きく異なるのは，文様帯の中に地紋として縄紋を有し，底部にも縄紋が進出していることである。これらの土器は勝坂式からの伝統を示唆しているといえよう。隆線の両脇には沈線が存在しない。84-1 と 2 は浅鉢である。これらも加曾利 E 式の古い部分に伴うとされる。

　以上，山内が「解説」で言及しなかった部分に重点を置いて，加曾利 E 式の「最も古い部分」の特徴を記述してみた。これらを簡潔に整理してみよう。

　イ．突起・把手の存在。
　ロ．横 S 字状文・クランク文・勝坂式的モチーフの残存（例えば 83-2 の逆

J字文)・蛇行隆線等の文様の存在。
ハ．隆線上に粗い刻みの残存。
ニ．隆線脇に忠実に沈線を沿わせる手法が存在しない。
ホ．2本単位の隆線の多用。
ヘ．体部の文様帯に隆線による装飾を施すことがある。
ト．体部の縄紋が縦行することがある。

これらの特徴をⓑ（真の加曾利E地点の土器＝大木8b式並行）と比較するその型式論的相違は明確である。『日本先史土器図譜』中に図版の提示はないものの，今までに記述して来たこの段階（山内・加曾利E2式）の特徴の断片を繋ぎ合わせてみよう。

イ．突起・把手の衰退。
ロ．渦巻文の盛行。
ハ．隆線の両側を沈線で忠実に囲む（「隆沈紋」の盛行）。
ニ．体部の文様は沈線のみ。
ホ．体部の縄紋は斜行するもののみ。
ヘ．隆線上に刻みは存在しない。

以上，山内は『日本先史土器図譜』以来，大木8a式及び，大木8b式並行の加曾利E式は2つの段階に分かれることを折に触れて指摘して来ているのであり，氏の基礎資料の検討からもそれは充分に裏付けられることが理解出来るのである。それは決して「加曾利EI式」というような一細別型式に包括出来るような不明瞭な区分ではなく，加曾利E1式・同2式として明瞭に区別すべき型式なのである。次に今次調査資料をこの基準で整理し，更に層位的検討により時間差を捉え，真に明確な細分型式としての科学的保証を与えることにしよう。

5. 中峠遺跡第3次調査出土土器の検討

(1) 資料の観察

今次調査出土の加曾利E式土器で，型式論的検討が可能なものは以下の資料である。

VII. 「山内・加曾利E式細別」の実体について

〔第1号住居址〕

第3図1 (加曾利E2式)，第3図2 (加曾利E2式)，第3図3 (加曾利E2式)

〔第2号住居址〕

第3図4 (加曾利E2式)，第3図5 (加曾利E2式)，第3図6 (加曾利E1式)，第3図7 (加曾利E1式)，第3図8 (加曾利E2式)，第3図9 (加曾利E1式)，第4図1 (加曾利E1式)，第4図2 (加曾利E2式)，第4図3 (加曾利E1式)，

これらは，山内清男が規定した「加曾利E1式」及び「加曾利E2式」の概念により取り敢えず型式分類したものである。これらが，型式論的に明瞭に特徴を異にすることが確実となり，層位的な区分が可能となれば，山内が提唱した細別の妥当性が検証出来ると共に，より具体的な型式内容の実体を知ることが出来るであろう。各々の土器の詳細は報告書に記述してあるので，それらの特徴を以下に列挙してみる（但し，第3図3の加曾利E2式は極めて特異な土器なので，型式特徴の分析から除外する。機会を改めて論じてみたい。）

①加曾利E1式

a. 口縁部に大きな把手が付けられる（第3図7，第2号住炉体土器：第4図4）。

b. 口唇部断面は内削ぎ状（第3図7，第4図1）となったものや，上面が平坦なもの（第3図9）があり，口唇上に沈線が入るものがある（第3図9，第4図3）。

c. 縄紋は斜行するものの他に，縦行するもの（第4図5）や単軸絡状体第1類を施したもの（第4図1）もある。

d. 隆線の整形は充分ではなく，形態は不揃いものが目立つ（第3図7，第3図9，第4図1・3）。隆線脇の調整は沈線が全く入らないもの（第4図3），片側だけに施されるもの（第3図7）が中心であるが，両脇に施されるものもある。しかし，加曾利E2式のように丁寧に施されてはおらず，雑で浅く施されているのが特徴である（第3図9，第4図1）。

e. 隆線上に沈線やキザミを入れる場合がある（第3図7，第4図9）。

f. 主要モチーフは横S字状文が認められる。渦巻文はまだ認められない（第3図6）。

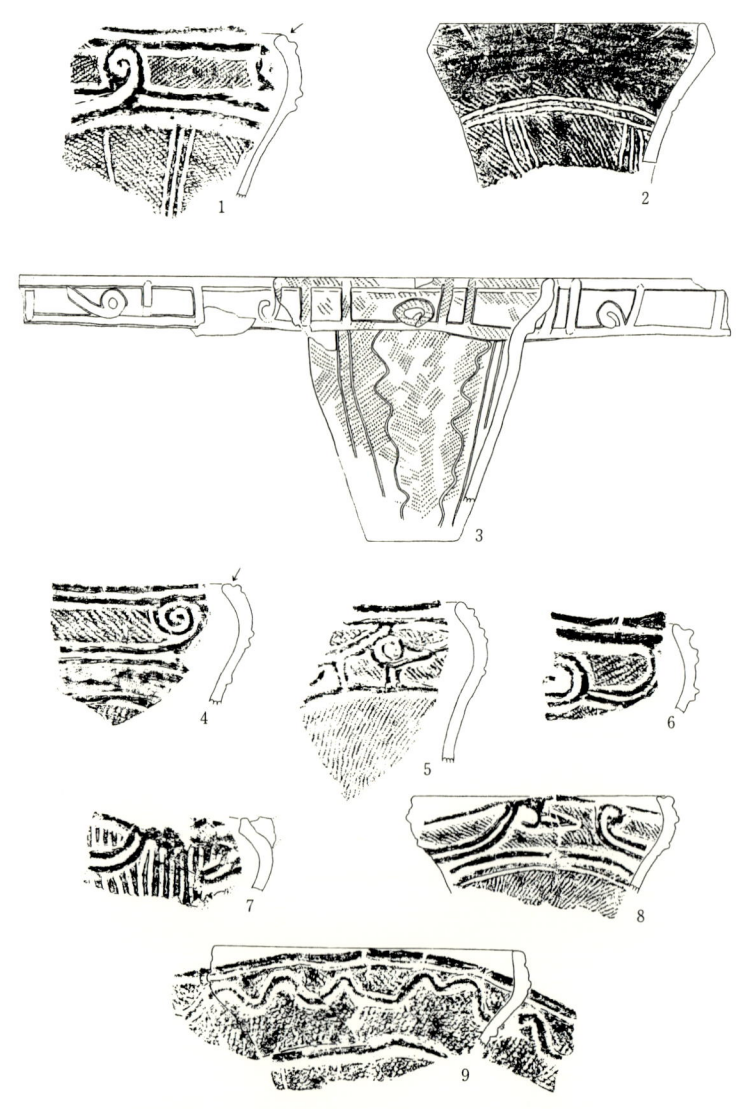

第3図　中峠遺跡第3次調査地点出土土器　その1（本稿で使用した資料のみ報告書から抽出。縮尺不同）1～3は1号住居址出土，4～9は2号住居址出土

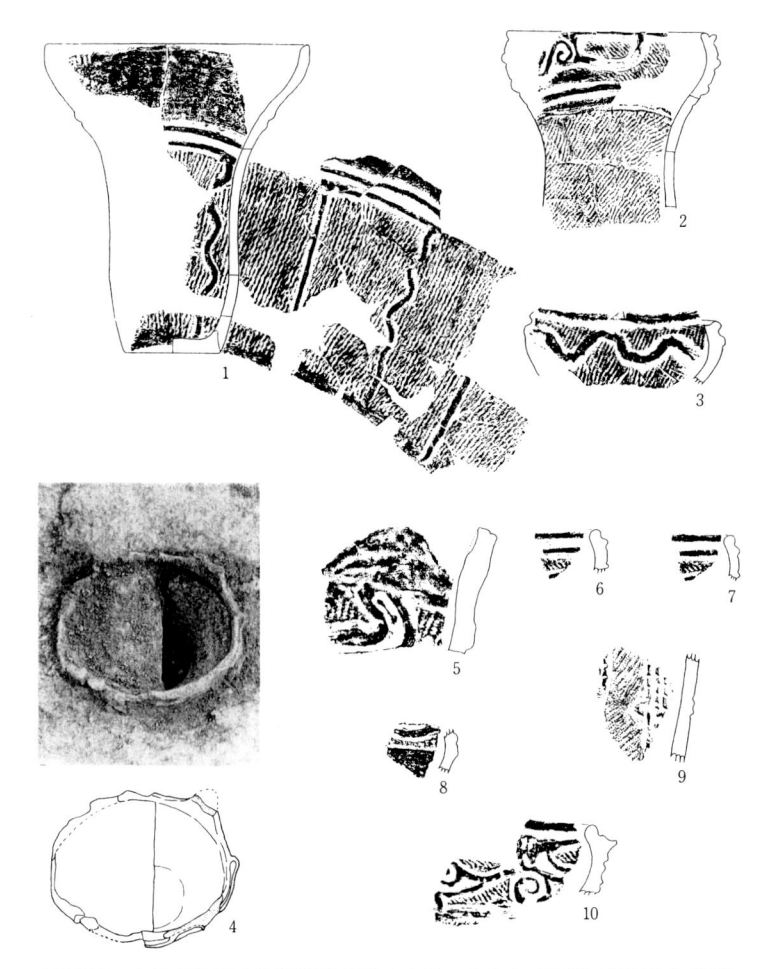

Ⅶ. 「山内・加曾利E式細別」の実体について　167

第4図　中峠遺跡第3次調査地点出土土器　その2（本稿で使用した資料のみ報告書から抽出。縮尺不同）1～3, 5～10 は2号住居址覆土出土。4 は炉体土器。現在この炉体土器の所在が不明となっているため、写真とそれをトレースした図を掲げる。

g. 体部の文様帯に隆線を使用することがある（第4図1，第4図9）。

h. 口頸部文様帯に区画文を構成しない。

②加曾利E2式

a. 口縁部の突起・把手は全く認められない。

b. 口唇部断面は断面が指頭状になっているが，加曾利E1式の口唇上の沈線が発達して口唇が二つに分かれ，「二重口縁」のようになっているものがある（第3図4，第3図8，第4図2）。その一方がやや垂れ下がって，口縁直下の隆線を構成するような格好になっているものもある（第4図2）。これが更に垂れ下がると鈴木徳雄氏が指摘した（鈴木1994：67頁）ように，加曾利E式後半期の口縁部無紋帯を形成していくのであろう。

c. 縄紋は縦行するものが存在せず，撚糸紋の施されたものも認められない。

d. 頸部に無紋帯を形成するものがある（第3図1，第3図4，第4図2）。

e. 隆線の整形は例外なく極めて入念であり，丁寧な研磨が施されている。その両脇には，深く明瞭な沈線が忠実に沿う。

f. 隆線上の沈線が太く明瞭になり，2本単位の隆線で文様が構成されるよう見える（第3図1，第3図5，第3図8，第4図2）ようになる。

g. 横S字状文を祖型とする渦巻文が発達する（第3図1，第3図4，第3図5，第4図2，第4図10）。

h. 渦巻文が口頸部文様帯を画する上下の隆線に接して渦巻文を中心に区画文を構成したり（第3図1），横S字状文の下端に2本の短隆線が接続して区画を構成したり（第3図5），隆線による半楕円の区画を構成したり（第3図8，第4図2）して，区画文の作出を明確に指向している。

以上，「加曾利E1式」と「加曾利E2式」の間には，明確な型式論的な相違があることが理解されるのである。細別鑑定の重要な指標を更に整理してみよう。

イ）口縁部に突起・把手があるか否か。

ロ) 口唇部断面形態が丸みを帯びているか否か。
ハ) 体部文様帯に隆線があるか否か。体部の縄紋に縦行するものがあるか否か。
ホ) 隆線の整形が入念であるか否か。
ヘ) 隆線の両脇の沈線施紋が入念であるか否か。
ト) 渦巻文があるか否か。
チ) 区画文が構成されているか否か。

それでは，これらの指標で分類されたグループが層位的に区分出来るかどうか。次にそのことについて検討してみよう。

(2) **層位的検討**（第5図参照）

a. 第1号住居址と第2号住居址の先後関係の確認

2つの住居の先後関係を考えるにあたり，先ず，出土土器の型式論的先後関係は考慮に入れないことにする。遺構の先後関係の確定が出土土器の型式論的先後関係の想定を科学的に検証する最大の根拠となるからであり，出土土器の所属型式で時期判定をするのは本末転倒と考えるからである。

第1号住居址と第2号住居址はわずか30〜50cmを隔てて接している。切り合い関係が確認出来ないので，単純

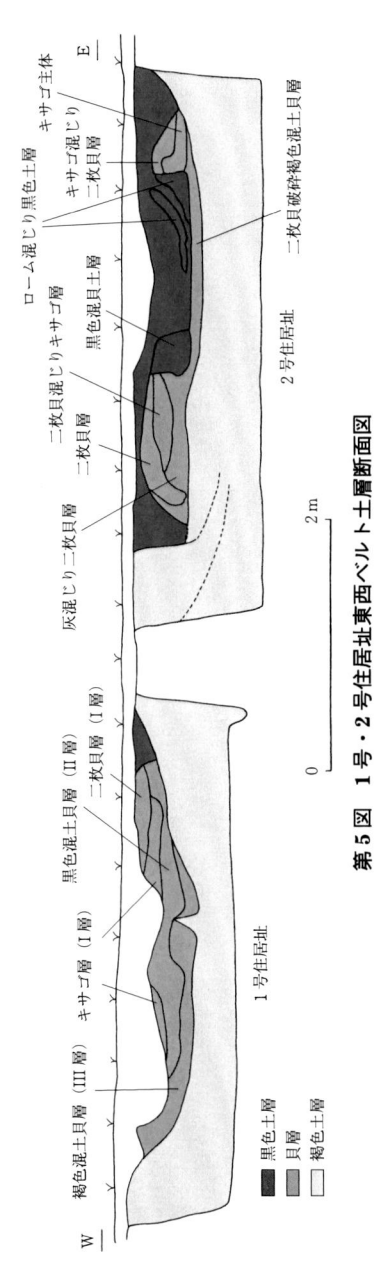

第5図 1号・2号住居址東西ベルト土層断面図

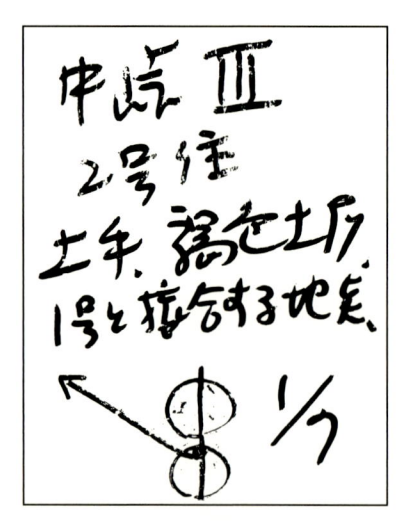

第6図 「中峠III 2号住土手，褐色土層 1号と接合する地点」と書かれたポリ袋の注記

に先後関係を捉えることは困難である。しかし，屋根の葺おろしのことを考慮に入れると，屋根がぶつかり合ってしまうので，両者が同時存在したことは考えがたい。一方，時間差があったと仮定し，先に廃絶した竪穴住居がそのまま窪地であったと仮定すると，葺おろしの下に大きな窪地を抱えたまま生活したことになる。雨水の侵入の危険もあり，竪穴内の生活の便宜（おそらく葺おろしの下は生活必需品などの物置となっていただろう）を考えると到底そのような状況は考えられない。両者のうち，どちらかは一部にもせよ埋め立てられていなければならないのである。そこで，両者の住居址の覆土の土層セクションを観察してみると興味深い事実に気付くのである。第2号住居址の西方，すなわち，第1号住居址に接近した部分の褐色土（III層）が，幅60cmにわたって床面から竪穴の切り込み面まで垂直に立ち上がった部分があるのである。更に興味深い観察所見が実測図に残されている。この褐色土は一枚ではなく，破線により三枚に分けられている。破線は途中で止まっているので，最後まで堆積状況が追えなかったことが惜しまれるが，筆者らは貴重な観察所見と判断してこの線を尊重したい。2号住居址のこの壁際の褐色土の堆積は，おそらく一回限りの埋め立てではなく，第1号住居址構築者によって再度埋め立てた結果と考えられるのである。これを傍証する重要な資料がある。出土土器片の注記に「2号住土手褐色土層（1号と接合する地点）」（破線は引用者）とあるものがある（第6図）。これらの所属型式を検討すると，第2号住居址は加曾利E1式期であり，覆土の褐色土の所属型式も後述するように加曾利E1式が主体であるにもかかわらず，ここでは1点を除き加曾利E2式に属するもの（第7図2〜6）が主体なのである。ここの褐色土は，

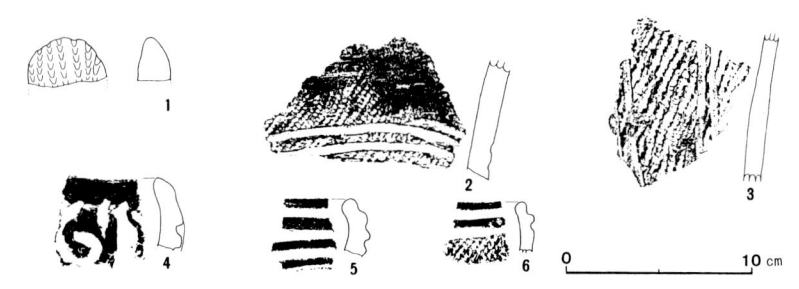

Ⅶ. 「山内・加曾利E式細別」の実体について 171

第7図 2号住居址の「1号住居址と接合する地点」出土土器 （1は勝坂2式の土製品，他は加曾利E2式）

他の部分とは時期が異なっているのはほぼ確定的といえよう。

以上の事実から，第2号住居址が時期的に早く，第1号住居址が時期的に下がることが層位的に確認出来，第2号住居址の床面に埋設された炉体土器及び床面密着の土器が，第1号住居址の床面出土の半完形土器（加曾利E2式。第3図2）及び，同住居址褐色土面に埋葬された第2号人骨頭部を覆った土器（加曾利E2式。第3図3）より先行する型式であることが確定出来たのである。

b. 各住居址出土土器の層位的確認

次に各住居址の層位的出土データを提示し，加曾利E1式及び加曾利E2式の層位的変遷を捉えると共に，覆土各層の堆積時期を調べてみよう。これは住居址出土人骨の時期確定にも役立つはずである。

〔第1号住居址〕

Ⅰ層の「キサゴ層」からは土器片の出土が確認されていない。

Ⅱ層（黒色混土貝層）からは加曾利E2式の大破片が1点出土している他，加曾利E1式の小破片が3点出土している。加曾利E3式の出土は確認されていない。

Ⅲ層（褐色混土貝層）には加曾利E1式の出土は認められないが，大木8a式が1点出土している。大破片が少なく，体部の小破片が目立っているので，細別型式の同定に苦しむものが多い。加曾利E式の前半期の土器が主体をなし，磨消縄紋の施されたものや明確に加曾利E3式（及び並行期）と認定出

来るものはわずか3点であった。
　IV層（褐色土層）は本住居址の床面を覆う堆積土である。この土層は最厚80cmを越える部分があり，竪穴の壁際では貝層に覆われることなく，直接表土と接した部分がある。加曾利E3式及びその並行期の土器片6点がなぜこの最下層から出土するのか理解に苦しむが，1点を除くといずれも小破片であり，攪乱による上層からの混入の可能性が高い。主体的に出土している土器は加曾利E2式である。小破片も含めて26点出土しており，その中には第2号人骨の頭部を覆う完形品（第3図3）が存在する。
　床面及びピット内より出土した土器は加曾利E1式の小破片が2点，加曾利E2式の半完形品が1点，小破片が3点で，加曾利E3式の出土は認められない。加曾利E2式の半完形品は残存部の欠失がすくなく，他からの混入とは考えられないので，おそらくこの住居址の時期を決定する資料となるであろう。従って加曾利E1式の小破片は他からの混入品とせざるをえない。
　さて，本遺構で問題となる土器は，第3図1の加曾利E2式である。この土器は『日本先史土器の縄紋』中の図83の土器によく似ている。渦巻文を中心に略方形の区画が形成されており，本来口唇上面にあった沈線が下がって口唇直下を画する沈線となっている。山内清男はこれによく類似した土器を「加曾利E新式」（53頁）とした。沈線間には縄紋の節がわずかに残存しているが，軽くナデた痕があり，磨消縄紋の祖型をなすものと思われる。しかし，口頸部文様帯の下端を画する隆線は加曾利E3式のもののように張りを失っておらず，渦巻文も独立して存在せず，横S字状文の名残をとどめている。さらに形態もキャリパー形の湾曲を失っていないのでおそらく加曾利E2式の終末期のものであろう。貝層の最上面に本土器が検出され，褐色土中に加曾利E1式に近い加曾利E2式（第3図3）が検出されている事実は，加曾利E2式の細別（現在三つに分けられている）に層位的根拠を与えることになるだろう。
〔第2号住居址〕
　I層（黒色土層）出土の土器は現在所在が確認されていない。恐らく小破片であっても出土しているはずであるが，どのような土器が検出されたのか記

録にも残っていない。

　II層（貝層）上部には，加曾利 E1 式が 3 点，加曾利 E2 式が 6 点，加曾利 E3 式及びその並行期のものが 2 点認められた。

　II層（貝層）中部も上部と同様の傾向が認められた。加曾利 E1 式 1 点，加曾利 E2 式 4 点，加曾利 E3 式 3 点である。II層の上～中部は加曾利 E3 式期に形成が終了したものとすることが出来よう。

　II層（貝層）下部は加曾利 E1 式が 7 点（半完形品が 2 個体含まれる），加曾利 E2 式 7 点（大破片 4 個体を含む）が検出されており，加曾利 E3 式は皆無であった。この層は加曾利 E1～2 式の期間に形成された可能性が高い。ちなみに，ここから出土する加曾利 E1 式は隆線脇に沈線が沿うようになり，突起・把手も失われている。炉体土器や褐色土出土の加曾利 E1 式（突起・把手があり，隆線脇の沈線は未発達）と比較して大きな変化が認められる[8]。

　III層（褐色土層）出土土器は大部分が加曾利 E1 式である（34 点出土）。問題は第 3 図 5・第 4 図 10 のような大形の加曾利 E2 式の存在である。上層（II層下部）に加曾利 E1 式が出土しているのにもかかわらず，その下層に後出の加曾利 E2 式の大破片が出土しているのはいかなる理由によるものであろうか。そこで，土器の注記をよく調べてみると，第 3 図 5 は「褐色土―混土貝層と同一レベル」，第 4 図 10 も「褐色土―貝層と同じレベル」とある。第 4 図 8 の加曾利 E2 式も「貝層と同じレベル」と書かれてあった。すなわち，壁際の，貝層を介さずに黒色土（I層）や表土と直接接する部分で出土したことを示しているのであり，貝層上面の包含層からの混入ないしは新しく堆積した褐色土中から出土した可能性を否定出来ないのである。確実に貝層下の褐色土中に含まれていた加曾利 E2 式は拓本に示したものを例に取ると第 4 図 6 と第 4 図 7 の小破片だけである。図に示せなかったものも，総計 9 点のうち，「褐色土―貝層と同じレベル」が 2 点，「褐色土―貝層上一括」と書かれたものが 2 点，先述した「1 号住居址と接合する地点」とあるものが 3 点あった。こうしてみると，貝層下にある褐色土の堆積時期は加曾利 E1 式期とするのが最も妥当なところであろう。ちなみに，唯一出土している加曾利 E3 式の小破片は「褐色土―貝層と同じレベル」と注記されており，

貝層下の褐色土ではなく，壁際の褐色土出土土器であることが明確である。

　以上の事実より，加曾利 E1 式（住居使用時～下部貝層堆積時）と加曾利 E2 式（下部貝層堆積時～上部貝層堆積時）の層位的区別及び加曾利 E2 式と加曾利 E3 式（中部貝層～上部貝層堆積時）の層位的区別はほぼ誤りのないものと想定される。

　かくて，山内清男が『日本先史土器図譜』で示唆した，

　（加曾利 E 式の）「最も古い部分」→「真の加曾利 E 地点の土器」→「新しい部分」

の細別が中峠第 3 次調査で層位的に追証され，「資料の吟味によって決定され，実在し，動かし得ない」（山内 1939→1967：39 頁）ものであることが改めて確認されたのであった。「最も新しい部分」（加曾利 E4 式）は本遺跡から出土していないので，今次調査で確かめようがないが，緻密な学術調査により先学の主張の大部分の裏付けが取れたことは極めて意義のあることであろう。一部の研究者が行っているような文献解題的研究のみでは真の研究の進展は望めまい。山内清男の業績を踏まえようとするなら，同氏の残したテキストの厳密な分析・考証と並行してその主張が本当に正しいのかどうか<u>自らのフィールド調査による検証</u>が必要とされよう。その意味で，「常識」として考えられながら，その「常識」を検証する目的意識を持った組織的学術調査が，加曾利 E 式研究においては半世紀間殆ど行われていなかった（1~2 の例外を除く）ことこそ驚異である。中峠第 3 次調査出土資料の「再発掘」でこの目的の一端が果たされたことはそういう意味で極めて意義のあることと言えよう。なお，今回の考察の対象とした資料は量的に決して充分なものではなく，今後隣接地域の既出資料との比較検討を進めなければならない。現在，船橋市郷土資料館の佐藤武雄氏や松戸市立博物館の倉田恵津子氏及び香取郡市文化財センターの越川敏夫氏等のご厚意により，船橋市高根木戸遺跡・同市海老ヵ作遺跡・松戸市子和清水遺跡・香取郡神崎町原山遺跡出土資料の実査を進めているところであるが，今回こうした観察結果を踏まえての総合的

VII. 「山内・加曾利E式細別」の実体について 175

考察は行うことが出来なかった。機会を改めて論じてみたい。

註

1) 「…オセドウ貝塚。(中略) 最下の遺物層は最も厚く,一部分は貝層となって居る。最下層土器は第一地点と同様,円筒下層式である。以上数層の土器は上下で少しく異なるが,凡て円筒土器上層式のものである」(山内 1929→1967: 54 頁) とある。

2) 「…中居貝塚。(中略) A' 地点は数層の遺物層があって,(間層は褐色土),上半からは円筒土器上層式のもの,下半からは下層式のものが出る。」(山内 1929→1967: 54 頁) とある。

3) 「…槻木貝塚。(中略) 貝層は一つで,出土する土器も一型式である」(山内 1929→1967: 56 頁)。「この貝塚から発掘した土器には,(1)粗大で,厚く,繊維の混入のある土器と,(2)より薄く,繊維の混入のない,又は著しくない土器がある。前者はこの材料の大多数を占めるが,後者は稀であって,水洗いに際して漸く検出されたものである」(同: 63 頁) とある。

4) 佐藤達夫編『日本考古学選集 21 —山内清男集』(築地書館 1974) 所載の山内の年譜による。

5) 「大正十四年長谷部博士(八月),及び余(四月)は陸前気仙郡赤崎村大洞貝塚を発掘して所謂亀ヶ岡式土器を多量採集することを得た。(中略) 各型式は夫夫年代を異にするものであって,層位及び型式の比較によって,上記即ち大洞 B 式から A' 式に至る順序に相継ぐものであることがわかった。」(山内 1930→1967: 114〜115 頁) とある。

6) 「諸磯式の細別に就いては編者は二つの区分を暗示した。即ち諸磯 a 式は横浜市子安貝塚(バンシン台貝塚—甲野勇氏発掘報告)の例に引いたが比較的薄手で,縄紋が多く,文様少なく,竹管条痕繊細であり,隆線を伴うことが少ない。諸磯 b 式は本元の諸磯貝塚の例にとり,比較的厚手で,縄紋比較的少く,文様多く特に隆線紋を伴うことがある。(中略) この二型式の存在はその後の多くの資料についても当てはまり確定的である。」(山内 1939b→1967: 8 頁) とある。なお,前掲の山内の年譜を参照すると,彼も 1932 年にバンシン台貝塚の調査に参加している。

7) 「第一地点の土器は大部分安行式 2 即ち甲野氏の貝塚発見例に相当する。上層

も下層もほとんど変わって居ない。表土及びその直下には安行3の土器の混入が見られる。」「第二地点は層によって土器型式が異なって居って，有益であった。上層の黒色土遺物層は，安行3即ち泥炭層土器に比すべきものである。次の褐色土遺物層は，安行2が大部分を占めるが，下層になると堀之内式や加曽利B式等のものが多くなり，丹念にローム層直上のところから掘ったものでは，安行式は稀である。」「第三地点には安行1式が多い。長尾氏が人類学会発掘地点の貝層から掘った土器も亦，安行1が大多数を占めて居る。尚，今回発掘された諸氏の材料を一堂に集めて見たならば，地点及び層位によって，土器型式が異なって居る状態がより明白となるであろう。」(山内 1934→1967: 137頁)とある。

8) 加曾利E1式は近年の資料の大量出土により，更にいくつかの細別型式に分かれる可能性がある。これらの実体の究明と層位的検証が今後の課題であるが，第2号住居址褐色混土貝層出土の加曾利E1式は，同2式との差異がわずかしかなく，加曾利E1式の中でももっとも新しい段階のものと考えられる。

引用・参考文献

大町四郎・片倉　修　1937「下総岩井貝塚 ―特に安行式土器に就いて―」『先史考古学』1巻1号

加藤　孝　1956「陸前国大松沢貝殻塚の研究（その二）―東北地方縄文式文化の編年学的研究（5）」『宮城学院女子大学研究論文集』10

小岩末治　1961「古代・中世」『岩手県史』1巻

岡本　勇・戸沢充則「縄文文化の発展と地域性　3関東」『日本の考古学II』　河出書房

鈴木徳雄　1994「称名寺式の形制と施文域 ―文様構成の地域的伝統と型式変化―」『東海大学校地内遺跡調査団報告』4　所載

能登　健　1976「縄文文化解明における地域研究のあり方 ―関東地方加曾利E式土器を中心として―」『信濃』27巻4号

柳澤清一　1985「加曾利E式土器の細別と呼称」（前篇）『古代』80号

柳澤清一　1986「加曾利E式土器の細別と呼称」（中篇）『古代』82号

三森定男　1971「考古太平記　その二」『古代文化』23巻4号

山内清男　1929「関東北に於ける繊維土器」→1967『山内清男・先史考古学論文集・第二冊』　先史考古学会

山内清男　1930「所謂亀ヶ岡式土器の分布と縄紋式土器の終末」『考古学』1巻3号

Ⅶ. 「山内・加曾利E式細別」の実体について

→1967『山内清男・先史考古学論文集・第三冊』　先史考古学会

山内清男　1934「真福寺貝塚の再吟味」『ドルメン』3巻12号→1967『山内清男・先史考古学論文集・第三冊』　先史考古学会

山内清男　1937「縄紋土器型式の細別と大別」『先史考古学』　1巻1号

山内清男　1939a『日本遠古之文化』(補註付新版)→1967『山内清男・先史考古学論文集・第一冊』　先史考古学会

山内清男　1939b『日本先史土器図譜・第Ⅱ集　関山式　諸磯式』→1967『山内清男・先史考古学論文集・第六～十冊』(再版・合冊刊行)　先史考古学会

山内清男　1940『日本先史土器図譜・第Ⅶ集　安行式土器(前半)』→1967『山内清男・先史考古学論文集・第六～十冊』(再版・合冊刊行)　先史考古学会

山内清男　1941『日本先史土器図譜・第Ⅸ集　加曾利E式』→1967『山内清男・先史考古学論文集・第六冊～十冊』(再版・合冊刊行)　先史考古学会

山内清男　1964『日本原始美術　1』　講談社

山内清男　1969「縄紋草創期の諸問題」『ミュージアム』224号

山内清男　1979『日本先史土器の縄紋』　先史考古学会

VIII. 山内清男の大木諸型式 (7b 式～8b 式) について
―関東地方の土器編年との関わりから―

はじめに

関東の縄紋中期土器研究者にとって，東北南部の「大木式」は長い間極めて扱いにくい土器型式群であった。実物に親しく接する機会が乏しい上に，型式設定者の山内清男が標式資料の公開をしなかったため，その実体がほとんど不明であったからである。このことが，関東縄紋中期後半の加曾利 E 式土器の理解に微妙な影を及ぼしていたことは，研究史に照らしてみても明らかであろう[1]。これからわれわれは，大木諸型式 (特に 7b～8b 式) に対して，諸先学がどのように理解してきたのかを検討し，各細別型式の枠組みを捉えなおす試みをするわけであるが，その第一歩として，まず型式提唱者の山内清男の研究経過とその型式概念を整理してみたい。

1. 山内清男の大木諸型式の設定と細分の経過

1924 年 3 月，山内清男は八幡一郎，甲野勇らと千葉市加曾利貝塚を発掘する。ここの E 地点からは，鳥居龍蔵による「厚手式」が主に出土し，B 地点からは「薄手式」が主に出土した。そして薄手式が出土する「B 地点の黒褐色土層 (引用者註：貝層下の土層) の中からも，E 地点発見の土器に似たものが時々現れ」(八幡 1924→1930：29 頁)，それまで同時並行と考えられていた「厚手式」と「薄手式」の区別が，部族の違いを示すのではなくて年代的な差異を示すものであることが層位的に確認された。そして，上記の区別 (「大別」) を更に細かく分けた「細別型式」(「加曾利 E 式」，「加曾利 B 式」) 抽出の第一歩がここに踏み出されたのであった。ついで同年 5 月，福島県小川貝塚を山内等は発掘する。この遺跡で山内は，「東北地方の貝層の重畳の真相を知り，その発掘によって縄紋土器の編年を基礎付けようとする野心」を持つに至る (山内 1964a→1969：257 頁)。こうした問題意識の中で注目された

VIII. 山内清男の大木諸型式（7b式〜8b式）について

のが宮城県大木囲貝塚であった。この貝塚は「包含層が厚く，地下3メートルに及ぶところもある」（伊東1977：168頁）。しかも表面採集によって，ここから「繊維土器をはじめいろいろな土器の出る」ことに山内は気づき（伊東，同上：168頁），上記の目的を達するのに恰好の実験場を得たのであった。発掘調査は1927年にA・B貝塚，1928年にC・D・E貝塚，1929年にF・G貝塚が対象になった。各地点から出た「土器の量は大したものではなかったが，出土するものは1片も見逃さず，その出土層位はあきらかであった」（伊東，同上）という。こうした緻密な調査成果を踏まえ，1929年までに「大木1式から大木10式までの型式設定とその編年が出来上がったのである」（伊東，同上）。その頃，山内が伊東信雄に示したとされる「仮編年表」を，中期に絞って下記に転載する（『画竜点睛』山内清男先生没後25年記念論集刊行会刊　1996年「巻頭図版3」参照。なお，本稿では，「山内・大木諸型式」の標式資料の写真は同書収載巻頭図版を基準とする）。

関東	陸前	陸奥
オタマダイ	（ダイギ）6	（ナカイカイツカ）IIa
	7	b
カソリ E1	○	
2	……8……	……IIIa
3	9	b
	10＝境1	

（1929年頃作製）

この表で興味をひかれるのは，
・大木7式はまだ「a，b」に分けられておらず，大木8式も同様に「a，b」に分けられていない点，
・「ダイギ8」が「カソリE2」と並行関係に置かれている点（しかも点線で結ばれている点），
・関東の「オタマダイ」に並行する陸前の土器型式が「ダイギ6式〜7式」とされている点，
である。
後年の山内の認識と大きく異なっているので，この「仮編年表」が伊東信

第1図　興野，1996で示された大木6式・標式資料（図版99のホ）

雄によって『考古学研究』誌上に公表された当時，われわれは校正ミスがあるのではないかといぶかったものであった（特に「オタマダイ」が「ダイギ6」に並行させられている部分）。しかし，『画竜点睛』(1996年)の巻頭図版に，その「仮編年表」の実物が写真で紹介されたことにより，間違いのないものであることを確認出来たのであった。1929年の時点でなぜこのような認識が生まれたのであろうか。以下に検討してみよう（第1図及び本稿196頁掲載図版参照）。

まず，「ダイギ6」と「ダイギ7」を「オタマダイ」に並行させたのは，半截竹管状工具の「腹」を押引いて施紋する手法（標式資料図版99のホ，図版100のイ・ロ）や縄の側面圧痕（標式資料図版101の右下の2点）が，阿玉台式に施された竹管紋と共通・類似すると見做したからであろう〔特に後者について山内は，阿玉台式の角状押引紋を，大木7式の「縄の側面圧痕」を「模して作った点線の列」と具体的に表現している（山内1979：54頁）〕。発掘により，「ダイギ6・7」と「オタマダイ」との共伴を確認して並行関係を定めたのではなく，関東の編年を指標として，型式論的にその位置づけが行なわれた可能性が高い。それゆえか，絶えず認識の揺らぎがあったようである。翌年の「斜行縄紋に関する二三の観察」（山内1930b）に示された編年表では，阿玉台式は大木7式並行のものとされ，「大木6式」は編年表から割愛されてしまっているのである。関東でこれに対応する型式が存在しなかったことが一因かもしれない。

更に後年，関東地方において「十三坊台式」や「御領台式」といった新型式が抽出された時点で，これらの位置づけは大幅な修正が施されることになるのである（山内1936→1967：表紙裏）。以下に該当部分を抽出する。

VIII. 山内清男の大木諸型式（7b式～8b式）について

陸前	関東
大木6	十三坊台
大木7a	御領台
大木7b	阿玉台
	勝坂
大木8ab	加曾利E
大木9.10	加曾利E

（1936年作成）

　表中，「十三坊台」（十三菩提）は，1932年，甲野勇が報告した神奈川県十三菩提遺跡採集資料（甲野1932：93～95頁）に基づき，山内清男が命名した土器型式である。「御領台」（五領ヶ台）は，1936年に八幡一郎と三森定男が発掘した同県五領ヶ台遺跡出土資料に基づき，山内が命名したものという。いずれも「仮編年表」作成（1929年頃）以降山内の目に触れたものであり，これらの資料が基準となって大木式の再検討が行われ，編年的位置づけの修正がなされたものであろう。

　次に，「仮編年表」（1929年頃作成）において「ダイギ8」が「カソリE2」並行に置かれていることの意味を考えてみよう。

　山内による当初の「加曾利E式」は，「加曾利貝塚E地点発掘の土器を標準として指摘されたもの」（山内1940→1967：25頁）のみであり，極めて限定的に位置づけられていた。その後，「意味は多少拡大されて真に加曾利E地点発見の土器の範囲外にまで」及ぶに至るのである（山内，同）。後年山内によって「加曾利E（新）」と呼ばれた土器群（1937年）は，当初「未命名」と位置づけられていた（山内1930b→1967：216頁）し，上本郷貝塚F地点の貝層が陥没した「第二号竪穴」の炉の土器（第2図。現在ならただちに「加曾利E1式」と位置づけられる）も，1928年の時点では，「加曾利Eの特徴ある土器」と表現され，同竪穴覆土中出土の「加曾利E」のよう

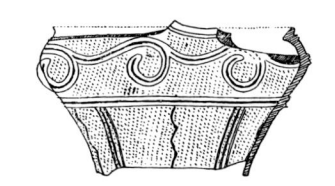

第2図　上本郷貝塚F地点2号竪穴炉体土器（伊東1929を一部改変）

に明快に型式名を指示してはいないのである（山内1928→1967:98頁）[2]。1928年時点の山内にしてみれば，上記の炉体土器は「加曾利E」に先行する「同一系統の一細別型式」ということになると思われる。また，加曾利貝塚D地点から出土した，磨消縄紋が発達した土器は，「加曾利D式」と呼ぶことも可能であったのである。「加曾利E式は関東地方縄紋中期の後半に当る**土器型式群**」である（山内1940→1967:25頁。傍点及びゴシックは引用者）という表現は，恐らくこうした複数の細別型式を一括した経緯を踏まえてのものであろう。山内は，「加曾利E式」を「分けた」のではなく，厳密には複数の細別型式群を系統論的に一系のまとまりを持つ土器群と認めて（詳細は後述），「加曾利E式」という呼称にまとめ，各々の細別を「カソリE1, 2, 3式」と仮に呼称したのである。それら各細別の内容を推測すると以下のようになるであろう。

カソリE1 …上本郷貝塚F地点2号竪穴炉体土器及び類似資料
　　　 2 …加曾利貝塚E地点・1924年発掘資料
　　　 3 …加曾利貝塚D地点・1924年発掘資料

さて，1924年に発掘された，「真の加曾利E」（「カソリE2」）は，「口縁部に突起殆ど無く，体部の文様は沈線のみであり，縄紋も斜行するのみで，縦行するもの（中略）を含んでいない」（山内1940→1967:25頁）と解説されており，これに「大木8式」は「酷似」するとされている（山内1930b→1967:217頁）。従ってそれらは，立体的な橋状把手や押引紋，あるいは羽状縄紋や押圧縄紋の発達する「大木8a式」標式資料（加曾利E式の特徴と大きな相違がある）ではありえない。渦巻文が発達し，口辺部のみでは加曾利E式と区別がつけづらい「大木8b式」標式資料が「ダイギ8」の主体であったのである。では，なぜ「ダイギ8」が後年「大木8a式」と「大木8b式」に分けられたのであろうか（上掲1936年公表の編年表参照）。大木囲貝塚の調査は1929年で一応の終了を見ているので，発掘によって細分が行なわれたとは考えにくい。「真の加曾利E」（カソリE2）に先行する細別の存在が上本郷貝塚の調査で

はっきりし，関東地方で類例が増えた時点において，これらに対応する陸前の細別型式として，「大木8a式」が抽出されたのではあるまいか。ちなみにもう一度「仮編年表」(1929年頃作成) を見ると，「カソリE1」に対応する「陸前」の欄は，○印が打たれている。将来新型式をここに設定する用意がすでに出来ていたのである。

ここで確認しておきたいことは，「大木8式」はあくまで関東加曾利E式との並行関係を指標に設定したものであることである〔1929年5月15日公表の「関東北に於ける繊維土器」では，大木式の細分呼称はまだ提示されておらず，「人骨伴出の土器片の過半は繊維土器，他は所謂厚手式（加曾利Eに並行）である」(山内1929a→1967:56頁) というように記されている〕。その後，加曾利E式並行の大木式が1936年に4細分 (8a, 8b, 9, 10) されたことにより，関東の加曾利E式も4細分される可能性が出てくるのである。

大木諸型式の設定と編年は，厚い包含層と貝層の重畳に恵まれた，大木囲貝塚の調査資料で推進されたものであった。山内の編年が，新資料の増大の波にもまれても，大きな変更を必要としなかったのは，ここの研究成果（緻密な層位的発掘を踏まえた）を基準に全国の土器を俯瞰していったからであろう。しかし，上記で検討したように，大木囲貝塚出土資料の位置づけを考えるにあたり，関東の研究成果がかなり重要な位置を占めていることも理解できた。山内の大木諸型式の理解を深めるには，関東の各土器型式に対する山内の認識を十分に考慮しなければならないことを痛感するのである。以上の経緯（加曾利E式と加曾利E式並行の大木式の研究）を単純にまとめると，以下のようになるであろう。

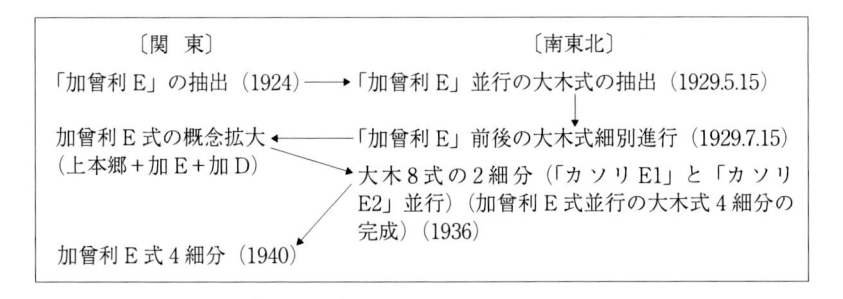

```
〔関 東〕                      〔南東北〕
「加曾利E」の抽出 (1924) ──→「加曾利E」並行の大木式の抽出 (1929.5.15)

加曾利E式の概念拡大 ←────「加曾利E」前後の大木式細別進行 (1929.7.15)
(上本郷＋加E＋加D)       ↘大木8式の2細分 (「カソリE1」と「カソリ
                            E2」並行) (加曾利E式並行の大木式4細分の
                     ↙      完成) (1936)
加曾利E式4細分 (1940)
```

2. 山内清男の記載にみる「大木7~大木8式」と関東中期縄紋土器

　山内清男による大木式諸型式に関する記述は決して多くはない。1941年に，「東北地方を中心とした『日本先史土器図譜』第2部を刊行する準備に入った」(『日本先史土器図譜』再版・合冊：「解説」37頁)と予告しているが，もしこれが実施されていれば，大木式研究も大いに進展したはずである。東北地方縄紋土器研究にとって極めて残念なことであった。しかし，彼の論文を丹念に追い，大木式に関する記載の断片をつなぎ合わせると，「山内・大木式」の輪郭をある程度復元できるのである。山内清男が大木式土器について言及した文献を検索すると，以下の通りである。

① 「関東北に於ける繊維土器　追加第一」『史前学雑誌』1巻3号 (1929b)
　→67：74頁
② 「　　　〃　　　　　追加第二」同上　2巻1号 (1930)
③ 「所謂亀ヶ岡式土器の分布と縄紋土器の終末」『考古学』1巻3号 (1930a)
　→67：119頁
④ 「斜行縄紋に関する二三の観察」『史前学雑誌』2巻3号 (1930b)→67：216, 217, 218頁
⑤ 「日本考古学の秩序」『ミネルヴァ』1巻4号 (1936) 附表→67：**表紙裏**
⑥ 「日本先史時代に於ける抜歯風習の系統」『先史考古学』1巻2号 (1937)→67：238, 239頁
⑦ 「縄紋土器型式の細別と大別」『先史考古学』1巻1号 (1937)：**31頁の編年表**
⑧ 『日本先史土器図譜―第IX輯　加曾利E式―』(1940) →67：**25頁**
⑨ 『日本原始美術　1』(講談社) (1964) →72：**222~223頁**
⑩ 『日本先史土器の縄紋』(先史考古学会) (1979)：**44, 48, 53, 54, 55頁, PL121**

　　　　　※ゴシックは型式内容や位置づけの手がかりが示された頁。

VIII. 山内清男の大木諸型式（7b式〜8b式）について

これらを逐一検討することにより，山内・大木式（勝坂・阿玉台〜加曾利E式並行）の内容を復元し，併せて隣接の関東中期縄紋土器に言及している部分も検討し，大木式理解の補完を試みてみたい。

①文献と②文献は大木式の各型式の名称が記されているだけで，これらに関する説明は一切ない。型式設定の経緯・内容などの説明なしに，いきなり記号のような細分型式を多数挙げられて，当時の読者はさぞ面食らったことであろう。

③文献には，「関東の所謂厚手式に比すべき諸型式（大木6, 7, 8, 9, 10）…」という記述があり，大木6〜10式が縄紋中期に属することを明記している。

④文献には，関東・陸前・陸奥各地の編年対比表が掲載されている。中期に関する部分を抜粋すると以下の通りである。

関東地方	陸前	陸奥
？阿玉台式（縄紋稀）	●大木7	○円筒土器上層式（中居貝塚II）
●加曾利E式	●大木8	◐ （中居貝塚IIIa）
● （未命名）	●大木9, 10	● （中居貝塚IIIb 材料少量）

この表を見て，当時の一般研究者は初めて大木諸型式の編年的位置づけが理解できたものと思われる。本文では，他地域の型式との並行関係が指摘されており（「加曾利E―大木8式―中居IIIa」），大木諸型式における「縄紋」の特徴（大木7〜8式，及びそれ以後1〜2型式の期間において縄紋の縦位押捺が目立つこと，複節斜縄紋が存在すること）も記載されている。

⑤文献の附表の内容については既に触れたが，この表は，収載誌が一般読者向けの『ミネルヴァ』であったため，編集者の判断で割愛してしまったという（甲野 1936: 174頁）。1967年より刊行が始まった「山内清男・先史考古

学論文集・第三冊」の表紙裏にはもちろん再録されているが，戦前にはほとんどの研究者の目に止まらなかった可能性がある。

⑥文献は，陸奥・細浦貝塚出土土器のリストと出土人骨の時期について言及した部分で，大木諸型式の名称が認められるのみである。型式内容の説明は一切ない。

⑦文献に掲げられた編年表は以下の通りである（中期の部分を抜粋）。

関東	陸前	陸奥
五領台	大木7a	円筒上a
阿玉台・勝坂	大木7b	〃 b
加曾利E	大木8a, b	（ ＋ ）
〃 （新）	大木9, 10	（ ＋ ）

この表は，⑤文献附載の編年表と同様，加曾利E式研究においても相当重要な資料であって，1930年代後半において，山内が大木式の研究を踏まえ，「加曾利E式の4細分」の構想を持っていたとする根拠の一つとなるものである。しかし，前記したように，「大木8a」の抽出が層位的所見に基づくものではなく，貧弱な上本郷貝塚（千葉県松戸市）の層位事例（炉体土器と覆土出土土器）を踏まえたものであっただけに，これを基準とした加曾利E式の細別の明記についてはなお慎重を期したのかも知れない。

⑧文献は，大木式と加曾利E式の関係を知る上で，極めて重要な文献である。長くなるが，関係部分を全文引用しよう。

「加曾利E式の細別は未だ完全の域に達しては居ない。加曾利貝塚のD地点も略類似の土器を出すのであるが，精査して見ると多少異なった点があり，特に磨消縄紋の手法が加曾利Eの土器には無く，Dのものにあることが判明した。これは発掘直後気付いたことであったが，後自分は仙台近傍の中期後半の土器に就ても略同様の事情を明かにし得た。即ち関東地方の加曾利E式に並行するこの地方の土器には磨消縄紋を伴なわない古

Ⅷ. 山内清男の大木諸型式（7b式～8b式）について

い部分（大木8a式及び大木8b式）とこれを伴なう新しき部分（大木9式及び10式）に分かれることを知ったのである。その後関東地方の加曾利E式に就ても，この点を考慮して若干の細別を心懸けて居る次第である。」(25頁)

ここでは，加曾利E式に並行する大木式が，磨消縄紋の有無によって大きく「古」「新」の二つに分かれることを指摘し，各々が更に二つずつに分かれていることを示している。そして，関東の加曾利E式もこれらを参考にして「若干の細別」が可能である，というのである。山内はこれに続けて，加曾利E式を次の4つのグループに分けて解説を試みているが，それらはそのまま4つの「細別型式」となる可能性がある[3]。その内容は以下の通りである。

「最も古い部分」（おそらく大木8a並行）

「真の加曾利E地点の土器」（大木8b並行）

「新しい部分」（大木9並行）

「最も新しい部分」（おそらく大木10並行）

型式設定者の山内が大木式の細別の内容を詳細に解説していないため，大木8a～10式とよく対比させられている「山内・加曾利E式」の細別の内容を理解することは，「山内・大木諸型式」の理解を深める上で極めて重要なことと考える。そこで，この文献（写真と解説）に盛られている情報を詳細に読み取り，目的に接近してみることとする（第1表参照）。

この「図譜」の図版提示は，加曾利E式の細別のうち，「最も古い部分」（大木8a並行？）と「新しい部分」（大木9並行）に限られている。そのために，「山内・加曾利E」が1940年段階でも，依然「古」「新」の二つの階段しか存在しないと，他の研究者から誤解される原因ともなっている[4]。しかし，第1表を見れば両者の間に存在する「真の加曾利E地点の土器の大多数」（大木8b並行）について，丁寧に記載されていることに読者は気付くであろう。そして，それらは，前後の細別型式との相違を十分に意識した表現となっているのである（「体部の文様は沈線のみ」，「縄紋は斜行」，「口縁の突起ほとんどなし」等々）。この階段に属する土器の写真の提示があれば，単純に「加曾利EI」・「加曾利EII」という名称が与えられるはずはなかったのである。

第1表 山内清男の「加曾利E式」の実体

項目	細別	最も古い部分	真の加曾利E地点の土器の大多数	新しい部分（加曾利E式の後半）	最も新しい部分
器形		キャリパー形（「口頸部が膨大し内曲して居る」）（この部分は細別について触れていない。写真図版で確認）,		キャリパー形（「口頸部の彎曲は弱い）, 鉢形,	「注口付土器が出現する様であり, これは堀之内式に連続するものである。」
		キャリパー形, 筒形・浅鉢形	—		
装飾	口頸部	「口縁部に突起把手が多く, 口頸部の隆線文様が発達」。	「口縁部に突起殆ど無」い。	「突起は稀」「口頸部に隆線文様なく, 体部と続いた一帯の文様帯をなして居る」ものもある。	—
	体部	「縄紋のみのものがあるが, 隆線の文様あるも, 沈線の文様あるものもある。」	「体部の文様は沈線のみ」。縄紋は「斜行するのみで, 縦行するものを含んで居ない。」	「体部の文様帯のうちに縄紋の抹消が一般化して来る。」	—
文様形態		「口頸部文様帯には波状の隆線」（武蔵方面には稀）。（環状の突起は）「下総方面に多く, 武蔵方面に稀」。		「隆線を輪郭する沈線が目だって来る。」渦巻状文, 略楕円区画, 円文, 蛇行沈線, 入組系横位連携弧線文,	—
		横S字状文, クランク文, 蕨状文,	—		
文様要素の組み合わせ		「体部は縄紋地に, 二条並行の条線」（80の図）。隆線脇に沈線なし。隆線上に刻み, 背割り隆線	—	縄紋地紋に蛇行沈線, 口縁直下に沈線, 以下条線	—
縄紋		斜行, 縦行	「斜行」のみ	「体部に縄紋抹消」	—
突起・把手		発達	殆ど無い	稀	—

（註）明朝体の文字は山内論文（⑧文献）からの引用（一部編集）。斜字体の文字は『日本先史土器図譜』（図版）からの読み取り。

戦後のある時期, この部分の読み取りが十分でなかったため, 加曾利E式研究が大きく混乱したことは多くの研究者の指摘の通りである[5]。

「最も新しい部分」（大木10並行？）は資料的制約もあり, 記載が不十分なのは致し方ないが, 堀之内式との連続を示唆する文言は, 先行する「新しい

VIII. 山内清男の大木諸型式 (7b式〜8b式) について

部分」の解説には認められない表現であり，より新しい階段を明確に意識していると言えよう。それはともかく，「本輯は図版の選択充分でなく，各細別型式に亘っていない。」(26頁。傍点引用者) という一節は，上記4つの区分を明確な「細別型式」と意識していたということを証明する根拠になると思われる。

「山内・大木式標本資料」と対比させながら，⑧文献から読み取った加曾利E式における各細別型式の特徴を整理すると，以下のようになるであろう (斜字体は写真からの読み取り)

「最も古い部分」(大木8a並行？)：口縁に突起把手多し，*隆線脇に沈線なし，背割り隆線，隆線上に刻み*

「真の加曾利E地点の土器の大多数」(大木8b並行)：口縁に突起殆どなし，体部の文様は縄紋地に沈線のみ

「新しい部分」(大木9並行)：突起稀，磨消縄紋，「口頸部に隆線文様なく体部と続いた一帯の文様帯をなして居る」ものあり，「隆線を輪郭する沈線が目だって来る。」

「最も新しい部分」(大木10並行？)：「注口土器が出現する」

以上は，まさに山内の大木式標本資料 (大木8a〜10) で確認出来る特徴に近似するものである。「関東地方の加曾利E式に就ても，この点 (引用者註：大木式の細別) を考慮して若干の細別を心懸けて居る次第」というのはこのことを指しているものと思われる。それはともかく，この細別の指標は，大木式の各細別について，山内がどのように考えていたのかを知る上で重要な示唆を与えるものと言えよう。

⑨**文献**では，山内による完形土器に関する記載の実際を知ることが出来る。中期の大木式関係は2個体の記載がある。

「図版73」は青森県一王寺貝塚出土の「大木8a式」。陸前の当該型式とは「顔つき」がかなり変わっており，大木式研究の視点から見れば良好な資料とはいえない。記載の要点を以下に抜粋する (ゴシック体は引用者)。

「口頸部が張り出し，形態の違った突起が対向する位置にある。うち一

つは大型で外側は把手となっている。突起間には縦に縄の短線が加えられ，中央に隆渦文がある。体部は中程で膨大しており，全面に単方向の斜縄紋が加えられている。頸に近く三条の凹線，体中央部から下に隆線文がある。文様の上限には横隆線，波状隆線，横隆線が加えられる。」

この文章から，大型の突起，縄の押圧による単沈線など，大木8a式の特徴の一端を窺うことが出来る。

「図版87」は，大木囲貝塚出土の大木8b式。記載は以下のようになっている。

「口端に4個の突起があり，渦文が付いている。渦文から続く線は口周を繞っている。この部分は上部の文様帯と考えてもよいもので，86の口頸部装飾に対比できる。体部は単方向の縄紋が加えられ，三条の溝による装飾がある。」

小突起の頂部に「渦文」（渦巻文）の存在，斜行縄紋を地紋として，沈線で体部装飾を横位に展開する手法，口頸部文様帯の縮小など，典型的な大木8b式の特徴が押さえられているといえよう。

以上，⑨文献は紙面の都合上必ずしも十分な解説ではないが，これらの記述から，山内・大木8a，8b式の実体の一端を知ることが出来，有益である。

⑩文献は，大木諸型式と関東中期縄紋土器の密接な関係について，最も詳細に記述されているものである。そして，各細別の実体も具体的に知りうる最良の史料である。このことは既に筆者は簡単に触れたことがある（大村1991・1995）が改めて検討してみよう。まず，縄紋に関して，山内は，次のような事実を記述する（カギ括弧のないものは筆者の要約）。

・短軸絡条体第1類は，大木10式に相当あり，加曾利E式に少数ある（24頁）。

・加曾利E式に施された縄はⓁ（1段の縄に還元したときの撚りの表記。従って正撚2段ならRL）が多いが東北地方（大木式）ではⓇ（正撚2段ならLR）が主である（38頁）。

・縄の押捺方向は，加曾利E式，大木8式の系統の半数が縦位（44頁）。

VIII. 山内清男の大木諸型式（7b式〜8b式）について

- 「（加曾利E式の）第一次紋様帯に当る部分（口縁の内彎する部分）では縄を横に転がし，そして第二次紋様帯のある体部では縦転する。この風は陸前大木8式にもある」(48頁)（括弧内の語句は引用者）
- 「陸前では大木7式ではI紋様帯に縄の側面圧痕がある。と同時にこれを模して作ったと考えられる点線の列は，隣地方関東の同時代の阿玉台式の特徴となって居る。陸前では縄の側面圧痕は次の大木8式aにも続き，口頸部のI紋様帯では隆起線を縁取って加えられる。この式の体部紋様（II紋様帯）にも同様のものを見ることがある。大木8式b及び以後には縄の側面圧痕は見られなくなる」(54〜55頁)。
- 「関東地方では縄の側面圧痕は中期，後期を通じて殆ど認められない」(55頁)。

次に磨消縄紋の発生に関連して次のような興味深い見解を披瀝している。

- 「I紋様帯は地紋として縄紋を有し，その上に粘土紐を付ける。紐の両側を沈線で忠実に囲む（陸前大木8式b〔82右〕，関東加曾利E式の中位の古さ）。粘土紐の太さ，高さが不定となる。それを囲む沈線が丸みを帯びて来る（加曾利E式の新しい〔83, 91〕方のもの，大木9式〔90上〕）。時には沈線が縄紋を丸く囲み，隆線がなくなったもの〔90上，右下〕等もある。かくしてI紋様帯に劃線内縄紋が出現する。」(53頁)
- 「II紋様帯は地に縄紋がある。この上に隆線を付ける。沈線を加える（加曾利E式中位，大木8式b〔82〕）。沈線の間を磨消す〔83〕（加曾利E新式〔83, 91〕，大木9式〔90〕，10式〔90A〕）。(53頁)
- 体部に隆線紋を配置した例では隆線が2帯となり，中間も平坦で縄紋面との間に沈線を有することがある（大木9, 10式〔90A上左〕，関東の例〔91上〕）。(53頁)
- 「かくの如くII体部紋様帯に劃線内縄紋或は磨消縄紋が出現したのである。中期後半の劃線内縄紋は紋様の本来の部分ではない。縄紋のない部分が元来沈線の加えられた部分，隆線のあった部分である。隆線の残って居る例を見れば，このことは明らかである。」(53頁)

以上の諸点を，特に重要な点に絞って要約すれば，以下のようになるだろ

- 大木7式～「大木8式a」には縄の側面圧痕が存在するが，「大木8式b」や関東の中期土器には認められない。
- 加曾利Eの縄紋施紋は，口辺部が横位，体部が縦位施紋。大木式にも存在。
- 縄の撚りは，関東が1段でL，東北がR，と大きな相違あり。
- 「I紋様帯」の文様要素の変遷：縄紋＋粘土紐（所属型式記載なし）→縄紋＋粘土紐＋両脇に沈線（大木8b，加曾利E・中位の古さ）→縄紋＋粘土紐（高さ・太さ不定）＋両脇に丸みを帯びた沈線・劃線内縄紋出現（大木9，加曾利E新）。
- 「II紋様帯」の文様要素の変遷：縄紋＋粘土紐（所属型式記載なし）→縄紋＋粘土紐＋両脇に沈線（大木8b，加曾利E・中位の古さ）→磨消縄紋・劃線内縄紋出現（大木9・10，加曾利E新）。
- 大木と加曾利Eの細別の対応関係は，大木8a／加曾利E（最古？），大木8b／加曾利E（中位の古さ），大木9／加曾利E（新しいもの），大木10／加曾利E（最も新しいもの？）

　縄の側面圧痕の有無が関東の中期縄紋土器と大木7～8a式の区別の指標になるという重要な指摘の他，大木8a式～10式の細別が，加曾利E式の細別の指標になったことが，上記の事実（細別型式毎に文様の組み合わせが連動して変化している）から明瞭に理解出来るであろう。更に，(i)「上本郷貝塚F地点二号竪穴炉体土器」と(ii)「加曾利E地点1924年発掘資料」及び(iii)「加曾利D地点1924年発掘資料」が「加曾利E式」にくくられた理由もここで理解出来るのである。体部に於いて縄紋地紋に隆線が施された装飾から，磨消縄紋による装飾が形成されてゆく過程は，一系かつ連続しているのであり，別型式に区分出来ない強いつながりを持っているのである。山内（1964b→1972）はこうした「磨消縄紋」につながる一系の装飾を「II.文様帯」（松本の「凹線紋アイヌ式曲線模様」を基準とした文様帯）と位置づけ，「I.文様帯」（松本彦七郎の「凸線紋アイヌ式曲線模様」を基準とした文様帯。ここからは磨消縄紋が出

Ⅷ. 山内清男の大木諸型式（7b式〜8b式）について 193

現していないことに注目）と区別したのであった（大村 1999）[6]。

大木諸型式と関東の中期縄紋土器の区別については，縄の側面圧痕の有無と縄の撚り以外触れていないが，ここまで抽出して来た「山内・大木式」の特徴を念頭に標式資料を検討すれば，かなり具体的に大木諸型式の特徴と関東中期縄紋土器との違いを浮き彫りに出来るはずである。それでは，以上の認識を念頭に入れながら，いよいよ「山内・大木諸型式」の写真資料の検討に入ろう。

3. 山内清男・大木諸型式標式資料の写真資料の分析

これまで見てきたように，山内が大木諸型式の内容について詳述したことは，あまりなかった。山内の片言隻語の断片を拾い集めれば，筆者が到達できたレベルまで復元出来るが，それでさえ，根拠となっていた「標式写真資料」が筆者の手元にあったから理解可能であったのである。これらの資料は，「教えを乞う者には，口頭で説明され」「恵与されることがあった」（興野 1996: 215頁）という。山内の生前は，彼に可愛がられた研究者でなければ（興野のように），この資料を手に入れることは至難のことであったと思われる（ただし，筆者がこの資料のコピーを人づてに手に入れた 1980年代初頭ころには，相当普及していた可能性がある。当時若輩であった筆者のような在野研究者にまで目に触れる状況だったのである）。この資料がいつ頃流布を始めたのかを検討することは，今後の学史研究上興味深いテーマであるが，大木式に言及した戦前のいくつかの労作（八幡 1935・三森 1939 など）を見る限り，戦前はまだ全く普及を始めていなかったようである。彼らの著作には，大木式諸型式の名称の紹介と，関東縄紋諸型式との対応関係の解説はあっても，具体的な型式内容の記載は何一つないからである。おそらく，戦後，山内の研究室に地方研究者が群がり，門前市をなすような賑わい（稲生 1996: 88頁）を示したころ流布が始まったのであろう。例えば，江坂輝彌の論文（江坂 1956）掲載の大木諸型式実測図の同定はかなり正確であり，記載も的確である。縄紋の記述の中に山内の教示を受けたと思われる部分も認められる。

以上，1950年代になると，一部の研究者には，「山内・大木式」の実体が

ある程度理解されていた可能性があるのである。しかし，筆者が入手した写真のコピーには，どの破片が何式にあたるのかが書かれていなかったため，極めて使い勝手が悪かった。直接山内から写真をもらい，逐一型式名の教示を受けたものでなければ，「標式資料」の活用は難しかったであろう。

こうした種々の困難は，小岩末治が 1961 年に『岩手県史』で「山内標式資料」を公開したことによって解消されることになる（小岩 1961）。そして 1996 年，『画竜点睛』の巻頭図版に，興野義一によって再度鮮明な図版が掲載されたことによって，大木式研究は大きく前進する気運が生まれることになるのである。今回の共同研究では，この資料を基準にして他の研究者の認識を検討することになっている。そこでまず本稿においてこの「興野公表資料」を検討し，「山内・大木式」の内容を整理する作業を試みてみたいが，その前に，この写真資料の「史料批判」を行なっておきたい。この写真資料は，山内自身によって正式に公表され，解説が施されているのものではなく，他者による公表資料であるからである。筆者は，もし山内自身がこの資料を正式に公表したとしたら，そのままの形で提示したであろうか，という疑念を捨てきれない。というのも，山内清男は，自己の研究成果を一旦活字化してからは，大きな修正をしない（「撤回する」という表現を何度か用いてはいる）ものの，公表するまでは試行錯誤を繰り返していることを知っているからである（大村 1995：57 頁）。伊東信雄に個人的に提示した未公表の「仮編年表」が，7 年の後に大きく修正されて正式に公表されていることはその典型であろう。この未公表写真資料に整理された大木諸型式の概念が，山内の晩年まで一貫していた保証はないのである。むしろ，筆者が今まで検討してきた，山内による当該型式群及び並行型式群（加曾利 E 式など）の解説とこれらを比較すると，前後の細別型式に属する資料が，各写真中に混入しているように見えるのである。

細別型式の概念はなるべく「離散的存在」（中間がなく境界にはっきり線が引けるもの）として整理しておいた方がよい。他地域の特徴や前後型式の特徴がまざりこむと，「截然と分かち得ない一体の土器」（山内 1939→1967：2 頁）となってしまうからである。『日本先史土器図譜』の掲載図版を検討すると，

Ⅷ. 山内清男の大木諸型式（7b式～8b式）について

そうした考慮が働いているように見えるし，山内自身，そうした趣旨の発言をかつて行っている（山内1935→1969: 282頁）。山内の教えに従って，彼が残した「標式資料」を批判的に検討してみる所以である。

前置きが長くなってしまったが，標式資料写真中，問題があると思われる点は以下の通りである。

①興野公表資料図版100（本稿第3図左側の写真）の「大木7a式」（上段イ・ロ）と図版101（「大木7b式」：本稿第3図右側の写真）の上段右の土器の区分はかなり難しいのではないか（両者共，縄紋地紋に半截竹管状工具の「腹」による擬似隆線や押引紋が施され，主要な単位文様として「渦文」が存在している）。

②興野公表資料図版103（本稿第4図右側）の上段左の，クランク状粘土紐（縁辺未調整）貼付紋が施されたキャリパー形土器を「8b式」としてよいのか。縄紋地紋に未調整の粘土紐を貼り付ける手法は，大木8b式のそれ（「紐の両側を沈線で忠実に囲む」）から逸脱しているように見える。また，「クランク文」の存在は，大木8a式並行の加曾利E1式に顕著なのである。

③興野公表資料図版103の下段の渦巻文の施された口縁部3点（「大木8b式」）は，「（粘土紐を）囲む沈線が丸みを帯びてくる」もので，「大木9式」の特徴を示しているのではないのか。また，それらの資料の中に，渦巻文を中心に略楕円区画や略方形区画を構成するものが存在するが，それらの特徴は「加曾利E3式並行」を示すのではないのか。

④興野公表資料図版104（本稿第5図）の上段左の頸部無紋帯が存在する土器（「大木9式」）は，加曾利E2式の新しい部分に並行する可能性がある。少なくとも関東で出土したら，加曾利E2式（大木8b式並行）の範疇で捉えられると思われる。

山内の大木囲貝塚発掘資料は破片資料が殆どで，量的にも充分ではなく，型式学的検討に充分に耐えるものとはいいがたかった。山内が大木資料を最終的に公表出来なかったのは，後年類例が増大し，他の研究者の求めに応じて提供していた「キャビネ版写真セット24枚」（興野1996: 215頁）（1961年に

196

関版101 宮城県大木囲貝塚出土 大木式土器

阿版100 宮城県大木囲貝塚出土 大木式土器

上 大木式 (9) 大木7a式 下 大木式 (10) 大木7a式　　上 大木式 (11) 大木7b式 下 大木式 (12) 大木7b式

第3図 興野, 1996で公表された大木式・標式資料（その1）（キャプションもそのまま転載）

Ⅷ. 山内清男の大木諸型式（7b 式～8b 式）について 197

第 4 図 興野, 1996 で公表された大木式・標式資料 (その 2) (キャプションもそのまま転載)

上 大木式 (13) 大木 8a 式 下 大木式 (14) 大木 8a 式

附図 102 宮城県大木囲貝塚出土 大木式土器

上 大木式 (15) 大木 8b 式 下 大木式 (16) 大木 8b 式

附図 103 宮城県大木囲貝塚出土 大木式土器

図版104　宮城県大木囲貝塚出土　大木式土器

上　大木式（17）大木9式　下　大木式（18）大木9式
第5図　興野，1996で公表された大木式・標式資料（その3）
（キャプションもそのまま転載）

は小岩により公表されてしまっている）の問題点に気づいていたためではないか。1933年に，山内が東京にもどってしまったこともあり，東北地方に於ける類例の集成及びこれらとの比較による型式内容の吟味は，必ずしも充分とはいえなかったであろう。このままでは『日本先史土器図譜』に収載出来ないような性質のものであったのである。戦後，乞われるままに，彼は標式資料の提供を地方研究者にしており，これを手がかりにして他の研究者は自らの資料の型式認定をして行ったものと思われるが，標式資料が量的に貧弱であったため，理解が充分に出来ず，山内の認識から逸脱するものが続出したことが推測される。

　戦後の膨大な資料の蓄積により，山内自身認識を改める必要を感じたとこ

VIII. 山内清男の大木諸型式 (7b式〜8b式) について

第2表 山内・大木諸型式の特徴

項目＼細別	大木 7b	大木 8a	大木 8b
器形	内彎する浅鉢。(他は器形不明)	キャリパー形少ない (弱い彎曲のキャリパー形1点のみ)。	キャリパー形あり。
装飾	口辺に楕円区画。	体部に直線状の太い沈線 (2〜3本単位) や粘土紐による装飾。隆線により横方向に展開する装飾 (体部)。	縄紋地に沈線による横方向に展開する曲線的な装飾 (体部)。頸部に無紋帯あるものあり。
単位文様の形態	体部にY字状文。ボタン状貼付文。	波状隆線。連続コの字状文。蕨状文。	渦巻文, 棘状沈線, 棘状隆線。
文様要素の組み合わせ	隆線上に指頭圧痕。縄紋の上にY字状隆線。	縄紋＋粘土紐 (縁辺未調整)。粘土紐脇の沈線少なし。体部の縄紋面に沈線や隆線で装飾を加える。隆線上に太い沈線 (背割隆線) や押引紋及び刻み。隆線脇に縄の側面圧痕。	縄紋＋粘土紐 (縁辺丁寧に調整) ＋粘土紐脇の沈線
縄紋の種類	単節縄紋 (RL)。無節縄紋 (L)。結節回転紋。複節斜縄紋 (LRL)。付加条縄紋。	単節縄紋 (LR縦位施紋多し)。縄を縦位に回転押捺。	単節縄紋 (LR, RL相半ば。縦位回転施紋多し)。無節縄紋 (L)。
押圧縄紋	口辺部に縄の側面圧痕	同左 縄の縦位短線。羽状縄紋。	縄の側面圧痕なくなる。
突起・把手	山形状把手	大振りの立体的把手。	突起無いか, 小型。

(註) 原則として標式写真からの情報の読み取りであるが, 縄紋や種々の圧痕については写真で読み取ることが不可能な破片もあるので, 早瀬・菅野・須藤, 2006 を参照した。

ろもあったであろう。しかし1961年, 小岩により山内の資料が公表されてしまっており, 標式資料の写真も人から人へとコピーされ, 広範に普及して「半公開資料」となってしまい, 修正の機会を失ってしまったのが真相ではなかろうか。それはともかく, 上記に示した問題点のあると思われる資料をとりあえず除外して「山内・大木式」の内容を表にまとめてみよう (第2表, 第3図〜第5図参照)。

この表について以下に若干のコメント加える。

第1に，前節の文献⑩において，所属細別型式が具体的に指示されていなかった，「縄紋地紋＋粘土紐貼付」の特徴が，「大木8a式」の特徴であったことが確認出来る〔このことは加曾利E式（最も古い部分）の特徴と符合する〕。第2に，「大木8a式」の縄の撚りはLRが大半であるものの，「大木8b式」ではLRとRLが相半ばしている（縄紋の詳細な観察結果は早瀬・菅野・須藤，2006に拠る）ことが確認出来る。これは，加曾利E式と「略同時代」の「東北地方ではⓇ（引用者註：1段の縄に還元した場合Rの撚りという意味。従って正撚り2段はLR）が主であった」（山内1979：38頁）という指摘と矛盾する。第3に山内は，加曾利E式の「第一次紋様帯に当る部分（口縁の内彎する部分）では縄を横に転がし，そして第二次紋様帯のある体部では縦転する。**この風は陸前大木8式にもある**」（山内1979：48頁。ゴシックは引用者）と述べているが，標式資料の縄紋は大部分が口辺部から縦位に押捺しているように見える。山内自身も，戦前の論文では「大木8等の如く縦位が主な場合もある」（山内1930b→1967：216頁）と述べているので，全般的には「縦位」が多いと理解した方がよいのかも知れない。関東の加曾利E式では，山内の解説通り，口頸部は「横位」，体部は「縦位」が目立つので，型式区分の目安の一つ（決定的要素ではないが）になり得ると思われる。

以上の内容に，今まで抽出してきた山内の記載の断片を繋ぎ合わせると，以下のようになるであろう。

大木7b式
- 山形把手の存在。
- 縄の側面押圧の盛行（関東・阿玉台式における「点線」／角押紋に対応）。
- 口辺部に幅の狭い楕円区画。
- **Y字状隆線施紋**（体部）。
- 隆線上に指頭圧痕。
- 結節回転紋の残存。

大木8a式

- **大振りの突起・立体的把手の存在。**
- 縄の側面圧痕残存（縦位短線目立つ）。
- 縄紋地紋に粘土紐貼付紋（縁辺未調整。沈線沿わず）。
- 隆線上に沈線による背割りや刻み・押引紋の存在。
- 体部は縄紋地紋に隆線・沈線施紋。
- 体部の装飾は横方向に展開。
- （縄の）縦位施紋が目立つ。
- 縄紋は単節（LR）が主体。羽状縄紋も存在。

大木 8b 式
- キャリパー形深鉢の存在。
- 頸部無紋帯あり。
- 突起・把手無又は僅少。
- 隆線・沈線による棘状文様。
- 隆線（縁辺を丁寧に調整）の両脇に沈線が沿う（「隆沈紋」）。
- 渦巻文の成立。
- 縄の側面圧痕消滅。
- （縄の）縦位施紋が目立つ。
- 体部の装飾は横方向に流れる。

　※ゴシックの部分は関東の土器型式と近似するもの。

　上記の特徴をとりあえず「山内・大木 7b～8b 式」の基本的特徴と捉えておきたい。

　まとめ

　山内が断片的に記述した大木諸型式の特徴をつなぎ合わせ，更に関東地方に於ける隣接型式の概念を補完して，「山内・大木諸型式」の輪郭を描き出し，これを踏まえて彼の残した未公開資料を批判的に検討してみた。この結果，ある程度具体的に彼の認識を復元できたのではないかと思っている。こ

うした作業が可能になったのは，興野義一氏や東北大学・考古学陳列館が標式資料の詳細な情報を学界に公開してくれたからである。

筆者は，決して鮮明とはいえない件の写真を前に，詳細な施紋手法の確認が出来ず，切歯扼腕した長い日々を思い起こす。今から12年前，標式資料実査の手がかりを求めて遠く仙台近傍の某所にまで足を運んだこともあった。1961年以前は，山内から教えを受けた者や山内の未公開資料を手元に置くもののみが東北地方の縄紋土器について発言出来る状況であったことを想像すると，暗澹たる思いを禁じ得ない。そういう意味で，上記の関係者諸氏に対して感謝と敬意の念を捧げるものである。

謝辞

本研究が成るにあたって重要な鍵となった，早瀬亮介・菅野智則・須藤隆 (2006年) は，東北大学総合学術博物館の柳田俊雄・佐藤慎一両氏のご高配で入手したものである。一面識もない私共の厚かましいお願いに快く応じてくださった両氏に厚く御礼を申し上げる次第である。

註

1) 岡本・戸沢 (1965) は，磨消縄紋の施された加曽利E式を「加曽利EII式」としている。それはそれでよいのであるが，巻末の縄紋土器編年表には，加曽利EII式と大木8b式を並行関係に置いてしまっている。大木8b式は磨消縄紋出現以前の細別であり，大木式の内容に知悉していれば決しておかさない誤りであった。この論文は，われわれの世代（現在50歳代）の学徒のテキストであったため，加曽利E式研究において少なからぬ混乱をもたらしたことは否めない。
2) 柳澤1985：163〜164参照。
3) この表記の意味について具体的に明らかにしたのは，柳澤清一の業績（柳澤1985：172頁）である。
4) たとえば吉田 (1956) は，加曾利E式について，「千葉市加曾利貝塚E地点発掘土器を標準としたもので，その後，加曽利E式土器はI式とII式に細別された」と解説している (139頁)。

5) 能登, 1976 他参照。
6) 大村, 1999 で言及できなかった重要な原典を以下に示す（山内 1979：51 頁）。

「縄紋式中期の半頃関東及び附近一帯に加曾利 E 式〔83, 84〕と言う土器型式がある。

　この式の紋様帯は、内彎した口頸部に加えられるもの（I）と、体部一帯に広い紋様帯（II）と 2 種ある。このうち上の紋様帯（I）は型式を遡って行くと中期の古い部分例えば勝坂式〔87〕の紋様帯に続き、前期の諸磯式、関山式〔66, 67〕、花積下層式〔65 上右〕にも続く。尚早期後半の土器の紋様帯とも関係が深い。」

「次に II の紋様帯は関東近隣（加曾利 E 式）〔83〕では一般化するが、遡って見ると似た様なものがない。I 紋様帯が範囲を広げて体部にまで下降した如きもの（諸磯式等）、I 紋様帯が多層化して体下部にも同種の紋様帯がある等の例があって、その起源の一部を想定せしめるだけである。」(52 頁。傍点は引用者)

一部の研究者が誤解するような、「体部の文様帯＝II 文様帯」というものではなく、文様帯の系譜（I. 文様帯は松本彦七郎による「凸線紋曲線模様」の系譜、II. 文様帯は「凹線紋曲線模様」の系譜）の違いから区分をしているのである。だから「I 紋様帯が（中略）体部にまで下降」したり、「多層化して体下部にも」存在したりするのである（ただし、その認定は山内の主観に基づくものであり、IIa. IIb. IIc. 文様帯や「副文様帯」の認定などになると、他者が追認するのが困難な場合がしばしばある）。ちなみに、筆者はこの「II. 文様帯」（山内以外の研究者が厳密に認定するのは難しいが）の存在を以て「山内・大木 8a 式」（加曾利 E1 並行）とそれ以前を分かつ、一つの指標になりえるのではないか、とひそかに考えている。上記文献には、「II の紋様帯は関東近隣（加曾利 E 式）〔83〕では一般化するが、遡って見ると似た様なものがない」とあるからである。

なお上記文中、「紋様帯」という表記は山内の草稿には存在しない（筆者実見）。佐藤達夫のもとで山内の学位論文が清書された時にこの表記に統一されたものらしい。

引用・参考文献

伊東信雄 1929「下総上本郷貝塚の竪穴に就いて」『史前学雑誌』1 巻 1 号
伊東信雄 1977「山内博士東北縄文土器編年の成立過程」『考古学研究』24 巻 3・4

号

稲生典太郎 1996「山内先生の思い出」『画竜点睛 ―山内清男先生没後25年記念論集―』 山内先生没後25年記念論集刊行会

江坂輝彌 1956「Ⅲ 各地の縄文式土器 東北」『日本考古学講座』3 河出書房

大村 裕 1991「千葉県松戸市中峠遺跡第1次調査報告 Ⅳ 出土遺物 B. 土器」『下総考古学』12号

大村 裕 1995「千葉県松戸市中峠遺跡第3次調査報告 Ⅳ. 考察」『下総考古学』14号

大村 裕 1999「山内考古学の一側面 ―『山内考古学の見直し』に寄せて―」『考古学研究』46巻2号

岡本 勇・戸沢充則 1965「3 関東」『日本の考古学 Ⅱ 縄文時代』 河出書房新社

興野義一 1996「山内清男先生供与の大木式土器写真セットについて」『画竜点睛 ―山内清男先生没後25年記念論集―』 山内先生没後25年記念論集刊行会

小岩末治 1961「二 大木式土器について」『岩手県史』1巻

甲野 勇 1932「関東に於ける縄紋式土器の一新型式に就いて」『史前学雑誌』4巻3・4号

甲野 勇 1936「謹告」『ミネルヴァ』1巻4号

能登 健 1976「縄文文化解明における地域研究のあり方 ―関東地方加曾利E式土器を中心として―」『信濃』27巻4号

早瀬亮介・菅野智則・須藤 隆 2006「東北大学文学研究科 考古学陳列館所蔵大木囲貝塚出土基準資料 ―山内清男編年基準資料―」『東北大学博物館紀要』No.5

松本彦七郎 1919「宮戸島里浜及気仙郡獺沢介塚の土器 附 特に土器紋様論 (2)」『現代之科学』7巻6号

三森定男 1939「二. 東北地方」『人類学・先史学講座』13巻 雄山閣

柳澤清一 1985「加曾利E式土器の細別と呼称」(前編)『古代』80号

山内清男 1928「下総上本郷貝塚」『人類学雑誌』43巻10号→『山内清男・先史考古学論文集・第二冊』

山内清男 1929a「関東北に於ける繊維土器」『史前学雑誌』1巻2号→1967『山内清男・先史考古学論文集・第二冊』

山内清男 1929b「関東北に於ける繊維土器 追加第一」『史前学雑誌』1巻3号→1967『山内清男・先史考古学論文集・第二冊』

山内清男 1930a「所謂亀ヶ岡式土器の分布と縄紋土器の終末」『考古学』1巻3号

VIII. 山内清男の大木諸型式（7b式〜8b式）について

→1967『山内清男・先史考古学論文集・第三冊』

山内清男 1930b「斜行縄紋に関する二三の観察」『史前学雑誌』2巻3号→1967『山内清男・先史考古学論文集・第五冊』

山内清男 1935「縄紋式文化」『ドルメン』4巻6号→1969『山内清男・先史考古学論文集・旧第十一集』

山内清男 1936「日本考古学の秩序」『ミネルヴァ』1巻4号→1967『山内清男・先史考古学論文集・第三冊』

山内清男 1937「日本先史時代に於ける抜歯風習の系統」『先史考古学』1巻2号→1967『山内清男・先史考古学論文集・第五冊』

山内清男 1939『日本遠古之文化　補註付・新版』先史考古学会→1967 同新刷

山内清男 1940『日本先史土器図譜　IX輯　加曾利E式』先史考古学会→1967『日本先史土器図譜』再版・合冊

山内清男 1964a「小川貝塚」『福島県史』6巻→1969『山内清男・先史考古学論文集・第十一集』

山内清男 1964b「縄文式土器・総論　V 文様帯系統論」『日本原始美術1』講談社→1972『山内清男・先史考古学論文集・新第四集』

山内清男 1979『日本先史土器の縄紋』先史考古学会

八幡一郎 1924「千葉県加曾利貝塚の発掘」『人類学雑誌』39巻4-6号→1930『土器　石器』古今書院

八幡一郎 1935「日本石器時代文化」『日本民族』岩波書店→1979『八幡一郎著作集　第2巻　縄文文化研究』雄山閣

吉田　格 1956「III　各地の縄文式土器　関東」『日本考古学講座』3　河出書房

あとがき

　ここ十数年の間に発表した諸論文を一冊にまとめたので，諸先学に対する敬称について不統一になっていることをまずお詫びしておきたい。また，論文を再録するにあたり，大きな加筆・修正などは控え，誤記・誤植や引用ミスの修正程度にとどめておいた。論文も学史研究上の「史料」になる以上，いたずらな修正は混乱を招くとの配慮からである。ただし第Ⅶ論文は，報告書の考察であり，事実記載の部分の図を参照しないと理解が難しいので，関連箇所の図を適宜挿入し，読者に理解しやすいように編集してある。
　以下に初出一覧を掲げておく。

Ⅰ．鳥居龍蔵と山内清男（書き下ろし）
Ⅱ．稲生典太郎先生が山内清男と出会った頃—1930年代の日本先史考古学界の一断面—『白門考古論叢』2004年11月　稲生典太郎先生追悼考古学論集刊行会
Ⅲ．ある学史の一断面—『日本先史土器の縄紋』の刊行と塚田光—『下総考古学』第13号1993年4月　下総考古学研究会
Ⅳ．縄紋と縄文—山内清男はなぜ「縄紋」にこだわったのか？—『考古学研究』第41巻第2号　1994年9月　考古学研究会
Ⅴ．山内考古学の一側面—「山内考古学の見直し」に寄せて—『考古学研究』第46巻第2号　1999年9月　考古学研究会
Ⅵ．阿玉台式土器の成立の指標を何に求めるか？—西村正衛氏による阿玉台式土器の研究に学ぶ—『土曜考古』第19号　1995年　土曜考古学研究会
Ⅶ．「山内・加曾利E式細別」の実体について—千葉県中峠遺跡第3次調査地点出土の加曾利E式（古）土器の検討から—『下総考古学』第14号　1995年11月　下総考古学研究会（原題は「千葉県松戸市中峠遺跡第3次調査報告　Ⅳ.考察」）

Ⅷ. 山内清男の大木諸型式（特に大木7b〜8b式）について—関東地方の土器編年との関わりから—『下総考古学』第20号　2007年5月　下総考古学研究会

次に，収載した諸論文について解題風のコメントをしておく。第Ⅰ論文は本書の出版にあわせて書き下ろしたものである。著者は，以前より鳥居龍蔵博士と山内清男博士との関係に関心を持っており，構想を練ってはいたが，ついに独立した研究論文としてまとまらなかった。今回は山内先史考古学研究の「序論」として執筆してみたが，まだまだ不十分であり，今後も検討を重ねて行こうと思っている。第Ⅱ論文は，恩師・稲生典太郎先生（元・中央大学教授）の米寿を記念する論文集にあわせて執筆準備を始めたものである。2003年8月，先生のお宅に参上し，7時間以上もインタビューをした結果を論文の骨子としている。この3ヶ月後に先生は急逝しており，取材結果は貴重な学史の基礎資料となった。第Ⅲ論文は，山内博士の晩年の活動を，「塚田光」という在野研究者の仕事を通して理解しようと努めたものである。著者が心臓の病気で緊急入院した折（40代のはじめの頃），ベッドの上で不用の紙の裏面に書き綴った原稿が基礎となっている。同じ病気で急逝された故塚田光氏の無念に思いをはせ，同氏の業績を学界に書き残しておこうという目的もあった。公表後，塚田氏のご尊父より丁重な礼状を頂いたことは大きな喜びであった。第Ⅳ論文は，著者の縄紋土器研究に於ける処女作（「所謂『角押文』と『キャタピラー文』の違いについて」『下総考古学』7号　1984年）以来の疑問（文様と圧痕の概念定義）を，山内博士の業績検討から解決しようと試みたものである。脱稿後，故小山勲氏から山内博士の学位論文の草稿と清書原稿のコピーを見せてもらい，その所見を「追記」として記載出来たことは，この論文に深みを与えることとなった。ちなみに草稿と清書原稿は筆跡が異なっており，後者は女性の手になるものではないかとの疑念が脳裏に浮かんだ。この時は確たる証拠がなかったので，「その筆跡はペン字の手本のように美しく几帳面なもの」という表現にとどめておいたが，後日，故塚田光氏の遺品（「山内論文進行日誌　54-6-2日〜」と表書のあるノート）の中からそれを裏付けるメモを発見した。山内博士自らの手で書かれたものではない以上，

この清書原稿は「史料」として他の論文と等価に位置づけることが出来ないと思っている（実際，学術用語の表記が，この学位論文だけ他の山内論文と異なっているのである）。第Ⅴ論文は，「中峠式土器の再検討」（『下総考古学』15号 1998年）を公表した折，「下総考古学研究会の共同研究は山内考古学を踏まえていない」，というような批判を種々受けていた（多くは間接的な口頭でのコメント）ので，それに応える目的で執筆したものである。第Ⅵ論文は，上記の共同研究を始めるにあたって，山内博士の型式学的研究の具体的手法を，故西村正衛教授（山内博士の指導を受けながら，利根川下流域の縄紋文化を研究した学者）の実践を通して学ぼうとしたものである。その成果はその後の共同研究で十分に活かされているはずである。第Ⅶ論文は，下総考古学研究会による松戸市中峠遺跡発掘調査報告の「考察」に書いたものである。同研究会の調査資料は，出土層位が克明に注記されており，利用価値の極めて高いものである。調査は主に1960年代に於いて毎冬行われ，10次を数えている。調査後すでに30～40年を経過しており，しかも主力会員の多くが物故したり会から離れてしまったりしているため，整理作業は難航している。この論文からも，その苦闘の跡を推察して頂けると思う。第Ⅷ論文は，現在下総考古学研究会で推進している東北南部の土器型式群（大木式）の共同研究の第一弾として発表したものである。近年，「大木式」の研究は，飛躍的な発展を遂げているが，その型式概念は区々であり，共通の基盤が確立されていない。そこで，まず型式設定者の山内博士の業績を批判的に検討し，その型式概念の枠組みを捉えなおそう，という目的で取り組まれたものであった。山内博士による編年大綱の構築手法の一端も垣間見られるはずである。

　最後に，著者の学史研究は，故塚田光氏（下総考古学研究会）の言行や論文から多大な影響を受けたものであることを明記し，泉下にある同氏に対し，衷心より感謝の意を表するものである。本書の出版を引き受けてくださった六一書房の八木環一氏と編集に携わった吉田哲夫氏にも感謝したい。

　なお，本書に論文を再録するにあたり，以下の諸団体より快諾を頂いた。
　稲生典太郎先生追悼考古学論集刊行会，考古学研究会，下総考古学研究会，土曜考古学研究会（五十音順）

人名索引

あ

青木重幸	48, 60, 112, 123
赤星直忠	30
麻生　優	75
足立文太郎	9
穴沢咊光	49～50, 60
阿部芳郎	33～34, 54, 60
有賀長雄	58, 60

い

池上啓介	31, 33～34, 37, 60
池上　悟	54
池田清彦	24, 60, 110, 123, 147, 149
池田建夫	30
石井　進	5, 19
石井　寛	54
井下　清	4～5, 20
石野　瑛	32
伊豆公夫	60
磯崎正彦	65, 75, 87
市原寿文	75
伊東信雄	30, 123, 179, 181, 194, 203
稲生典太郎(先生)	1, 12, 15, 24～25, 28, 30, 32, 35, 44, 53～57, 59～60, 193, 204, 206～207
今井冨士雄	35, 60
今村啓爾	103, 107, 118, 123, 134, 149

え

江上波夫	1, 20, 53, 60
江坂輝彌	1, 20, 31, 34, 36～37, 54, 60, 73, 75, 103, 106～107, 193, 204
S・J	98, 107
江森正義	43～44, 62

お

大内千年	54, 57
大川　清	149
大久保達正	52, 60
大沢岳太郎	18
大谷卓史	59, 63
大塚達朗	54, 91, 107, 109, 113, 115, 119, 121, 124
大野延太郎	4, 18, 20
大場磐雄	2～4, 6, 17～18, 20～21, 26, 31～32, 57, 60
大町四郎	156, 176
大参義一	75
大村　裕	序2, 2, 20, 24, 26, 43～44, 48, 60～62, 93, 107, 118, 121, 124, 144～145, 150, 193～194, 202～204
大山　柏	27, 31, 33～34, 60, 154
岡　栄一	30～31
岡　茂雄	61
岡田淳子	12, 17, 20, 48, 61, 111, 124

岡田茂弘	75		62, 88, 97, 155〜156, 175, 178, 181, 185, 204
岡本　勇	75, 176, 202, 204		
沖山宗雄	125	小金井良精	5, 7〜8, 16, 18, 21, 44, 57, 63
小熊英二	20, 52, 54, 61		
乙益重隆	75	越川敏夫	149, 174
小原一夫	32	後藤守一	52〜53, 56, 61, 98〜99, 106〜107

か

		小西宗吉	32
賀川光夫	75	小林達雄	58, 61, 87, 91〜93, 113, 124
片倉　修	156, 176		
加藤　孝	159〜161, 176	小林行雄	61
金子浩昌	75	小松真一	6, 8
鎌木義昌	67〜68, 73, 75, 77, 82, 93	小山　勲	67, 84, 91, 105, 207
		近藤義郎	22
神田孝平	97, 106〜107		
菅野智則	199〜200, 202, 204		

さ

		斎藤秀平	46

き

		斎藤　忠	序1, 13, 20, 57, 61
木越邦彦	15, 20, 75	斎藤房太郎	30
喜田貞吉	2〜3, 27, 49〜50, 57, 61	榊原政職	26
興野義一	194〜198, 202, 204	坂野　徹	17, 20
清野謙次	6, 26, 51, 57, 109〜110	酒詰(土岐)仲男	28, 30〜31, 33〜34, 37, 61, 62

く

		坂詰秀一	62
工藤雅樹	49, 58, 61	佐藤慎一	202
久保常晴	30	佐藤武雄	174
倉田恵津子	174	佐藤達夫	5, 19, 70, 93, 106, 122, 124, 134, 150, 175, 203

こ

		佐藤陽之助	30
小岩末治	176, 194, 198〜199, 204	佐原　眞	4, 20, 52, 57, 62, 65, 86, 92〜93, 96〜97, 107, 122, 124
合田芳正	54, 56		
甲野　勇	1, 7〜8, 12, 26, 29〜30, 33〜42, 45, 49, 54, 60〜		

人名索引　211

し

潮見　浩	75
柴田常恵	59
島　五郎	75
島本　一	29, 32, 37, 62
下村三四吉	13, 21, 127
白井光太郎	97, 99, 107

す

杉田玄白	55
杉原荘介	30, 82～83, 88, 93
杉山寿栄男	31～33, 60
鈴木徳雄	123～124, 152, 168, 176
鈴木　尚	32, 34, 62
鈴木正博	91～92, 106～107, 123～124, 138, 149～150
須藤　隆	199～200, 202, 204

せ

関　俊彦	57, 62
関口　齊	32
関根慎二	40, 54, 57
芹沢長介	49, 62, 68, 73, 75～77, 80, 82, 88, 92～93, 107

た

タイラー	36
高島徳三郎	32
高橋　護	75
高橋龍三郎	49, 62
高橋良治	43～44, 62, 91, 93
高堀勝喜	75
滝口　宏	57, 62
田口和美	18
武井則道	66～68, 93
竹内理三	55
竹下次作	30, 37
田沢金吾	31
建石　徹	54
田中耕作	111, 124
田中　琢	96, 107
谷藤保彦	40, 54, 57
田村晃一	69, 92, 94

ち

| チャイルド | 22 |

つ

塚田　光	65～69, 72, 77, 83～85, 87～94, 100, 105～106, 206～208
塚本師也	149, 150
坪井清足	50, 62
坪井正五郎	5, 13, 17, 21, 26, 40, 57～58, 89

て

寺内隆夫	141～144, 149～150
寺門之隆	75
寺田和夫	序1, 18, 20, 25, 49, 51, 57, 62

と

| 徳田御稔 | 122, 124 |
| 徳廣伊㚼子 | 1 |

戸沢充則	75, 176, 202, 204		57, 59, 62, 97, 107, 109〜110, 175
利根川章彦	149	秦　郁彦	28, 62
ドブジャンスキー	122	服部清五郎	31
鳥居龍蔵	1〜5, 7〜22, 26, 34, 42, 49, 54, 57, 59, 62〜64, 95, 178, 206〜207	ハッドン	36
		浜田耕作	6, 22, 24, 26, 31, 57, 109
Tompson	123	早川	88
		林　魁一	39, 45〜46, 62〜63
な		林　謙作	21, 75, 112, 123〜124
長尾	176	早瀬亮介	199〜200, 202, 204
中川成夫	91	原田昌幸	150
中川徳治	31	春成秀爾	58〜59, 63
中薗英助	15, 21	バルフォアー	36
中根君郎	32		
永峯光一	75, 91〜92	**ひ**	
中村五郎	7, 10, 21, 35, 59, 62, 119, 123, 124	樋口清之	6〜7, 12, 21, 31, 34, 63
		日暮晃一	34, 60
中谷治宇二郎	8, 29, 47, 62〜63	平沼大三郎	8, 22, 47, 64
		平山久夫	84, 90, 94
に			
西田周平	125	**ふ**	
西村正衛	60, 68, 75, 126〜138, 140〜150, 206, 208	藤枝隆太郎	4, 155
		藤森栄一	30, 46, 63
西脇対名夫	123〜124		
		ほ	
の		星　新一	18, 21
野口義麿	75	堀野良之助	32
能登　健	84, 92, 94, 152, 176, 203〜204	Borgmeier	123
		ま	
は		真壁忠彦	75
長谷部言人	6, 10, 12, 16, 19, 21, 24, 26, 34〜36, 49, 51〜54,	松下胤信	32
		松村　瞭	7〜9, 18, 26, 44, 63

松本　茂	140, 150	矢戸三男	148
松本彦七郎	1〜2, 6, 26, 39, 109〜110, 115〜117, 123〜124, 192, 204	柳澤清一	84, 91〜92, 94, 152, 176, 202, 204
		柳田俊雄	202
Martin	47	家根祥太	50, 62
馬渡峻輔	111〜114, 118, 123, 125	山内利秋	59, 63
		山田俊弘	54
み		山田仁和	122, 125
三門　準	105	山内清男	序1〜2, 1〜22, 24〜33, 35〜40, 42〜44, 46〜54, 56〜70, 72〜74, 76〜97, 99〜100, 102〜125, 138, 144, 147, 151〜165, 172, 174〜190, 192〜195, 198〜205, 206〜209
三上嘉徳	57		
三森定男	29, 38, 44, 63, 155, 176, 181, 193, 204		
三中信宏	118, 123, 125		
湊　晨	32		
宮　正樹	125		
三宅宗悦	47		
宮坂光次	8, 31, 33, 60		
宮崎　糺	30	山村貴輝	5, 22
		八幡一郎	序1, 1, 7〜8, 12, 14, 19, 21, 23, 29, 30, 35〜36, 39〜40, 42〜47, 49, 53〜54, 57, 59〜60, 63〜64, 85, 92, 97, 178, 181, 193, 204〜205
む			
武藤鉄城	32		
も			
モース（モールス）	40, 96〜97, 99		
森　克己	55	**よ**	
森本六爾	69, 85, 86, 92, 94	横山将三郎	31
モルガン	122	吉崎昌一	75
両角守一	31	吉田　格	75, 202, 205
モンテリウス	22	吉田哲夫	208
		米村喜男衛	32
や			
		ら	
八木環一	208		
八木奘三郎	13, 21, 59, 127	ラボック	36

り

| リンネ | 34 |

わ

| ワイリー | 111, 125 |

鷲田小彌太	28, 64
和島(三澤)誠一	34, 58, 64, 66, 87
渡部義通	57〜59, 64
渡辺直経	82, 95, 122, 125

━━ 新装版刊行にあたって ━━

　本書の初版は、2008年5月に刊行された。幸い大方の好評を頂き、刊行後約5か月で品切れとなってしまった。その後、山田俊弘氏（『徳島科学史雑誌』No.27　2008年12月）、小林謙一氏（『中央史学』32号　2009年3月）、長山明弘氏（『千葉大学　人文社会科学研究』18号　2009年3月）から好意的な書評を頂いたこともあって、刊行元の六一書房だけでなく著者のもとにも在庫の照会が続いた。それで、そろそろ本書の増刷を個人的に検討していたところ、昨年11月、六一書房の八木環一氏から増刷の申し出を受けたのであった。学術書の増刷が難しいといわれる昨今の市況のなかで、まことに光栄に思う次第である。本書を購入してくださった皆さま、購入希望を出してくださった皆さま、ならびに六一書房の八木環一氏には心より御礼申し上げます。なお、本書の増刷に当たって、校正漏れ、引用ミスを訂正したほかは、書き直しをしていない。「増補・改訂版」ではなく、2008年刊行版を購入できなかった方のための増刷であることをご承知願いたい。

2012年3月　大村　裕

著者略歴

大村　裕（おおむら・ゆたか）
1951年　千葉県に生まれる
1974年　中央大学文学部史学科卒業
1974年～2011年　千葉県立高等学校教員
2012年　学位（博士　史学）を中央大学より受ける
2013年～2015年　中央大学非常勤講師
2017年～2021年　立正大学非常勤講師
現　在　下総考古学研究会　代表

主要著書・論文

『日本先史考古学史の基礎研究―山内清男の学問とその周辺の人々―』六一書房　2008年
『縄紋土器の型式と層位―その批判的検討―』六一書房　2011年
『日本先史考古学史講義―考古学者たちの人と学問―』六一書房　2014年
『「身の丈」の考古学―下総考古学研究会と共に―』私家版　2016年
「所謂『角押文』と『キャタピラー文』の違いについて」『下総考古学』7号　1984年　下総考古学研究会
「阿玉台式土器の成立の指標を何に求めるか？　―西村正衛氏による阿玉台式土器の研究に学ぶ―」『土曜考古』19号　土曜考古学研究会　1995年
「二つの顔を持った土器―千葉県君津市練木遺跡出土中期縄紋土器の研究―」『土曜考古』26号　土曜考古学研究会　2002年
「埼玉県狭山市丸山遺跡出土中期縄紋土器の再吟味―竪穴住居址出土土器をどのように評価したらよいのか？―」『白門考古論叢』III　中央考古会・中央大学考古学研究会　2013年

日本先史考古学史の基礎研究　新装版
―山内清男の学問とその周辺の人々―

2008年5月25日　初　版初刷発行
2012年4月10日　新装版初刷発行
2022年4月30日　新装版2刷発行

著　　者　大　村　　　裕
発 行 者　八　木　環　一
発 行 所　株式会社 六一書房
　　　　　〒101-0051　東京都千代田区神田神保町2-2-22
　　　　　TEL　03-5213-6161　　FAX　03-5213-6160
　　　　　https://www.book61.co.jp　E-mail　info@book61.co.jp
　　　　　振替　00160-7-35346
印刷・製本　藤原印刷株式会社

ISBN 978-4-86445-014-0 C3021　　©Yutaka Omura 2012　　Printed in Japan